T0414197

DIALECTOLOGÍA HISPÁNICA APLICADA

Dialectología hispánica aplicada. Variación, enseñanza, interdisciplinariedad es un libro de referencia tanto para el estudio como para la investigación en dialectología hispánica y su aplicación a la enseñanza de lenguas.

El libro ha sido cuidadosamente concebido para introducir al lector en las principales áreas de las variedades del español (en España, América, Filipinas, Guinea Ecuatorial y en contacto con otras lenguas), la enseñanza de la variación (fonética, gramática, léxico y pragmática) y las relaciones de la dialectología con otras áreas y campos de especialización (lingüística formal, tipología, lingüística forense, traducción, literatura y estudios culturales), que se delimitan con claridad y precisión, proporcionando una base sólida sobre la materia.

Entre sus características se incluyen:

- Una selección de capítulos centrados en la variación lingüística del español, la enseñanza y la interdisciplinariedad.
- Énfasis en las conexiones entre teoría y práctica a lo largo de todo el libro.
- Preguntas de aplicación y reflexión para facilitar la comprensión de cada área.
- Escrito íntegramente en español con aplicabilidad directa del contenido en la enseñanza de la lengua.
- Recursos electrónicos que incluyen material adicional, como audios y vídeos, disponibles en www.routledge.com/9781032754581.

Escrito de manera clara y accesible, *Dialectología hispánica aplicada* puede utilizarse como texto independiente o como lectura complementaria tanto para profesores como para estudiantes. El libro también será de interés para estudiantes de posgrado que realicen investigaciones sobre variación lingüística, lingüística hispánica y enseñanza del español (ELE).

Enrique Pato es catedrático en la Universidad de Montreal (Canadá). Su investigación se centra en la gramática de las variedades y dialectos del español. Entre sus últimas ediciones están *Universales vernáculos en la gramática del español* (2022, con Á. Di Tullio), *Estudios sobre el español de Venezuela* (2023) y *New Approaches to Spanish Dialectal Grammar* (2024).

Routledge Advances in Spanish Language Teaching

The *Routledge Advances in Spanish Language Teaching* series provides a showcase for the latest research on the teaching and learning of Spanish. It publishes high-quality authored books, research monographs and edited volumes on innovative methods and theories.

The series takes a multiple-perspective approach, with titles focusing on core topics in the areas of applied linguistics, Spanish language and grammar, second language skills, sociolinguistic and cultural aspects of language acquisition and Spanish for academic purposes. Through a discussion of problems, issues and possible solutions, books in the series combine theoretical and practical aspects, which readers can apply in the teaching of the language.

Series editor: Javier Muñoz-Basols, *University of Oxford.*

Teoría sociocultural y español LE/L2
Edited by Eduardo Negueruela-Azarola, Próspero N. García y Arturo Escandón

La enseñanza del español mediada por tecnología
De la justicia social a la Inteligencia Artificial (IA)
Edited by Javier Muñoz-Basols, Mara Fuertes Gutiérrez y Luis Cerezo

Dialectología hispánica aplicada
Variación, enseñanza, interdisciplinariedad
Edited by Enrique Pato

For more information about this series please visit: https://www.routledge.com/Routledge-Advances-in-Spanish-Language-Teaching/book-series/RASLT

DIALECTOLOGÍA HISPÁNICA APLICADA

Variación, enseñanza, interdisciplinariedad

Editado por Enrique Pato

Routledge
Taylor & Francis Group

LONDON AND NEW YORK

Designed cover image: Getty Images

First published 2025
by Routledge
4 Park Square, Milton Park, Abingdon, Oxon OX14 4RN

and by Routledge
605 Third Avenue, New York, NY 10158

Routledge is an imprint of the Taylor & Francis Group, an informa business

British Library Cataloguing-in-Publication Data
A catalogue record for this book is available from the British Library

ISBN: 978-1-032-75595-3 (hbk)
ISBN: 978-1-032-75458-1 (pbk)
ISBN: 978-1-003-47472-2 (ebk)

DOI: 10.4324/9781003474722

Typeset in Sabon
by Newgen Publishing UK

Access the Support Material: www.routledge.com/9781032754581

ÍNDICE

BIONOTAS DE LOS AUTORES

Jorge Agulló es *Junior Research Fellow* en lingüística en Queens' College (Universidad de Cambridge, Reino Unido). Su investigación se centra en la variación sintáctica del español en torno a las oraciones de relativo (pronombres reasuntivos y atracción inversa del caso) y las construcciones existenciales (efecto de definitud en variedades en contacto con el catalán).

Carlota de Benito Moreno es investigadora en la Universidad Autónoma de Madrid (España). Sus intereses principales son la variación y el cambio morfosintácticos en español, desde sus variedades rurales hasta su expresión en las redes sociales en línea, y los métodos de recolección y análisis de datos.

Francisco M. Carriscondo-Esquivel es catedrático de lengua española en la Universidad de Málaga (España). Sus líneas de investigación se centran en la historia del léxico hispánico y sus diccionarios. Su última monografía lleva como título *Palabras que cambiaron (en) la historia* (2017).

Vanessa Casanova es lectora de español y *maître de conférences* de lingüística hispánica en la Universidad de Lieja (Bélgica). Su investigación y publicaciones versan sobre la variación gramatical, la sociolingüística de migraciones, el español como lengua de herencia y el análisis del discurso mediático y político.

Inés Fernández-Ordóñez es catedrática de lengua española en la Universidad Autónoma de Madrid (España) y miembro de la Real Academia Española. Es especialista en dialectología, actual e histórica, del español. Dirige el *Corpus*

Oral y Sonoro del Español Rural y participa en la edición digital del *Atlas Lingüístico de la Península Ibérica*.

Elena Garayzábal Heinze es profesora titular de lingüística en la Universidad Autónoma de Madrid (España), logopeda y perito judicial. Sus áreas de especialización son la lingüística clínica y la lingüística forense. Dirige cursos de especialización en lingüística forense y organiza las *Jornadas (In)Formativas de Lingüística Forense*.

Ana Isabel García Tesoro es profesora de lingüística hispánica en la Universidad de Antioquia (Colombia). Su investigación se centra en las variedades de español en contacto con lenguas indígenas en América como el tz'utujil, el quechua o el arhuaco, especialmente en los cambios inducidos por contacto en el nivel morfosintáctico.

Rosario Gómez es profesora asociada de lengua y lingüística españolas en la Universidad de Guelph (Canadá). Coordinadora del *Corpus Sociolingüístico Ecuatoriano* (del *PRESEEA*), entre sus publicaciones figuran las coediciones *Variación yeísta en el mundo hispánico* (2013) y *Diálogos sobre los espacios: imaginados, percibidos y construidos* (2012).

Melvin González Rivera es catedrático de Lingüística hispánica en la Universidad de Puerto Rico. Su investigación y publicación se centran en la sintaxis, la semántica y la pragmática, y su interfaz en la gramática, con énfasis en el español caribeño.

Irania Malaver Arguinzones es profesora de sociolingüística y dialectología en la Universidad de Granada (España). Su investigación y publicaciones se centran en la sociodialectología, el español venezolano (corpus y procesos de acomodación). Entre sus publicaciones destaca "El español en Venezuela" en *The Routledge Handbook of Spanish Dialectology* (2022).

Laura Malena Kornfeld es profesora de gramática y lingüística formal en la Universidad de Buenos Aires (Argentina) e investigadora del CONICET. Su investigación y publicaciones se refieren a los aspectos gramaticales, léxicos, pragmáticos y sociales del español, en particular las variedades lingüísticas de la Argentina.

María Mare es profesora de gramática española en la Universidad Nacional del Comahue (Argentina) e investigadora del Consejo Nacional de Investigaciones Científicas y Técnicas (CONICET). Sus publicaciones se enfocan en la variación morfosintáctica desde una perspectiva formal y en aspectos relativos a la enseñanza de la gramática.

Pedro Martín Butragueño es profesor-investigador en El Colegio de México. Su área de trabajo es la variación del español, con cierto énfasis en la prosodia. Ha codirigido la *Historia sociolingüística de México* (2010–2022), publicado *Prosodia enunciativa* (2019 y en prensa), y dirige la tercera edición del *Diccionario escolar del español*.

Rodolfo Mata es profesor asociado de lingüística y de español para hablantes de herencia en la Western Washington University (EE. UU). Sus proyectos de investigación más recientes se enfocan en las actitudes y la experiencia lingüística de los hispanohablantes en los Estados Unidos.

Jorge Méndez Seijas es *Senior Lector II*, investigador asociado y director del programa de español en Yale University (EE. UU.). Su investigación y publicaciones se centran en una gran variedad de aspectos relacionados con la adquisición y la enseñanza del español como segunda lengua y como lengua de herencia.

Montserrat Mir es profesora de español y lingüística aplicada en la Universidad Estatal de Illinois (Illinois State University, EE. UU.). Sus intereses e investigaciones se centran en la pragmática del español, la enseñanza de la pragmática y la didáctica de lenguas adicionales.

Isabel Molina Martos es catedrática de Lengua Española en la Universidad de Alcalá (España) e investigadora en dialectología hispánica, geografía lingüística y sociolingüística. Es miembro del *Proyecto para el Estudio Sociolingüístico del Español de España y América* (PRESEEA), del *Atlas Linguistique Roman*, del *Atlas Linguarum Europae* y codirectora del *Atlas Dialectal de Madrid*.

Enrique Pato es catedrático en la Universidad de Montreal (Canadá). Su investigación se centra en la gramática de las variedades y dialectos del español. Entre sus últimas ediciones están *Universales vernáculos en la gramática del español* (2022), *Estudios sobre el español de Venezuela* (2023) y *New Approaches to Spanish Dialectal Grammar* (2024).

Anthony Rancourt es doctor en Estudios hispánicos por la Universidad de Montreal (Canadá). Su investigación y publicaciones se centran en la enseñanza-aprendizaje de léxico en la era digital y la formación de profesores. Ha participado en varios proyectos de corpus (*BLABLA*, *COLEM*) y ha creado una aplicación de diccionarios (*Diccionaris catalans*).

Gabriela Resnick es profesora adjunta de gramática española en la Universidad Nacional de General Sarmiento, cerca de Buenos Aires (Argentina). Su investigación, orientada a la morfosintaxis nominal en perspectiva sincrónica y diacrónica, incluye publicaciones sobre nombres eventivos, adjetivos elativos, vocativos y diminutivos. Es también lexicógrafa, monolingüe y bilingüe.

Marimar Rufino Morales es diplomada en Traducción (Universidad de Granada, España) y doctora en Estudios hispánicos (Universidad de Montreal, Canadá). Especialista en traducción audiovisual y rehablado, le interesa la variación del español y del francés, así como la instrumentalización de recursos materiales y humanos para optimizar los corpus lingüísticos.

Ana Celia Zentella es profesora emérita de la Universidad de California, San Diego (EE. UU.). Lingüista antropolítica, se enfoca en la diversidad lingüística latina, el espanglish y la intolerancia lingüística. Promueve el activismo en contra de leyes "English-Only" y a favor de la educación bilingüe.

AGRADECIMIENTOS

Mi sincero agradecimiento a Javier Muñoz-Basols, editor de la serie *Routledge Advances in Spanish Language Teaching*, por la idea de crear un material actualizado y práctico sobre la dialectología hispánica y por su aguda orientación. También agradezco a Tassia Watson su ayuda durante todo el proceso de edición. Los comentarios y las sugerencias de los revisores anónimos han enriquecido los capítulos. Este libro no hubiera sido posible sin la contribución de todos sus autores: Inés Fernández-Ordóñez, Melvin González Rivera, Pedro Martín Butragueño, Irania Malaver, Rosario Gómez, Laura Kornfeld, Gabriela Resnick, Rodolfo Mata, Ana Celia Zentella, Isabel Molina Martos, Ana Isabel García Tesoro, Jorge Agulló, Jorge Méndez Seijas, Anthony Rancourt, Montserrat Mir, María Mare, Carlota de Benito Moreno, Elena Garayzábal, Marimar Rufino Morales, Francisco M. Carriscondo Esquivel y Vanessa Casanova. Ha sido muy satisfactorio poder colaborar con investigadores de prestigio y con nuevas promesas en las diversas disciplinas; mi reconocimiento a todos ellos.

El editor

INTRODUCCIÓN

Variación, enseñanza e interdisciplinariedad

Enrique Pato

1. Algunos conceptos preliminares

Como lengua histórica que es, el español puede entenderse como un **conjunto de dialectos**, en donde han contribuido –en mayor o menor medida– asturianos, leoneses, castellanos, navarros, aragoneses, vascos, gallegos, catalanes, mozárabes. Este hecho se multiplica tras su expansión en América, desde Cuba hasta Argentina, en pleno entorno ecolingüístico. Por otro lado, la necesidad de contar con un modelo de lengua normalizado, estándar y general, ha hecho que la variación se limite, pasando por alto que el conocimiento y la comprensión de la variación dialectal de cualquier lengua sirve, entre otras cosas, para lograr una mayor adecuación y competencia comunicativas, socioculturales e ideológicas (Hernández Muñoz, Muñoz-Basols y Soler Montes 2022), es decir, es útil para entender e interactuar con otros hablantes que no tienen nuestra misma norma, para reconocer y valorar otras variedades y para reflexionar sobre ellas. Todo esto puede ser posible gracias a la **dialectología actual**, la única disciplina lingüística que busca, desde una perspectiva totalizadora y comparativa, ubicar geográficamente, contextualizar y analizar las diferentes formas de habla.

Se conoce como *variedad estándar* al modelo de lengua que presenta unos rasgos de formalidad, precisión y corrección gramaticales. Equivale a la norma culta –el habla de las personas instruidas de una comunidad– que se usa en contextos académicos, profesionales y en los medios de comunicación (Moreno de Alba 1993). El *registro*, por su parte, es el modo de expresarse que se adopta según las circunstancias. Además, toda lengua puede variar según criterios como el espacio geográfico (dialectalización horizontal), el tiempo (dialectalización histórica) y el nivel social (dialectalización

DOI: 10.4324/9781003474722-1

vertical). En concreto, la variación regional de una lengua se conoce como *dialecto* (concepto que debe entenderse sin ninguna connotación negativa). Sin embargo, la concepción "unitaria del dialecto" defiende que no hay dialectos estrictamente diferenciados, si lo fueran se considerarían lenguas distintas. En el caso concreto del español, como veremos más adelante, se puede hablar de fronteras dialectales entre sus variedades (castellano septentrional, meridional, etc.). En cuanto al origen de la variedad, podemos buscarlo en una fuente común, ya que cada variedad puede ser caracterizada en relación con sus vecinas. Asimismo, en situaciones de contacto lingüístico y de adquisición de segundas lenguas, el resultado de la interferencia que puede causar la lengua materna a la hora de aprender otra lengua se conoce como *interlecto*. A este respecto, la hipótesis de la interdependencia lingüística señala que el conocimiento que un individuo posee de una lengua actuaría como elemento facilitador durante el aprendizaje de otras lenguas.

En la mayoría de los métodos y enfoques de enseñanza de lenguas actuales se enfatiza en los aspectos funcionales y sociales, y en la pluralidad cultural de los hablantes; esto es, en la idea de grupos e individuos como agentes de significación cultural (Bach *et al.* 2012). Por otro lado, se ha comprobado que las diferencias dialectales tienen un efecto en la calidad de la educación, y la investigación apoya la idea de que la variación en el lenguaje es un reflejo natural de las diferencias culturales y comunitarias (Labov 1994, 2001), ya que detrás de un dialecto hay una geografía, un área, una historia, una sociedad y una cultura. Por todo ello, presentar algunas de las características de las hablas regionales (rasgos fonéticos, gramaticales y léxicos) puede servir para definir la pertenencia geográfica, social (género, edad) y situacional (registros culto y coloquial) de los hablantes (Moreno Fernández 2019, 2023; Díaz Campos 2014; Sorenson 2021). De este modo, al componente geográfico (el estudio del dialecto) se le debe unir el componente social (el uso particular y de la comunidad) y el estilístico (el registro). En este sentido, creemos que la enseñanza de la variación dialectal debería ser promovida en todos los niveles educativos (como lengua materna y segunda) para motivar a los estudiantes y mejorar sus habilidades de comunicación y comprensión de las lenguas. No hay que olvidar que la norma estándar es una variedad más entre otras, y enseñarla de manera única no resulta del todo práctico; debería hacerse en paralelo y mediante la comparación dialectal, para distinguir cada uno de los patrones de uso (general, dialectal, local), tal y como proponemos en este libro. En este sentido, la necesidad de aplicar la información sobre la variación resulta fundamental, especialmente cuando existe un desconocimiento sobre la riqueza dialectal, tanto en los docentes de lengua como en los alumnos, muchas veces debido a la inexistencia de materiales sistematizados y accesibles.

2. La dialectología y la variación del español actual

Para completar la definición previa de **dialecto** es necesario añadir que se trata de una **(sub)variedad lingüística** definida por propiedades fonéticas, gramaticales y léxicas. Sin embargo, hay que subrayar que ningún hablante presenta todo el conjunto de rasgos que definen a un dialecto. Además, hay que recordar que no existe un solo "español de América" ni un solo "español de España", y que algunos usos lingüísticos están extendidos por todo el mundo hispanohablante. Con todo, la **variación** se puede entender como la extensión de unos usos a otras categorías y estructuras (Bosque 2023; Pato 2024).

En cuanto a las propuestas de **división dialectal** del español, casi siempre han estado basadas en la pronunciación y el léxico, o en rasgos dicotómicos: conservador/innovador, europeo/americano, tierras altas/tierras bajas. Desde el trabajo de Henríquez Ureña (1921) se distinguen ocho grandes áreas dialectales (Moreno Fernández 2023): tres en España (centro-norte, meridional y canario) y cinco en América (caribeña; mexicano-centroamericana; andina; rioplatense-austral; y chilena). Otras propuestas señalan nueve: i) la región caribeña; ii) México y el suroccidente de Estados Unidos; iii) Guatemala, El Salvador, Honduras y Nicaragua; iv) el interior de Colombia y las tierras altas de Venezuela; v) la costa pacífica de Colombia, Ecuador y Perú; vi) el área andina de Ecuador, Perú, Bolivia, noroccidente de Argentina y noroeste de Chile; vii) el resto de Chile; viii) Paraguay, el nororiente de Argentina y Bolivia oriental; y ix) Argentina y Uruguay (Lipski 2012; Moreno Fernández y Caravedo 2022). Como es sabido, en un mismo país hay variación interna, por lo que puede clasificarse en varias áreas lingüísticas. No hay que olvidar tampoco la distinción "campo vs. ciudad" y la existencia –como en la mayoría de las lenguas– de dos **superdialectos** en español actual: uno **urbano** y otro **rural** (Moreno Fernández 2014; Soler Montes 2024). Para los efectos de este libro, Panamá se incluye dentro del español centroamericano, si bien otras fuentes lo presentan dentro del área caribeña. En el caso de Colombia y Venezuela, dada su relevancia lingüística y demográfica, se estudian en un capítulo común. En otras obras, Colombia entra dentro del español andino y Venezuela, del español caribeño. Por su parte, Chile y Paraguay forman parte del Cono Sur, por lo que en este libro se analizan junto a Argentina y Uruguay, siendo conscientes de que conforman dos variedades (la chilena y la rioplatense o austral). Por razones históricas y actuales, en otro capítulo se sintetiza el judeoespañol y el español en Filipinas y Guinea Ecuatorial.

Desde una perspectiva lingüística formal (Kager 1999; Mare 2023, entre otros), se argumenta que la gramática de las lenguas está constituida por un generador (denominado sintaxis) que combina rasgos sintácticos (raíces léxicas y categorizadores nominales, verbales y adjetivales). Las estructuras que se forman son evaluadas de manera cíclica por una *jerarquía de restricciones*, que está presente en todas las lenguas naturales, pero con un ordenamiento distinto, lo que explica la variación lingüística tanto entre lenguas como en las variedades de una misma lengua. Esto habilita la hipótesis de que los hablantes bilingües (y bidialectales) no necesariamente tienen dos gramáticas en competencia, sino que una misma gramática produciría resultados diferentes cuando contiene **ordenamientos distintos**. Así, cuando una construcción sintáctica presenta formas alternativas (por ejemplo, *Le conozco* frente a *Lo conozco*), es posible entender que cada opción es afectada por una jerarquía de restricciones diferente, aunque siguen siendo parte de la misma gramática. Es decir, las estructuras sintácticas serían las mismas, pero cambiaría la manera en la que se materializa (se pronuncia) la información manipulada por la sintaxis, provocando así una distinción que resulta superficial. En el capítulo 14 se profundiza más en este y otros aspectos.

3. La enseñanza de los rasgos dialectales

La enseñanza del español, ya sea lengua materna o lengua segunda/extranjera, debe entenderse como un proceso de educación consciente e interrelacionado, y como un *continuum* **de variación** geográfica y sociocultural (Méndez-García de Paredes 2022). En este sentido, la diversidad dialectal y su aplicabilidad en el aula son necesarias (Moreno de Alba 1993; Hernández Muñoz, Muñoz-Basols y Soler Montes 2022), y todo docente de lengua, así como sus alumnos, debería familiarizarse con los rasgos de variación. Para el caso de los no nativos, como se ha propuesto, deberíamos considerar un español como lengua extranjera para cada lengua materna, es decir un "español para anglófonos", un "español para francófonos", etc.

Con el paso del tiempo, en cada país hispanohablante se ha institucionalizado una variedad geográfica y social, por ello podemos hablar del español de Argentina, del español de México y del español de todos los demás países. Además, como vimos anteriormente, la lengua española cuenta con un **modelo codificado de prestigio** (estándar, culto, normativo) en el que los hablantes nativos y los estudiantes no nativos deben ejercitarse. Bajo esta concepción, la **variación dialectal** es todo lo que media con respecto a ese modelo ideal normativo que la enseñanza promueve, es decir, lo que no aparece recogido en ese ideal. En este contexto educativo, el estatuto de la variación (y de las variedades regionales) aparece jerarquizado, dependiente del nivel de aceptación que tenga cada fenómeno dialectal y de su uso en cada comunidad de habla (*PCIC* 2006; Pato 2024). Esta jerarquía, además, hace pensar erróneamente que la variación está solo en los hablantes (de manera individual) y no en la propia lengua objeto de estudio (el español).

Por otro lado, no hay que olvidar el **modelo panhispánico** propuesto desde las Academias, cuyo objetivo es lograr un paradigma que favorezca **"la unidad en la diversidad"**, donde se describen los rasgos compartidos y se presenten de manera separada las variantes de cada región o país (RAE/ASALE 2009). Bajo este patrón, entonces, la diversidad no sería algo accidental, sino un conocimiento básico que enriquece al hablante y que le permite interactuar en diferentes situaciones de la vida, tal y como veremos en los capítulos 10–13. Así las cosas, la variación se constata en el nivel individual (en cada hablante), que se ordena según una norma de referencia estándar y pluricéntrica, con mayor o menor repercusión en los contextos de distancia comunicativa e inmediatez comunicativa, y según cada comunidad de habla (en cada región). De ahí que la variación se asocie tradicionalmente a la práctica comunicativa, especialmente para facilitar la comprensión del discurso y el reconocimiento de sonidos (*MCER VC* 2020, 143).

Sin embargo, uno de los mayores problemas en el ámbito de la enseñanza es que la variación ha sido una especie de cajón de sastre en el que se solía meter todo: las variantes dialectales, las generacionales, las socioculturales y los registros de lengua.

En este sentido, el papel del análisis de la variación lingüística debe ser diferente de la enseñanza de los aspectos normativos de la lengua, pero no opuesto. En efecto, la descripción y la práctica de la variación lingüística se deben comparar con los aspectos normativos, teniendo en cuenta los usos según el contexto y el registro. No hay contradicción entre investigar la variación lingüística y enseñar que no todos los usos son apropiados en todos los contextos y registros. Por ello, el conocimiento de la variación debe ser progresivo, mediante práctica tanto oral como escrita. El problema es que los estudiantes suelen recibir esto solo de un modelo de lengua, la estandarizada, y casi siempre con prácticas de lectoescritura –repitiendo la idea de que lo que no está escrito (o no se escribe) no tiene que enseñarse– y en menor medida de prácticas de oralidad. Lo que provoca que, en términos generales, los alumnos no sepan qué es lo que no saben hasta que se encuentran con un problema de comunicación.

Con todo, la **metodología** debe ser sencilla, y no estar basada exclusivamente en la teoría (memorística), para hacer comprender –mediante la práctica continuada y la experiencia individual– la variación que se presente en clase y fuera de ella. Esto se puede lograr gracias a la reflexión metalingüística ("Esto se dice de otro modo en…"), valorando la "corrección/adecuación" de un rasgo con respecto al estándar, identificando variantes, mejorando la percepción de la variación, elaborando tablas comparativas de usos, seleccionando fragmentos para que los estudiantes los clasifiquen y localicen geográficamente, así como con la autoevaluación de la forma de hablar y el análisis de ciertos estereotipos y prejuicios para rebatirlos, entre otros procesos y actividades, tal y como se presenta en los capítulos de este libro. El objetivo final es que los estudiantes se cuestionen, comparen, interpreten y analicen de manera crítica la lengua y la variación.

4. La relación de la dialectología con otras disciplinas

La **interdisciplinariedad** es fruto del desarrollo científico y es una de las grandes metas que se persigue hoy día en la educación formal. En cuanto a la dialectología se refiere, las relaciones que se pueden establecer con otras disciplinas no han sido debidamente presentadas y analizadas en trabajos previos. Por ejemplo, está comprobado que la investigación dialectológica aporta importantes contribuciones a nuestra comprensión de la estructura, la adquisición y el uso del lenguaje. Por ello, la dialectología aporta datos empíricos a la **lingüística formal**, así como evidencias para el desarrollo y la verificación de teorías que, a su vez, sirven para analizar y comprender mejor las estructuras de las variedades y para explicar las regularidades que subyacen a las diferencias. La dialectología también ayuda a la **tipología lingüística** en la descripción y clasificación de las lenguas, las relaciones de los dialectos dentro de una lengua y la comparación con lenguas de otras familias lingüísticas. La variación puede proporcionar estructuras gramaticales poco comunes o inusuales que enriquecen la comprensión de la diversidad lingüística. Además, el examen de textos escritos y de audios (para identificar patrones lingüísticos) puede ser relevante en la investigación criminal dentro de la **lingüística forense** (Watt 2020), ya que colabora en la identificación del origen geográfico y las características lingüísticas de las personas.

Por otro lado, la dialectología contribuye al desarrollo de la sensibilidad a las diferencias regionales en la **traducción**, así como para tomar decisiones sobre cómo traducir o adaptar el contenido en función del público específico/objetivo. No menos relevante es la *localización*, fundamental en la industria de la tecnología, para adaptar productos y contenidos a un mercado específico y transmitir con precisión las diferencias culturales. Por su parte, la **literatura** popular y los textos costumbristas se nutren de la dialectología a la hora de representar la forma en que la gente/los personajes hablan. Del mismo modo, la literatura sirve para preservar y revitalizar dialectos en peligro de extinción y es fuente de documentación inagotable al proporcionar ejemplos de rasgos dialectales y de patrones lingüísticos.

Por último, el lenguaje y la cultura interactúan y se influyen mutuamente a través de la historia, la geografía y las prácticas sociales. Los **estudios culturales** se centran en la relación entre lenguaje y poder (cultural y político, prestigio y marginación), así como en la identidad cultural y lingüística: cómo las personas se relacionan con su lengua y cómo influye en su sentido de pertenencia cultural.

5. Estructura y contenidos de este volumen

En los apartados precedentes hemos ofrecido algunas pinceladas de la estructura y del contenido de este libro. Es el momento de sintetizar. Este volumen consta de **19 capítulos**, distribuidos en tres grandes secciones. La primera (capítulos 1–9) está dedicada a las variedades del español y ofrece un nutrido y actualizado panorama de la variación en los territorios donde se habla: el español de España, del Caribe, de México y Centroamérica, de Colombia y Venezuela, de Los Andes, del Cono Sur, de los Estados Unidos, el español en otros países, y el español en contacto con otras lenguas. La segunda sección (capítulos 10–13) se centra en la enseñanza de la variación: la fonética dialectal, la gramática dialectal, el léxico dialectal y la pragmática dialectal. En la tercera y última sección (capítulos 14–19) se presentan las relaciones de la dialectología con otras disciplinas: la lingüística formal, la tipología lingüística, la lingüística forense, la traducción, la literatura y los estudios culturales, capítulos que pueden servir, además, para despertar el interés de los estudiantes por otras cuestiones y disciplinas.

Todos los capítulos tienen una estructura básica común con **cinco apartados**: i) introducción, ii) exposición, iii) aplicación e integración, iv) preguntas de ampliación y reflexión, y v) bibliografía final. Para facilitar la lectura y la comprensión de algunos datos, se ha optado por presentar la información en forma de listas (con la ayuda de puntos). Es un hecho que el uso de la tecnología está cambiando el modo de acercarse a la información y procesarla, por lo que creemos adecuado dosificarla y adaptarnos a las nuevas generaciones ofreciendo un material de formación actualizado, que sirva para favorecer el aprendizaje y aumentar la motivación, sin olvidar la conexión y la integración con lo previamente aprendido. Además, al modelo acumulativo se une la aplicación y la reflexión, necesarias para la construcción progresiva del conocimiento, de manera flexible y por partes. Esta aplicación está pensada para ser trabajada de manera retrospectiva (tras la lectura de cada capítulo correspondiente) o prospectiva (una vez que se han leído otros capítulos y se cuenta con más conocimientos); en este sentido los capítulos iniciales sirven de base para los demás.

Dado que el contenido de cada capítulo se sintetiza en el Resumen y *abstract* inicial, no se repetirá aquí. La estructura y composición del libro permite que pueda trabajarse sin un orden preestablecido, y que cada lector seleccione la información que sea de su interés.

6. Consideraciones finales

Al igual que otras lenguas internacionales –especialmente el inglés–, el español pasa por un proceso forzado de **globalización**, con la consecuente presión de la lengua estándar sobre la no estándar. Sin embargo, la movilidad de los individuos y la exposición a todas las normas lingüísticas en persona, Internet y las redes sociales, hace que la interacción sea verdaderamente global. En este sentido, toda realización dialectal (no estándar) debería tener validez dentro de cada comunidad social y de lengua, respetando la realidad grupal y la cohesión identitaria, ya que la división dialectal "es señal concreta de la diversidad producto del binomio lengua-sociedad" (Chela-Flores 2022, 19). En consecuencia, el concepto peyorativo de dialecto y de variedad lingüística deberá cambiar si se quiere admitir el uso de todos los hablantes. Afortunadamente, la lengua española presenta un índice de comprensión entre sus dialectos muy elevado, y el contacto entre dialectos produce nivelación y simplificación gramatical.

En cuanto al aprendizaje, es sabido que depende de tres grandes factores: la edad, el contexto y la voluntad de la persona. En el caso que nos ocupa, todo profesor y todo centro educativo de calidad tienen en cuenta las características personales y del grupo de estudiantes, la situación de enseñanza-aprendizaje (país, nivel, lengua materna), las necesidades de comunicación, los objetivos y las motivaciones por aprender (laborales y personales), así como el grado de parentesco entre la L1 y la L2. En principio, la metodología para desarrollar la competencia gramatical y variacional es sencilla: presentar datos adecuados para conocer la distancia entre la variación dialectal y el estándar, desarrollar la información para que cada uno pueda construir su conocimiento, y ayudar a reconocer y respetar las diferencias dialectales. En última instancia, se intenta promover la comunicación eficaz y fomentar la inclusión lingüística. Todo ello debe pasar antes por el reconocimiento de la diversidad del español actual (panhispánico y policéntrico) y la sensibilización dialectal ("Yo hablo de una manera y otras personas hablan de otra"), y tener en cuenta la vigencia de cada uso, su extensión geográfica y su frecuencia.

No obstante, una de las preguntas clave que queda por aclarar es saber qué comprende exactamente la competencia gramatical y qué lugar ocupa frente al resto de competencias: si es mayoritariamente léxica, sintáctica o es independiente. Una idea que puede ayudar a comprender mejor este problema es concebir que, dentro de la **competencia gramatical**, hay una *competencia variacional*, entendida como la habilidad para detectar la existencia de variantes dentro de un sistema. Si esto es así, la adquisición-aprendizaje de una lengua estaría permeada por la variación, y permitiría al aprendiente-hablante detectar la existencia de variantes en el léxico, la sintaxis, la morfología, la pragmática y la pronunciación. Todo ello está en consonancia con la *competencia plurilingüe*, que se logra cuando el alumno pasa de una lengua, dialecto o variedad lingüística a otra, entiende a una persona que habla en otra variedad, recurre al conocimiento de diferentes lenguas y variedades para comprender un texto y media entre individuos que no tienen ninguna lengua, dialecto o variedad lingüística en común (*MCER*).

La variación (y la dialectología) no es algo alejado de la realidad de los hablantes; el problema radica en la visión estática que se suele ofrecer de ella. La diversidad dialectal revela la riqueza lingüística y cultural de una lengua, y nos muestra que no hay una única forma de hablar. Conocer la variación mejora la comprensión con los demás (ayuda a superar malentendidos, prejuicios y estereotipos), refuerza la conexión con una cultura y su comunidad (para una mejor adaptación y relación interpersonal) y permite disfrutar plenamente de la literatura, el cine y la música, entre otros aspectos. Por su parte, la aplicación del conocimiento sirve para resolver desafíos en nuestra vida diaria, tomar decisiones, adaptarnos a nuevas situaciones y entornos, generar ideas y habilidades, y ampliar nuestra visión del mundo. En este volumen, los autores aportan su contribución para intentar reflejar estos aspectos.

Bibliografía

Bach, L., A. Bennett, L. D. Edles, M. Gibson, D. Inglis, R. Jacobs y I. Woodward. 2012. *Cultural Sociology: An Introduction*. Oxford: Blackwell.

Bosque, I. 2023. "Aspectos didácticos de la variación gramatical". *Asterisco* 1: 7–29.

Chela-Flores, G. 2022. "La división dialectal del español". En *Dialectología hispánica. The Routledge Handbook of Spanish Dialectology*, eds. F. Moreno Fernández y R. Caravedo, 18–26. London y New York: Routledge.

Consejo de Europa. 2020. *Marco común europeo de referencia. Volumen complementario*. Estrasburgo: Consejo de Europa.

Díaz Campos, M. 2014. *Introducción a la sociolingüística hispánica*. Oxford: Blackwell.

Henríquez Ureña, P. 1921. "Observaciones sobre el español de América". *Revista de Filología Española* 1: 1–44.

Hernández Muñoz, N., J. Muñoz-Basols y C. Soler Montes, eds. 2022. *La diversidad del español y su enseñanza*. London y New York: Routledge.

Instituto Cervantes. 2006. *Plan curricular del Instituto Cervantes. Niveles de referencia para el español*. Madrid: Biblioteca Nueva.

Kager, R. 1999. *Optimality Theory*. Cambridge: Cambridge University Press.

Labov, W. 1994. *Principles of Linguistic Change, Vol. 1: Internal factors*. Oxford: Blackwell.

Labov, W. 2001. *Principles of Linguistic Change, Vol. 2: External factors*. Oxford: Blackwell.

Lipski, J. 2012. "Geographical and Social Varieties of Spanish: An Overview". En *The Handbook of Spanish Linguistics*, eds. J. I. Hualde, A. Olarrea y E. O'Rourke, 1–26. Oxford: Blackwell.

Mare, M. 2023. "Morfología Distribuida desde el sur del Sur". *Quintú Quimün. Revista de Lingüística* 7: 1–22.

Méndez-García de Paredes, E. 2022. "Las variedades en la enseñanza del español como primera lengua". En *Dialectología hispánica. The Routledge Handbook of Spanish Dialectology*, eds. F. Moreno Fernández y R. Caravedo, 562–574. London y New York: Routledge.

Moreno de Alba, J. G. 1993. "Dialectología y enseñanza del español como lengua extranjera". *Estudios de Lingüística Aplicada* 11: 7–17.

Moreno Fernández, F. 2014. "Los superdialectos del español global". *Medium* (10/12/2014).

Moreno Fernández, F. 2019. "Dialectología/Dialectology". En *The Routledge Handbook of Spanish Language Teaching: metodologías, contextos y recursos para la enseñanza del español L2*, eds. J. Muñoz-Basols, E. Gironzetti y M. Lacorte, 377–390. London y New York: Routledge.

Moreno Fernández, F. 2023. *Las variedades de la lengua española y su enseñanza*. 3ª. ed. Madrid: Arco/Libros.

Moreno Fernández, F. y R. Caravedo, eds. 2022. *Dialectología hispánica. The Routledge Handbook of Spanish Dialectology*. London y New York: Routledge.

Pato, E. 2024. "Respuestas a: «Algunas cuestiones sobre la variación gramatical en el mundo hispánico» (3)". En *Crónica de la lengua española 2023-2024*, 77–82. Madrid: Espasa.

Real Academia Española y Asociación de Academias de la Lengua Española. 2009. *Nueva gramática de la lengua española*. Madrid: Espasa.

Soler Montes, C. 2024. "Las áreas dialectales del español y su integración pedagógica". En *Variación lingüística en el aula de español. La diversidad de la lengua*, eds. F. Herrera y C. Soler Montes, 46–63. Barcelona: Difusión.

Sorenson, T. 2021. *The Dialects of Spanish. A Lexical Introduction*. Cambridge: Cambridge University Press.

Watt, D. 2020. "Applied Dialectology: Dialect Coaching, Dialect Reduction, and Forensic Phonetics". En *The Handbook of Dialectology*, eds. C. Boberg, J. Nerbonne y D. Watt, 219–232. Oxford: Blackwell.

PARTE 1

Las variedades del español

1

EL ESPAÑOL DE ESPAÑA

Inés Fernández-Ordóñez

Resumen

En este capítulo se presenta la articulación dialectal del español europeo a partir de los principales rasgos fonético-fonológicos, gramaticales y léxicos que se encuentran en los hablantes de nivel sociocultural medio. Primero, se describe la división dialectal y, a continuación, se muestran las principales características distintivas de cada área y variedad. Por último, se ofrece una secuencia de ejercicios y unas preguntas de ampliación y reflexión para aplicar e integrar el contenido previo.

Palabras clave

español europeo, áreas dialectales, pronunciación, gramática, léxico

Abstract

This chapter presents the dialectal articulation of European Spanish based on the main phonetic-phonological, grammatical and lexical features found in speakers of medium socio-cultural level. The dialectal division is described first, followed by the main distinguishing features of each area and variety. Finally, it offers a sequence of exercises and some extension and reflection questions to apply and integrate the previous content.

Keywords

European Spanish, dialectal areas, pronunciation, grammar, lexis

DOI: 10.4324/9781003474722-3

1. Introducción

La lengua oficial de España es el castellano o español, hablado por la mayoría de la población como lengua materna. En Galicia es cooficial el gallego, en el País Vasco y Navarra el euskera, en Cataluña, las islas Baleares y la Comunidad Valenciana el catalán (denominado, en esta última, valenciano). El español de España comprende las variedades habladas en la península ibérica y dos archipiélagos, las islas Canarias y las islas Baleares, más dos ciudades autónomas situadas en el norte de África (Ceuta y Melilla).

Aunque España está organizada administrativamente en 17 comunidades autónomas, a su vez divididas en un total de 50 provincias, las divisiones entre las variedades lingüísticas no coinciden exactamente con las administrativas, algunas de las cuales se remontan a la Edad Media, otras al siglo XIX y otras, como las de las comunidades, son posteriores a la Constitución de 1978. Con propósitos descriptivos, empleamos las divisiones actualmente vigentes y reconocibles por cualquier hablante, aunque la formación de las áreas dialectales descritas corresponde a épocas distintas a lo largo de la historia del país.

El capítulo presenta las características más relevantes de las variedades del español europeo, en su dimensión fonético-fonológica, gramatical y léxica. Se han seleccionado aquellos rasgos que alcanzan altura social media en las distintas comunidades lingüísticas y están, por tanto, presentes en el habla urbana, y se descartan aquellos que solo son propios del ámbito rural (véase, a este respecto, Fernández-Ordóñez 2016; Fernández-Ordóñez y Pato 2020). Después se ofrece una aplicación e integración del contenido previo y, por último, unas preguntas de ampliación y reflexión.

2. Las variedades del español de España

En el español europeo (peninsular y canario) se reconocen dos tipos de divisiones lingüísticas:

1. **Áreas delimitadas de norte a sur**, y cuya formación solemos remontar al momento de la reconquista y colonización medieval del territorio. La disposición geográfica de estas áreas internas del castellano es similar a la que encontramos en el gallego y portugués, y en el catalán, lenguas que se extienden de norte a sur en la península ibérica. Aunque de origen antiguo, estas áreas han compartido innovaciones a lo largo del tiempo gracias a las vías de comunicación y el contacto entre sus poblaciones. Este primer tipo da lugar a varias configuraciones no excluyentes entre sí:
    a. La llamada "**cuña castellana**", en que todo el centro y el sur coincide frente a los extremos norteños.

b. La división del centro en dos áreas: una **occidental** y otra **oriental**.

2. **Áreas delimitadas de este a oeste**, cuya formación ha tenido lugar en época tardomedieval o, generalmente, moderna. A este segundo tipo pertenece el **español meridional**, el **andaluz** y el **canario**, además de ciertas innovaciones del **español septentrional**.

Finalmente, existen variedades con características propias en contacto con el gallego, el asturiano, el euskera y el catalán (véase el capítulo 9).

2.1. *Áreas que discurren de norte a sur*

El patrón de la "**cuña castellana**" muestra la expansión del castellano central y norteño por todo el centro y sur peninsular. Un ejemplo característico es el de los diminutivos. En efecto, las formas en *-ito*, *-illo* son la solución central preferente, mientras que a occidente prevalece el diminutivo *-in(o)* (desde León hasta Cáceres), y a oriente el diminutivo *-ico* (desde Navarra y el sur de Aragón hasta Andalucía oriental y Murcia). Algunas voces como *comadreja*, de uso general en el centro y el sur, frente a *paniquesa* a oriente y *mostolilla* a occidente, responden al mismo patrón.

Frente a esta homogeneidad central, otro patrón presenta la división del centro peninsular en dos áreas. El español de tipo **occidental** presenta rasgos comunes con el área asturleonesa, mientras que el de tipo **oriental** coincide con el área navarra y aragonesa. En ocasiones, el español occidental se extiende por el centro y sur de la península y configura la lengua culta; y otras veces es el **español oriental**. A la variedad occidental pertenecen León, Zamora, Salamanca, Palencia, Valladolid y Ávila, y sus rasgos se prolongan con frecuencia por Extremadura y Andalucía occidental. A su vez, en la variedad oriental se integran Navarra, Huesca, Zaragoza y Teruel (además de las áreas castellanoparlantes del País Valenciano), Álava, La Rioja, Soria, Guadalajara, Cuenca y Albacete, a las que se suman, en algunos rasgos, Murcia y Andalucía oriental. Las provincias situadas en el eje central, Cantabria, Burgos, Segovia, Madrid, Toledo y Ciudad Real, basculan entre las dos variedades, al igual que Córdoba y Málaga oscilan entre la Andalucía occidental y la oriental según el aspecto considerado.

2.1.1. *El español occidental vs. el español oriental*

En el léxico, un conjunto de **oposiciones** permite delimitar estas dos áreas (occidente vs. oriente), como por ejemplo las voces *amapola* vs. *ababol*; *peonza* vs. *trompo*; *nogal* vs. *noguera*; *uva* vs. *grano*; *encina* vs. *carrasca*.

En cuanto a la gramática, la característica más notoria del área centrooccidental castellana (con exclusión de la zona leonesa y extremeña) es el **leísmo**, el **laísmo** y el **loísmo** en el llamado sistema referencial de los pronombres átonos de tercera persona. Se desglosa en estos rasgos:

- El leísmo es el empleo del pronombre de dativo *le* para el objeto directo masculino en lugar de *lo*. El objeto directo tiene que ser contable, como las personas, animales y algunas cosas: *A Juan le veo*; *El libro le tengo*. En el plural también es posible, sobre todo al norte del área castellana centrooccidental: *A los niños les recojo del colegio*; *Los libros les tengo aquí*.
- Los objetos directos no contables, masculinos o femeninos, reciben el neutro *lo*: *El vino lo bebo*/ *La leche lo bebo*, fenómeno conocido como **neutro de materia**.
- El laísmo es el empleo de *la* como pronombre de dativo femenino, en lugar de *le*: *Solía ver a María en el centro, porque la gustaba el cine*.
- El loísmo es el empleo de *lo* como dativo masculino en lugar de *le*, y se da con nombres no contables o antecedentes neutros: *El embutido lo cuelgas y tiene que darlo el aire*; *A eso no lo doy importancia*. El loísmo plural es característico sobre todo del sur castellano: *A los niños los di un beso*.

Otros rasgos occidentales, pero que no siempre alcanzan la zona central, son los siguientes:

- El artículo seguido de posesivo tónico (*el mí marido*) o átono (*la mi hermana*), especialmente con nombres de parentesco y entidades inalienables (*la mi casa*).
- El empleo causativo de los verbos inacusativos *quedar* y *caer*: *Quedé* ['dejé'] *el trabajo listo*; *No caigas* ['tires'] *el vaso*.
- La preferencia por el diminutivo *-ino* (*guapino, poquino*).

El español oriental no comparte los rasgos anteriores e incluye algunos característicos:

- Expresa número en el clítico *se* en aquellas formas verbales que actualmente admiten pronombres enclíticos: los infinitivos (y esporádicamente los gerundios) reflexivos o pronominales: *Los padres tenían que irsen a la ciudad para que no estuvieran las chicas por los pisos metiéndosen con hombres*.
- La preferencia por los diminutivos *-ico* (*guapico*), o *-ete* (*guapete)* en la zona más oriental.
- En Aragón, la secuencia de clíticos dativo + acusativo presenta un empleo peculiar, ya que el pronombre dativo *se*, sincrético en número, puede acompañarse de un clítico de dativo *le(s)* que expresa el objeto directo, por lo que el fenómeno se conoce como "**falso leísmo**". Este empleo se da a menudo cuando el clítico de acusativo tiene antecedente neutro o escueto

y puede omitirse: *Se les dije [a ellos/ellas eso]*, *Se le dije [a él/ella eso]* ('Se lo dije' o 'Les dije/ Le dije Ø'). En español general se dice *Se lo dije* y en América puede emplearse *Se lo(s) dije*.

2.2. Áreas que discurren de este a oeste

Las variedades que se incluyen en estas áreas son el español meridional, el andaluz occidental, el canario, así como el español septentrional. Un conjunto de rasgos autonomiza el español hablado en la mitad sur de España y en las islas Canarias. Pertenecen a esta zona las provincias de las comunidades de Andalucía, Extremadura, parte de Castilla-La Mancha y Murcia. Dentro de esta área, el andaluz occidental y el canario se caracterizan por rasgos propios. En la mitad septentrional de la península ibérica, que carece de las innovaciones meridionales, se distinguen asimismo algunos rasgos particulares.

2.2.1. El español meridional

En la pronunciación, la mitad meridional de la península ibérica (junto con las islas Canarias) constituye un área dialectal clara desde el punto de vista fonético-fonológico. La zona se caracteriza por tres cambios que, combinados, apuntan a la pérdida de rasgos en ciertos segmentos.

* El **yeísmo** es la pérdida de la distinción fonológica entre la lateral aproximante palatal /ʎ/, *ll*, y la oclusiva palatal /ɟ/, *y*, a favor de esta última. Este uso se ha generalizado a todos los hablantes urbanos desde la segunda mitad del siglo XX, pero su disposición meridional todavía se observaba en el habla rural antes de la Guerra Civil. La distinción de la /ʎ/ es un arcaísmo hoy solo conservado en puntos rurales de la Península y Canarias.
* La **elisión de la /d/ intervocálica** se da no solo en los participios en *-ado* ([e.lao] *helado*), único contexto en que se pierde al norte, sino también en otras secuencias ([em.ba.ra.θá] *embarazada*, [dez.nú.o] *desnudo*, [ka.θa.ór] *cazador*). Este fenómeno nunca aparece en palabras esdrújulas (*sábado*), con diptongo (*deuda*, *medio*) o cuando la /d/ está precedida de *r/l* (*arde*, *aldea*). En algunas de las islas Canarias occidentales la /d/ puede conservarse.
* La **asimilación, neutralización y pérdida de las consonantes coronales** orales en coda silábica /d, s, θ, ɾ, l/ no se manifiesta de la misma forma en toda la zona:
  a. El único rasgo compartido en toda el área es la glotalización de la /s/ y /θ/ seguidas de consonante, con neutralización de la oposición entre ambas ([áh.ko] *asco*, [bíh.ko] *bizco*).
  b. En la Mancha occidental, Murcia, Extremadura, Andalucía y algunas islas Canarias, la neutralización se extiende a las líquidas, con resultado

[-ɾ] < [-ɾ, -l] cuando van seguidas de consonante no nasal: [láɾ.ɣo̞] *largo*, [áɾ.ɣo̞] *algo*.

   c. La pérdida completa de las consonantes en posición final de palabra es característica de Andalucía occidental (y en algunas de las islas Canarias, como Gran Canaria): [ko.mé] *comer*, [ba.ú] *baúl*, [a.djó] *adios*, [kɾú] *cruz*.

   d. En Andalucía oriental y Murcia la consonante prepausal glotalizada o perdida puede producir la modificación del timbre de la vocal anterior: [e] > [ɛ], [o] > [ɔ], [a] > [æ], apertura que a veces se extiende por armonía vocálica. Por ejemplo, [ko.mɛ́] *comer*, [sán.tɔ] *santos*, [mé.sæ], *mesas*, [kˈɔ] *col*, [lé.hɔ > lɛ.hɔ] *lejos*.

   e. En Gran Canaria, la aspiración de la /s/ puede hacer oclusivas las aproximantes sonoras antes de desaparecer (*los bancos* [loh βán.ko > lo bán. ko], *las doce* [lah ̆ɔ́.se > la dó.se], *las yeguas* [lah ɟé.ɣua> la ɟé.ɣua]).

En la gramática, se puede mencionar el fenómeno del **deísmo**, o empleo de la preposición *de* ante un infinitivo subordinado (más frecuente en la mitad meridional en tipos de verbos regentes y casos): *Estoy deseando de ir*; *Le gusta de comer*.

En cuanto al léxico, un conjunto de **oposiciones** permite delimitar estas dos áreas (norte vs. sur), como por ejemplo las voces *ternero* vs. *becerro*; *cordero* vs. *borrego*; *regaliz* vs. *paloduz, oroduz*; *alhucema* vs. *espliego*.

2.2.2. El andaluz occidental y el canario

Dentro del área meridional, el andaluz occidental y el español de las islas Canarias, comparten un conjunto de rasgos comunes con el español de América. Por ese motivo, a veces se emplea la denominación de *español atlántico* como abarcadora de las tres variedades.

En la pronunciación, el fenómeno más importante es el **seseo-ceceo**, esto es, la pérdida de la distinción fonológica entre las consonantes fricativas sordas /s/ y /θ/, propias del resto del español europeo. El seseo describe la indistinción con una fricativa dental [s̪] ([ká.s̪a] *casa*, [ka.s̪e.ɾía] *cacería*), y el ceceo con una dentointerdental [θ] ([ká.θa] *casa*, [ka.θe.ɾía] *cacería*). El seseo es característico del habla culta y urbana de Andalucía occidental y de cualquier variedad canaria, mientras que el ceceo solo alcanza cierto prestigio en el suroccidente de Andalucía, sobre todo entre los hombres. Otro de los rasgos es la **glotalización de la fricativa velar sorda** /x/ *j-g* (*caja* [ká.ha]).

En cuanto a la gramática, destaca el uso de **ustedes** como única forma de segunda persona del plural, formal e informal, con la desaparición de *vosotros* (hay algunas zonas en que el pronombre se mantiene en las islas de La Gomera y La Palma). Andalucía occidental y Canarias se distinguen, sin embargo, por las concordancias que *ustedes* induce en las formas pronominales y verbales. Mientras que en Andalucía el verbo permanece con morfología de segunda persona de plural, y los pronombres reflexivos oscilan (*Ustedes os/se sentáis*), en Canarias la concordancia siempre se expresa en tercera persona de plural (*Ustedes se sientan*).

Rasgos fundamentalmente canarios (aunque algunos se emplean también en Andalucía y en variedades americanas) son los siguientes:

- El ascenso del cuantificador *más* ante los universales negativos *nada*, *nadie*, *nunca*, habitualmente para reforzar la negación: *No quiero más nada*; *No vino más nadie*.
- El ascenso del cuantificador *más* en las oraciones relativas superlativas: *El más que me gusta es el azul*.
- El empleo de *haber* para la expresión del tiempo, en lugar de *hacer*: *Había muchos años que no venía*.
- La concordancia de *haber* existencial con el argumento plural (común con las áreas catalanohablantes): *Habían muchas personas*.
- El empleo del pretérito perfecto simple para acciones terminadas en un tiempo reciente, como en Galicia, Asturias y el norte de León. En el resto de variedades se usa el perfecto compuesto: *Vine hoy*; *¿Te caíste?*; *Hace un momento que salió*.
- La formación de diminutivos con el sufijo *-ito* en lugar del alomorfo *-ecito*: *panito*, *cochito* (en lugar de *panecito* y *cochecito*).

En el léxico, en Extremadura, Andalucía y Canarias *hembra* ('mujer') no es una palabra restringida a los animales de sexo femenino. Algunos canarismos desconocidos en la Península son *baifo* ('cabrito') o *gofio* ('harina gruesa de maíz, trigo o cebada tostados'), entre otros.

2.2.3. El español septentrional

El español septentrional no solo se define por carecer de las innovaciones meridionales antes mencionadas, sino que, en ocasiones, presenta rasgos propios.

En la pronunciación, destaca la neutralización de /d/ y /θ/ final a favor de [θ], alternando con la pérdida de /d/ ([pa.ɾéθ] *pared*). También puede extenderse a grupos cultos (*adquirir* [aθ.ki.ɾíɾ], *efecto* [e.féθ.to]). El fenómeno llega hasta Madrid.

En la gramática, en una amplia zona que incluye Cantabria, País Vasco, Navarra, La Rioja y la Castilla norteña (Burgos, Palencia) se emplea el condicional en lugar del pretérito imperfecto de subjuntivo en todo tipo de oraciones subordinadas (*Yo quería que él seguiría estudiando*; *Íbamos a comprar todas las cosas que nos harían falta*; *Si sería joven, no cambiaba la vida de antes con la de ahora*; *La carne se metía en ollas para que se conservaría*; *Aunque tendrías dinero, no lo podías gastar*).

En el léxico podemos mencionar voces como *caña* o *cañada* ('tuétano de los huesos') y *raposa* ('zorra'), entre otras.

3. Aplicación e integración

En este apartado ofrecemos un conjunto de prácticas que permiten aplicar los conocimientos previamente expuestos. La mayor parte de los ejemplos proceden del *Corpus Oral y Sonoro del Español Rural* (en cuya web se incluyen las referencias bibliográficas pertinentes) y del *Proyecto para el estudio sociolingüístico del español de España y América* (*PRESEEA*). En los ejemplos se omite la información de la fuente (informante, lugar, etc.) para no dar la respuesta a la pregunta.

3.1. Comparación de acentos

Localice los rasgos fonéticos que caracterizan a estos fragmentos e intente adscribirlos a un área dialectal. Puede escuchar los audios en la web del libro.

(1) a. Yo fumaba, el año pasado, bueno yo estuve fumando desde los diecis-, quince o dieciséis años fumaba, y el año pasado lo dejé de un día pa otro.

b. Sobre todo que queríamos los dos tener hijos, muy pronto, y… y bueno que no dejé de trabajar, sí. Pero mi trabajo me ha encantado, me ha encantado, me ha encantado. Además como muy solicitada porque… se me daba bien, ponía escaparates y eso, y me solicitaban muchos comercios, ¿sabes? Y ahí estuve doce años hasta que me casé.

3.2. Identificación de rasgos gramaticales

En los ejemplos siguientes, defina el fenómeno subrayado e intente adscribir los fragmentos a un área dialectal del español de España:

(2) a. Aunque… vayas y estés en el monte o eso, no se acercan, escapan. Tú vas ahora por ahí p'allá y… sale un jabalí y escapa de ti. Si le tiras un tiro y <u>lo quedas</u> herido, entonces puede ser cuando vuelva y te ataque.

b. Ahora, yo he tenido, ya digo, cuando mucho, pues he tenido seis [panales], que fue cuando se murieron todos, ahora tengo uno y ya <u>le</u> tengo del año pasao y… todavía no he podido catar<u>le</u>, porque no tiene miel.

c. Algún señor que venía a comprar pieles, […] a lo mejor abríamos, la abríamos y <u>la</u> poníamos unos palos de mano a mano, pa que <u>estaría</u> estiradita.

d. Primero ellos mamaban de la madre, luego ya, cuando ya eran más grandecitos, <u>los</u> echabas un poquito de grano y a comer.

e. Los que están en la capital vienen a, a <u>reunirsen</u> con nosotros y pasar el día con nosotros.

f. Se habían ido con bicicletas y no podían volver porque <u>se les</u> habían quitao.

g. El trigo se molía, en los molinos que había por áhi de agua, pasaba, un molino estaba puesto en un río, pasaba, hacía <u>de</u> andar la piedra… y áhi se echaba el trigo y ya se sacaba una harina preciosa y buena.

h. No sé si <u>ustedes habréis oído</u> eso.

i. De mis hermanas tampoco. La <u>más</u> que fue al colegio fue la más chica, porque entonces ya nosotros éramos mayores.

j. Y, y me enamoré de él, yo no me enamoré de <u>más nadie</u> sino de él.

3.3. Análisis del léxico específico

Adscriba a un área dialectal del español de España los elementos léxicos subrayados:

(3) a. Y la madera es una madera buena, una madera de <u>carrasca</u>.

b. Echaban un <u>becerro</u> en el torín que era una placita que había ahí. […] Estaba empezando Paquirri y venía aquí a toreá los <u>becerros</u>; porque aquí ganao bravo no había, más que ganao del otro… de, de trabajo.

c. El cuajo mejor que hay pa hacer el queso es el cuajo de <u>borrego</u>. El estómago de <u>borrego</u> cuando es chiquito, antes de que coma.

d. [Los niños] Jugaban a las chapas, a los <u>trompos</u>.

e. Había <u>ababoles</u>, una hierba, una hierba que hace una flor.

f. Somos nueve hermanos y de los nueve hermanos han muerto las dos <u>hembras</u>.

3.4. Revisión de mapas dialectales

El siguiente mapa (tomado de Fernández-Ordóñez 2011) ilustra la distribución de los adverbios *todavía* y variantes frente a *aún*, según los datos del

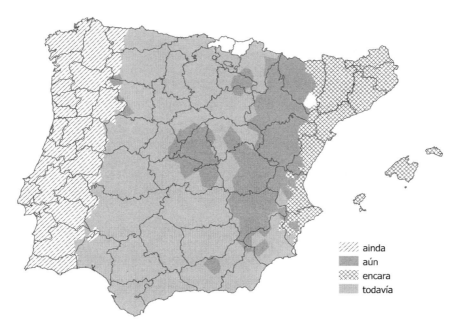

ainda
aún
encara
todavía

MAPA 1.1 Distribución de *todavía* y *aún*

Atlas Lingüístico de la Península Ibérica (ALPI). ¿Sabría decir a qué patrón geolingüístico responde la distribución de formas?

3.5. Uso de corpus lingüísticos

Busque en la herramienta de "Consulta avanzada" del *COSER* los nombres con sufijos diminutivos y compruebe en qué provincias aparecen el diminutivo *-ico* (*ico*+{N?????D, *ica*+{N?????D}). Confirme los ejemplos y su número en cada provincia. Luego defina un patrón dialectal.

Busque en la herramienta de consulta del *PRESEEA* ejemplos de laísmo con el verbo *decir* ([(word='la'%c)] [(lemma='decir' & pos='V......'%c)]). Seleccione los ejemplos de laísmo (en los que *la* no sea objeto directo), y especifique en qué ciudades aparecen.

4. Preguntas de ampliación y reflexión

1. Cualquier rasgo lingüístico delimitado en su empleo por el espacio configura un *área dialectal*. Pero, ¿cuándo podemos hablar de *patrón dialectal*?

2. ¿A qué se hace referencia con el término *español atlántico*? Reflexione sobre las implicaciones que puede tener.

3. ¿Por qué motivo en España se prefiere la denominación de *castellano*, en lugar de *español*, para nombrar la lengua en contextos administrativos y otros?

4. Como hemos visto en los apartados 2.1.1. y 2.2.1., hay toda una serie de voces que permiten distinguir las variedades del español en España, como por ejemplo *peonza* vs. *trompo* para hacer referencia al 'juguete de madera que se hace bailar'. Haciendo uso de los diccionarios adecuados, busque la variación geográfica que afecta a las siguientes palabras: *alifara*, *aljofifa*, *guizque* y *guagua*.

5. Los nombres populares del *cerdo* son muy variados. Localice en la herramienta de búsqueda del *COSER* los siguientes: *gocho*, *marrano*, *tocino* y *cochino*, y trate de averiguar su distribución geográfica. Genere los mapas correspondientes. ¿Hay alguno que sea típicamente occidental u oriental? ¿Hay alguno que responda al patrón de "cuña castellana"?

6. Algunos de los fenómenos analizados en este capítulo se registran también en las variedades del español en América (véanse los capítulos 2 a 6). Retomando los ejemplos de (2), identifique en ellos algún rasgo compartido con otras áreas y países. Esta pregunta es prospectiva.

7. Examine el siguiente fragmento y reflexione. ¿Qué rasgo sabe identificar? ¿A qué área dialectal pertenece? ¿Alterna con otro orden del español estándar? ¿Cuál puede ser la causa de su uso?

    E1: ¿Y aquí alguna mujer se moría, como nos ha contado, o algún niño también, al nacer?
    I1: Pues no sé..., ¿qué tiempo tenía la tu niña cuando se murió?
    I2: La mi niña tenía tres meses.
    I1: Ya estaba aquí yo cuando se te murió la niña tuya.

8. Al igual que en la pregunta anterior, examine el siguiente fragmento y reflexione sobre el rasgo ejemplificado y el área dialectal al que pertenece. ¿La concordancia anómala se expresa en otras categorías gramaticales? ¿Sucede en todos los casos?

    I1: Se, se deshace el colchón y lo primero que se hace es lavarle. [E1: Sí...] Se lava el colchón para... luego que esté limpio. Y la lana lo pones al aire que se aireé, y con una vara de fresno, que ya es apropiada, que está un poco curvada, pues a dar palos. Y de esa manera se ahueca la lana. Y luego, después, se pone bien puestecito en el colchón, se cose y se meten las... [E1: ¿No se lava?] Pues, aquí no, aquí no se lava. Se lava, sí, cuando es nuevo, cuando lo quitan de las ovejas y eso. Entonces, recién esquilado se lava la lana muy bien lavada.

9. Como en las anteriores preguntas, reflexione sobre el rasgo ejemplificado e indique a qué área dialectal pertenece. ¿Influyen los rasgos semánticos del nombre que acompaña al verbo *haber*? ¿Influye el tiempo verbal?

    I1: Antes el que supiera cantare, cantaba ahí, hubieran guitarras que, que hubieran tocadores que las supieran tocarl, se cantaba y se pasaba bien pero ya…, ya hoy no. […] Yo, eh, habrán cosas que tengo que leer […]. Cuando habían hambres, todos las pasamos.

10. La variación léxica es especialmente rica en el campo semántico de los cultivos. Busque patrones dialectales en la distribución de las respuestas del *Atlas Lingüístico de la Península Ibérica* (ALPI) a la pregunta *Guisantes*. Contraste las voces *arvejas*, *guisantes* y *bisaltos* (y sus variantes) y sitúelas por provincias.

Bibliografía

Almeida, M. y C. Díaz Alayón. 1988. *El español de Canarias*. Santa Cruz de Tenerife: Litografía A. Romero.

Alvar, M., ed. 1996. *Manual de dialectología hispánica. El español de España*. Barcelona: Ariel.

Blas Arroyo, J. L. 2005. *Sociolingüística del español*. Madrid: Cátedra.

Catalán, D. 1989. "El español en Canarias". En *El español, orígenes de su diversidad*, 145–201. Madrid: Paraninfo.

Fernández-Ordóñez, I., dir. 2005-. *Corpus Oral y Sonoro del Español Rural*. Madrid: Universidad Autónoma de Madrid. www.corpusrural.es

Fernández-Ordóñez, I. 2011. *La lengua de Castilla y la formación del español*. Madrid: Real Academia Española.

Fernández-Ordóñez, I. 2016. "Dialectos del español peninsular". En *Enciclopedia lingüística hispánica*, ed. J. Gutiérrez Rexach, 387–404. London y New York: Routledge.

Fernández-Ordóñez, I. y E. Pato. 2020. "El *Corpus oral y sonoro del español rural* (COSER) y su contribución al estudio de la variación gramatical del español". En *Dialectología digital del español*, eds. Á. J. Gallego y F. Roca Urgell, 71–100. Santiago de Compostela: Verba Anexo 80.

García Mouton, P. 1994. *Lenguas y dialectos de España*. Madrid: Arco/Libros.

García Mouton, P., I. Fernández-Ordóñez, D. Heap, M. P. Perea, J. Saramago y X. Sousa. 2016. *ALPI-CSIC*, edición digital de T. Navarro Tomás, dir., *Atlas Lingüístico de la Península Ibérica*. Madrid: CSIC. http://ALPI.cchs.csic.es

Jiménez Fernández, R. 1999. *El andaluz*. Madrid: Arco/Libros.

Moreno Fernández, F. 2009. *La lengua española en su geografía*. Madrid: Arco/Libros.

Montero Curiel, P. 2006. *El extremeño*. Madrid: Arco/Libros.

Narbona, A., R. Cano y R. Morillo. 1998. *El español hablado en Andalucía*. Barcelona: Ariel.

Penny, R. 2000. *Variación y cambio en español*. Madrid: Gredos.

PRESEEA. *Corpus del Proyecto para el estudio sociolingüístico del español de España y de América*. Alcalá de Henares: Universidad de Alcalá. http://preseea.uah.es

2

EL ESPAÑOL DEL CARIBE

Melvin González-Rivera

Resumen

Este capítulo examina las propiedades gramaticales del español del Caribe, centrándose en las variedades antillanas de Cuba, República Dominicana y Puerto Rico. Estas variedades, debido a su historia, proximidad geográfica y rasgos lingüísticos compartidos, conforman un área dialectal relativamente homogénea. Además, la discusión destaca las interrelaciones y las intersecciones que pueden establecerse entre el conocimiento de las variedades caribeñas y otras disciplinas. Por último, el capítulo incluye preguntas de aplicación y reflexión que contribuyen a una mejor comprensión y desarrollo del tema tratado.

Palabras clave

español caribeño antillano, periodo de formación, rasgos gramaticales, diversidad lingüística, variación

Abstract

This chapter explores the grammatical properties of Caribbean Spanish, focusing on the Antillean varieties of Cuba, the Dominican Republic, and Puerto Rico. These varieties represent a relatively homogeneous dialectal area, shaped by their shared history, geographic proximity, and common linguistic features. Additionally, the discussion emphasises the interrelations and intersections that can be drawn between the knowledge of Caribbean varieties and other fields of study. Furthermore, the chapter includes application and reflection questions that enhance the understanding and development of the topics discussed.

DOI: 10.4324/9781003474722-4

Keywords

Caribbean Spanish, formation period, grammatical features, linguistic diversity, variation

1. Introducción

El panorama lingüístico del Caribe insular hispano, que fue el primer territorio americano colonizado por España, está compuesto por las variedades lingüísticas de Cuba, República Dominicana y Puerto Rico, es decir, las Antillas Mayores. Esta variedad caribeña, hablada por aproximadamente 25 millones de personas en estas islas y por comunidades transnacionales en Estados Unidos, se caracteriza por un legado lingüístico y cultural que incluye influencias meridionales, indohispánicas, subsaharianas y anglosajonas (Valdés Bernal 2004). Aunque cada una de estas variedades tiene características propias, su inclusión en la categoría del **español del Caribe antillano** se fundamenta no solo en la proximidad geográfica y la historia compartida, sino también en los rasgos lingüísticos comunes que facilitan su comprensión (Ortiz López 2016; González Rivera y Escalante 2020).

Este capítulo presenta las características más relevantes de las variedades del español del Caribe antillano, centrándose en su pronunciación, gramática y léxico. Ofrece, además, una aplicación e integración del contenido previo y, por último, unas preguntas de ampliación y reflexión.

2. Características del español del Caribe

Las hipótesis que motivan la inclusión del Caribe hispánico en un área dialectal relativamente homogénea se fundamentan, por un lado, en la influencia de ciertas variedades meridionales, especialmente las de Andalucía occidental y Canarias, durante el *periodo antillano* o de formación. Por otro lado, debe tomarse en cuenta el legado subsahariano resultante de la introducción de esclavos negros, tanto ladinos como bozales, provenientes de España y Portugal o directamente desde África (Valdés Bernal 2004). Esta influencia dio lugar a procesos de criollización (Megenney 1990) que, aunque hoy se cuestionan, como en el caso de la *hipótesis criolla* (Ortiz López 2000), destacan sin duda el papel crucial de la herencia africana en el desarrollo del español caribeño (Klee y Lynch 2009; Megenney 1990). Por tanto, podemos afirmar que la variedad caribeña del español y su manifestación antillana son el resultado de un proceso histórico de integración y síntesis de todos los elementos etnoculturales mencionados, incluyendo la influencia indígena, sobre todo en el léxico (Serna Moreno 2007), y la anglosajona, promovida por Estados Unidos en Cuba y Puerto Rico a partir de la ocupación de ambos países en 1899 (Valdés Bernal 2004).

En cuanto a los rasgos fonético-fonológicos, los más destacados son lo que afectan la estructura silábica, específicamente las consonantes en posición de coda silábica y las variantes de las consonantes palatales y sibilantes en ataque silábico (Rivera 2016). Así, por ejemplo, destacan la neutralización, omisión o vocalización de /r/ y /l/, la aspiración o elisión de la /s/ en posición final de sílaba, la pérdida de la -d- intervocálica, el seseo y el yeísmo. Como veremos, el español caribeño muestra mayor variedad alofónica y pérdida de consonantes en posición final de sílaba, mientras que el seseo, el yeísmo y la presencia de la fricativa glotal en lugar de la velar son fenómenos extendidos. Las propiedades fonológicas compartidas por Cuba, República Dominicana y Puerto Rico (Martínez 2011; Rivera 2016) son las siguientes:

- Aspiración o elisión de la /s/ en posición final de sílaba (*los niños* [loh 'niɲoh]/[lo 'niɲo]).
- Velarización de la /n/ en posición final de palabra y frase (*pan* [paŋ]).
- Neutralización de las sibilantes en /s/ (seseo) (*caza* y *casa* ['kasa]).
- Fonema fricativo glotal sordo /h/ por el fricativo velar sonoro /x/ (*jamón* [ha'mon]).
- Elisión de la /d/ en posición final de palabra e intervocálica (verdad [ber'ða]).
- Neutralización de /l/ y /ɾ/ preconsonánticas dentro de la palabra (*alma* ['aɾma]; *arma* ['alma]).
- Pérdida de /ʎ/ (yeísmo) (*llamo* ['jamo]; *yema* ['jema]).
- Nasalización de vocales (*ven* [vẽ]).
- Fricatización de la africada sorda intervocálica (*muchacho* [mu'ʃaʃo]).

En el nivel morfológico, destaca el uso del *tuteo*, el empleo de *ustedes* en contextos familiares entre los hablantes y la ausencia de *vos* (salvo en Cuba, Lipski 1996; Muñoz-Basols, Moreno, Taboada y Lacorte 2017). En cuanto al nivel sintáctico, se puede señalar el uso de sujetos pronominales redundantes, el orden de palabras sujeto-verbo-objeto (SVO), el uso de verbos en infinitivo con sujeto explícito y el empleo del expletivo *ello*. En lo que respecta a la morfología verbal, se observa el futuro analítico, el presente progresivo con valor de futuro, el uso del indicativo en lugar del subjuntivo, y el infinitivo en lugar del indicativo y el subjuntivo. Por último, entre las particularidades adverbiales encontramos la doble negación y la anteposición de *más* a los adverbios negativos (*más nadie, más ninguno, más nunca* y *más nada*) (González Rivera 2022; González Rivera y Escalante 2020; Ortiz López 2016).

En el léxico se puede observar una huella indígena en vocablos como *cacique, huracán* y *hamaca*, así como en términos relacionados con la flora y la fauna (*guacamayo, guabá*) (Serna Moreno 2007). Además, hay una influencia africana en términos relacionados con la religión (*orisha, babalao*) y los alimentos (*ñame*, *guineo*). También se encuentran influencias africanas en vocablos de rituales religiosos (*bembe*) y géneros musicales (*bachata*). Esta diversidad léxica refleja la rica mezcla cultural que caracteriza al español caribeño.

A continuación, examinaremos las características de la variedad caribeña antillana, en cada país, prestando atención a los rasgos diferenciadores. Es importante señalar que dentro de un mismo país existe variación diatópica. La variedad cubana puede dividirse en dos modalidades: la oriental (Santiago de Cuba y Camagüey) y la occidental (que incluye La Habana) (Muñoz-Basols, Moreno, Taboada y Lacorte 2017). Además, también se observa variación diastrática relacionada con factores como la edad y el nivel educativo, entre otros.

2.1. Cuba

2.1.1. Pronunciación

- Debilitamiento de /s/ final de sílaba: La [s] es la variante más común de /s/, mientras que la elisión y la aspiración ocurren con menor frecuencia. La elisión se observa comúnmente en áreas rurales (Montero Bernal 2007).
- /ɾ/ en posición de coda silábica: La /ɾ/ simple puede asimilarse al segmento siguiente por geminación o alargamiento compensatorio (*silbar* [sibˈba]; *servir* [sebˈbi]). Además, se puede aspirar (*carne* [ˈkahne]).
- /r/ en ataque silábico: La /r/ puede realizarse como vibrante múltiple alveolar sorda [r̥] (*rosa* [ˈr̥osa]).
- Oclusivas sordas: La /p, t, k/ pueden sonorizarse o elidirse (*la candela* [la ɣanˈdela] / [laˈdela]).

2.1.2. Gramática

- Formas pronominales: La existencia del voseo en zonas aisladas de Camagüey, Contramaestre y Baire (Blanco Botta 1982; Claes 2014; Valdés Bernal 2007), donde la forma singular de dirigirse a un interlocutor es *vos*. Este voseo vestigial se conjuga con las formas verbales correspondientes a *vosotros* (*vos habláis*, *vos coméis*, *vos vivís*). Este voseo se limita a las áreas rurales y está en retroceso.
- Pronombres de sujeto: El uso de pronombres personales explícitos es muy bajo, en comparación con el resto del Caribe, aunque su frecuencia está en aumento (Ortiz López, Dauphinais y Aponte 2016).
- Sufijo *-ito*: Puede ser sustituido por *-ico*: *chiquitito* > *chiquitico* (Claes 2014).

2.1.3. Léxico

- Palabras: *asere* ('amigo, compadre'), *jama* ('alimento'), *guagua* ('autobús'), *chévere* ('algo genial o bueno'), *fula* ('dólar o moneda extranjera'), *tremendo paquete* ('un problema complicado'), *yuma* ('persona extranjera, especialmente de EE. UU.'), *fajarse* ('pelear, discutir'), *volao* ('rápidamente, a gran velocidad') y *máquina* ('auto').
- Expresiones idiomáticas y modismos: *tirar un cabo* ('ayudar a alguien'), *estar en la fuácata* ('estar en problemas serios'), *se formó el titingó* ('se armó un alboroto'), *ser candela* ('ser complicado, problemático'), *estar en talla* ('estar bien, en la onda'), *coger botella* ('pedir un aventón o autoestop'), *estar jamando un cable* ('pasar hambre o dificultades económicas'), *te quedó del tamaño del baro* ('salió perfecto').
- Coloquialismos: *pipo* ('hombre, amigo'), *bicicleta* ('mototaxi o transporte pequeño'), *duro* ('impresionante o excelente'), *guararey* ('mal humor o molestia'), *tumba eso* ('deja de hablar o hacer algo'), *pasar trabajo* ('enfrentar dificultades económicas'), *amanecer con el moño virao* ('de mal humor'), *mango* ('persona muy atractiva físicamente'), *riquimbili* ('vehículo improvisado o en mal estado'), *pedir agua por señas* ('estar en una situación desesperada').

2.2. República Dominicana

2.2.1. Pronunciación

- Elisión de /s/ final de sílaba: Es un fenómeno frecuente y predomina en todo el país.
- /ɾ/ en posición de coda silábica: En la región del Cibao, la vocal /i/ aparece en posición implosiva de /ɾ/ y /l/ (*Carlos* ['kailos]; *comprar* [kom'pɾai̯]; *algo* ['ai̯ɣo]) (Willis 2007).
- /r/ en ataque silábico: En posición inicial la /r/ puede realizarse como vibrante múltiple preaspirada /ɦr/, y presentar cinco alófonos: [ɦ], [ɦr], [ɦɾ], [ɾ] y [r], como en [pe'ɦɾito] (Willis 2006, 2007).

2.2.2. Gramática

- Formas pronominales: La forma *su merced* se utiliza de manera muy limitada, especialmente fuera de la capital (Claes 2014). Otros autores no han documentado este uso (Hummel 2010).
- Doble negación: *Yo no canto no*; *Yo no conozco ese lugar no*. Es un fenómeno documentado en la lengua afrocubana del siglo XIX (Ortiz López 2016). Según Granda (1994), es un vestigio de la etapa criolla del español en el área antillana, lo que coincide con lo que se observa en las lenguas

criollas y *pidgin* del Caribe, como el criollo haitiano, así como en variedades del español como segunda lengua en la República Dominicana y en variedades afrohispánicas, como el palenquero y el español del Chocó colombiano (González Tapia y Benavides 1982).

- Sufijo plural *-se*: *muchacha* > *mucháchase*, puede utilizarse como estrategia para compensar la elisión o aspiración de /s/ (Claes 2014).
- Sufijo *-ito*: Puede ser sustituido por *-ico* en algunos casos (*zapato* > *zapatico*), pero no en otros (*perro* > **perrico*).
- Expletivo *ello*: Este pronombre se utiliza en expresiones como *Ello hace tiempo que no llueve en esta zona* (Ortiz López 2016). Hay ciertas restricciones en su distribución (Gupton y Lowman 2013): no es posible con predicados transitivos (**Ello baila mucha bachata en ese club*), con sujetos animados en posición postverbal (**Ello llegó mi hermano a las 9*) y en oraciones subordinadas (**Juana no cree que ello lleguen guaguas después de las 5 de la tarde*).
- *Ser* focalizado: Las estructuras de *ser* focalizado están bien documentadas: *Pepe trajo fue sangría* (Toribio 2002; Alba 2004; Méndez Vallejo 2015) en Santiago de los Caballeros y Santo Domingo.

2.2.3. Léxico

- Palabras: *jevi* ('genial, excelente'), *tiguere* ('astuto, callejero'), *concho* ('taxi compartido'), *carajito* ('niño'), *vaina* ('cosa'), *chercha* ('broma, diversión'), *chopo* ('de bajo nivel cultural o mal gusto'), *cocotazo* ('golpe en la cabeza con los nudillos').
- Expresiones idiomáticas y modismos: *dar carpeta* ('molestar'), *irse al mambo* ('exagerar'), *estar en olla* ('estar sin dinero'), *echar boche* ('regañar'), *dar luz* ('dar información'), *hacer coro* ('salir en grupo'), *estar al paso* ('ir despacio'), *comerse un cable* ('pasar por dificultades económicas'), *dar una bola* ('llevar a alguien en un vehículo').
- Coloquialismos: *montarse en el colmado* ('estar involucrado en chismes o rumores'), *pinchar* ('trabajar'), *bacano* ('alguien o algo genial'), *mangú* ('plato hecho de puré de plátano'), *lambón* ('persona aduladora o interesada'), *dique* ('supuestamente'), *aplatanao* ('persona que se ha adaptado a las costumbres locales'), *tato* ('todo está bien'), *picar* ('ganar dinero de forma rápida o informal').

2.3. Puerto Rico

2.3.1. Pronunciación

- Debilitamiento de /s/ final de sílaba: La realización más frecuente de la /s/ implosiva es la variante aspirada [h], seguida de la sibilante [s] y de la elisión. Una cuarta variante es el sonido glotal [ʔ] (*luz* [luʔ]; *esposa* [eʔ'posa])

(Valentín-Márquez 2006; Luna 2018). También se documenta la elisión de /s/ con alargamiento compensatorio antes de oclusivas sonoras (Luna 2018). Para un análisis detallado de la /s/ en combinaciones preconsonánticas con oclusivas sordas (/sp/, /st/, /sk/) y sonoras (/sb/, /sd/, /sg/), como en *tres vacas*, véase Galarza, Delgado-Díaz y Willis (2014).

- /r/ en ataque silábico: La vibrante múltiple muestra un alófono fricativo velar /ʁ/, similar a la /χ/ del español peninsular (*perro* > ['peʁo]).
- Modo de articulación de las vocales: En las montañas de Puerto Rico, el cambio de /e/ a [i] (*leche* ['letʃi]) y de /o/ a [u] (*ocho* ['otʃu]). Aunque es un rasgo similar al que se encuentra en España y México (Barajas 2014), en Puerto Rico ha evolucionado de manera independiente, está regido por una regla léxica y relacionado con la zona cafetalera del área montañosa occidental. Va desapareciendo debido a la movilidad física y social en esa región (Oliver Rajan 2018).

2.3.2. Gramática

- La forma progresiva -*ndo*: Este uso no estándar se atribuye al contacto con el inglés como transferencia o interferencia (Morales 1986): *Desapareció la cartera <u>conteniendo</u> dinero*; *Este muchacho lo que hace es <u>comprando</u> las muestras*. Otros usos son para pasado, presente y futuro en lugar de las formas simples (Vaquero 1998, Aponte Alequín y Ortiz López 2009, Claes y Ortiz López 2011): *Esta película estuvo <u>presentándose</u> en el cine (durante varias semanas)*; *El avión estará <u>llegando</u> a Miami a las 7:00 p.m.*
- Pronombres de sujeto: Hay varias restricciones lingüísticas para explicar la presencia de pronombres personales de sujeto en el español puertorriqueño, entre las cuales está el *priming* o los efectos de repetición (Abreu 2018). Los hablantes tienen más probabilidades de expresar un sujeto cuando el referente difiere del anterior o cuando la misma forma de sujeto ha sido producida recientemente en el discurso: H1: *Pero Ø no sé si él es tan bueno como* **yo**. H2: *No, qué mucho* **yo** *gritaba en esos juegos*; H1: *¿Y después Ø volvieron de nuevo?* H2: *Y Ø se casaron a los diez y ocho meses Ø se casaron* (Abreu 2018).
- No inversión de sujeto en preguntas *Qu*-: *¿Cómo <u>tú</u> te llamas?*, el sujeto permanece *in situ*. Comínguez (2018) ha propuesto que tanto los sujetos preverbales como los postverbales en estas interrogativas son parte de la gramática del español puertorriqueño, independientemente de que el operador *qu*- sea argumental o no. Este análisis puede aplicarse al español antillano en general.

2.3.3. Léxico

- Palabras: *chinchorro* ('pequeño bar o restaurante'), *revolú* ('desorden'), *zafacón* ('bote de basura'), *chavos* ('dinero'), *bembé* ('reunión animada'), *cangrimán* ('persona influyente o poderosa'), *guillú* ('presumido'), *tapón* ('congestión vehicular').

- Expresiones idiomáticas y modismos: *cogerlo con calma* ('tomárselo con tranquilidad'), *meterle mano* ('hacer algo con determinación'), *se formó el revolú* ('se armó un alboroto'), *dar pon* ('llevar a alguien en vehículo'), *estar encendido* ('estar muy molesto o emocionado'), *comerse la mierda* ('creerse superior'), *darse un palo* ('tomarse una bebida alcohólica').
- Coloquialismos: *gufear* ('bromear'), *tiraera* ('crítica verbal'), *¡puñeta!* ('expresión de alegría, incredulidad o enfado'), *manganzón* ('persona inmadura'), *maceta* ('persona tacaña'), *jíbaro* ('persona de campo; simple'), *mofongo* ('plato a base de plátano machacado'), *bochinche* ('chisme, rumor'), *¡wepa!* ('expresión de alegría o celebración').

3. Aplicación e integración

En este apartado, mostramos la aplicación e integración de las características del español caribeño antillano.

3.1. Comparación de acentos

La aplicación se centrará en la intervención logopédica por su relevancia en los estudios lingüísticos actuales, así como por su conexión entre la teoría lingüística y la práctica clínica. Los terapeutas del habla y del lenguaje han reconocido que la diversidad lingüística constituye un entendimiento ético y procedimental bien establecido, y no debe ser utilizada como base para diagnosticar problemas de comunicación en los individuos (Martínez 2011). Los hablantes de cualquier dialecto pueden presentar trastornos del lenguaje que no están relacionados con su variedad lingüística. Por lo tanto, un paso fundamental para realizar evaluaciones precisas de los trastornos de la comunicación y el lenguaje es distinguir entre los aspectos vinculados a la variación lingüística, que siguen patrones regulares dentro de una comunidad, y aquellos que constituyen verdaderos trastornos.

La patología del habla y las variedades del español caribeño antillano convergen en varios aspectos debido a las particularidades lingüísticas de estos dialectos, que presentan características fonético-fonológicas únicas, como hemos visto en el apartado precedente. La evaluación y tratamiento de los trastornos requiere el conocimiento de los rasgos dialectales, a fin de diferenciar entre las variaciones dialectales normales y los signos de patología. Existen cuatro aspectos clave que deben considerarse: 1) los desafíos en la evaluación surgen porque las características fonético-fonológicas pueden confundirse con patologías si los profesionales no están familiarizados con esta variedad; 2) la identificación de patologías implica diferenciar entre las variaciones dialectales normales y los verdaderos trastornos para evitar diagnósticos erróneos; 3) las intervenciones terapéuticas adaptadas deben respetar los rasgos dialectales de cada hablante, evitando corregir características que son parte de su identidad lingüística y enfocándose en las verdaderas dificultades comunicativas; y 4) la conciencia lingüística es esencial tanto para los terapeutas como para las comunidades lingüísticas, ya que fomenta el respeto por la diversidad dialectal y previene la estigmatización de características propias de la lengua que no representan patologías (como el lambdacismo y el rotacismo).

3.2. *Identificación de rasgos gramaticales*

Los dialectos del español en el Caribe antillano comparten una serie de características gramaticales, pero también presentan diferencias distintivas que los hacen únicos en la región. Reconocer estas particularidades es fundamental en diversos ámbitos, como la terapia del habla y el lenguaje, la educación (elaboración de materiales didácticos adecuados y fomento de la autoestima lingüística) y el conocimiento lingüístico (documentación y preservación de las lenguas, comprensión de fenómenos lingüísticos y promoción de la diversidad lingüística). En los siguientes ejemplos, localice los rasgos más representativos de las variedades caribeñas:

(1)   a. He tenido alguno alumno bueno…, aplicamo nueva propuehta en nuestra docencia…, trabajamo con dos obra seleccionada… (Dohotaru 2004, 89).

        b. Eso no ha llegao, demasiado enfocao. Tú no conoce a Bad Bunny, tú sólo te ha retratao, ey. Soy el caballo ganadol, voy alante por veinte cuelpo', ey, ey […] La telmino con la L, con la R suenan mal (Bad Bunny, "Nadie sabe", 2023).

        c. Viene a pedir mi mano, viene. Vamo a sonai unos palos pa que me quiera por siempre… (Juan Luis Guerra, "A pedir su mano", 1990).

(2)   a. Cuando yo miré así y vi ese lagarto ahí y yo sabía que yo tenía que sacarme ese lagarto de ahí […] y yo no hallaba qué hacerme… y yo decía, pero si gritar o no gritar hacía lo mismo. Porque eso era yo la que tenía que solucionar el problema (Oliver Rajón 2022, 104).

        b. Yo te digo a ti que el día que yo me case, yo le aguanto lo que se dice vulgarmente un tarro a mi marido, si yo quiero, si yo quiero (García Riverón 2004, 129).

        c. Pueden pasar, pero estamos cerrando es… (González Rivera y Escalante 2020, 638).

En cuanto al léxico, referimos a la canción "Jerga Platanera" de René y Nino Freestyle, en que se comparan los dialectos puertorriqueños y dominicanos (disponible en: www.youtube.com/watch?v=IXU4lcLa81o&list=OLA K5uy_k111ug-nJgQokPC2b4l_ZcIoN23m5RUIM).

3.3. Análisis del léxico específico

Las expresiones idiomáticas, modismos y coloquialismos son fundamentales en la comunicación diaria en el Caribe y representan la identidad cultural de la región. Traducir estas expresiones plantea varios desafíos y oportunidades: las expresiones coloquiales suelen ser altamente contextuales y específicas de una región, por lo que encontrar un equivalente exacto en otra lengua o variedad del español es complicado. Se debe optar por equivalentes funcionales, es decir, expresiones que cumplan el mismo propósito o transmitan la misma emoción. En algunos casos, la traducción literal puede llevar a malentendidos o a la pérdida de matices culturales. Por ejemplo, la traducción literal de *Se armó un arroz con mango* (Cuba) o *Se armó un arroz con culo* (Puerto Rico) no tendría sentido en inglés o en otras variedades del español. La expresión se refiere a una situación confusa o complicada, y se debe encontrar una frase similar en el idioma de destino (como *se armó la de Dios*; *armarse la grande*, entre otras). En ocasiones, hay que decidir si es más adecuado mantener la estructura original (para respetar la identidad caribeña) o adaptar la frase a una forma más neutra (para que el público receptor o meta la comprenda sin dificultad).

La industria audiovisual (subtitulado y doblaje) emplea modismos y expresiones coloquiales que deben adaptarse cuidadosamente. En el subtitulado las limitaciones de espacio obligan a reducir el texto sin perder la esencia de la expresión, mientras que en el doblaje el reto es adaptar la traducción al sincronismo labial. Un ejemplo es la película dominicana *Perico Ripiao* (2003), que contiene una gran cantidad de modismos y expresiones que son parte integral de la historia y la identidad del país (disponible en www.yout ube.com/watch?v=PhJiBV_xYOw) (Véase el capítulo 17).

3.4. Revisión de mapas dialectales

En el área caribeña existen varios atlas lingüísticos. Entre ellos, destaca el *Atlas Lingüístico de Puerto Rico* (ALPR), cuyo origen se remonta al trabajo pionero iniciado por Tomás Navarro Tomás entre 1927 y 1948. Este proyecto constituye el primer atlas lingüístico de Hispanoamérica (Vaquero 2004).

Otro proyecto importante es el *Atlas Lingüístico de Cuba* (ALCu), que se ha convertido en un modelo para otros proyectos dialectales debido a su manejo de la información recopilada (Figueroa González 2020).

3.5. Uso de corpus lingüísticos y otros recursos

Los corpus como el *PRESEEA* contienen datos de interés, en este caso, de la ciudad de La Habana y de San Juan de Puerto Rico. El *CORPES* también ofrece datos lingüísticos de las tres variedades. Por su parte, el proyecto *Coffe Zone: Del cafetal al futuro* es un archivo digital que recopila las historias orales de recolectores de café, agricultores, hacendados, así como de mujeres y adolescentes de la zona montañosa del oeste de Puerto Rico, conocida como la zona cafetalera. Se trata del primer esfuerzo por reunir y preservar el dialecto y las narrativas orales de esta región (coffeezone.lib.uiowa.edu/#about) (Oliver Rajún 2022).

4. Preguntas de ampliación y reflexión

1. ¿Cómo podrían los resultados de una evaluación incorrecta afectar la vida de un individuo de un dialecto del español caribeño antillano?
2. ¿Qué similitudes y diferencias se observan en el uso de los pronombres de sujeto en el español de Cuba, la República Dominicana y Puerto Rico?
3. ¿Cuáles son las principales características de la pronunciación de las consonantes finales en el español de Cuba, la República Dominicana y Puerto Rico? ¿Cómo podrían afectar estas pronunciaciones la comprensión oral entre hablantes de diferentes regiones del habla hispana no caribeña?
4. Si estuviera traduciendo un guion de una película que utiliza mucho humor basado en modismos caribeños, ¿qué consideraciones tomaría para asegurar que ese humor se transfiere adecuadamente?
5. Si tuviera que realizar un proyecto de investigación sobre la variación diatópica en el español caribeño, ¿qué metodología emplearía para recoger datos?
6. Investigue la importancia que pueda tener la conciencia lingüística en la práctica de la terapia del habla y del lenguaje, especialmente en aquellas variedades caribeñas antillanas.
7. ¿Qué diferencias léxicas existen entre el español de Cuba, la República Dominicana y Puerto Rico en términos de vocabulario relacionado con la vida cotidiana? ¿Qué ejemplos podría dar de la canción "Jerga Platanera" de René y Nino Freestyle, y qué equivalentes habría en el español cubano?
8. Según su criterio, ¿cómo puede la investigación sobre la patología del habla en el español del Caribe antillano contribuir a la comprensión más amplia de la diversidad lingüística en el ámbito hispanohablante? Justifique su respuesta.
9. ¿Por qué cree que es importante comprender las particularidades del español caribeño antillano al traducir expresiones coloquiales?

10. Reflexione sobre cómo las características del español caribeño pueden influir en la percepción de sus hablantes en un contexto global.

Bibliografía

Abreu, L. 2018. "A Variationist Account of Puerto Rican Subject Personal Pronoun Expression". En *Current research in Puerto Rican linguistics*, ed. M. González-Rivera, 111–130. London y New York: Routledge.

Alba, O. 2004. *Cómo hablamos los dominicanos. Un enfoque sociolingüístico*. Santo Domingo: Grupo León Jimenes.

Álvarez Nazario, A. 2015. *Historia de la lengua española en Puerto Rico*. San Juan: Editorial Universidad de Puerto Rico.

Aponte Alequín, H. y L. Ortiz López. 2009. "Una perspectiva pragmática del presente progresivo con valor de futuro en el español del Caribe". En *Selected proceedings of the 12th Hispanic Linguistics Symposium*, eds. C. Borgonovo, M. Español-Echevarría y P. Prévost, 109–121. Somerville: Cascadilla.

Barajas, J. 2014. A Sociophonetic Investigation of Unstressed Vowel Raising in the Spanish of a Rural Mexican Community. PhD. diss., Ohio State University.

Blanco Botta, I. 1982. "El voseo en Cuba: estudio socio-lingüístico de una zona de la Isla". *Beitragen zur Romanischen Philologie* 21 (2): 291–304.

Claes, J. 2014. *A Rough Guide to Caribbean Spanish*. Manuscrito inédito.

Claes, J. y L. A. Ortiz López. 2011. "Restricciones pragmáticas y sociales en la expresión de futuridad en el español de Puerto Rico". *Spanish in Context* 8 (1): 50–72.

Comínguez, J. P. 2018. "The Nature and Position of Subjects in Puerto Rican Spanish Wh-questions: Empirical Evidence and Theoretical Implications". En *Current Research in Puerto Rican Linguistics*, ed. M. González-Rivera, 67–89. London y New York: Routledge.

De Granda, G. 1994. *Español de América, español de África y hablas criollas hispánicas. Cambios, contactos y contextos*. Madrid: Gredos.

Dohotaru, P. 2004. "Variación de -/s/ en el habla de habaneros universitarios: condicionamiento lingüístico y social". En *Pensamiento lingüístico sobre el Caribe insular hispánico*, ed. S. Valdés Bernal, 68–110. Santo Domingo: Academia de las Ciencias de la República Dominicana.

Figueroa González, A. 2020. "El Atlas Lingüístico de Cuba (ALCu): novedad y originalidad en los estudios de geografía lingüística contemporáneos". En *Dialectología digital del español*, eds. A. Gallego y F. Roca Urgell, 101–118. Santiago de Compostela: Universidad de Santiago de Compostela.

Galarza, I., G. Delgado-Díaz y E. W. Willis. 2014. "¿Nuevamente /s/? Una mirada a la elisión de /s/ implosiva en el español de Puerto Rico". Comunicación presentada en el 7.° WSS, University of Wisconsin-Madison (abril de 2014).

García Riverón, R. 2004. "Caracterización prosódica del personaje en televisión". En *Pensamiento lingüístico sobre el Caribe insular hispánico*, ed. S. Valdés Bernal, 111–137. Santo Domingo: Academia de las Ciencias de la República Dominicana.

González, C. y C. Benavides. 1982. "¿Existen rasgos criollos en el habla de Samaná?". En *El español del Caribe*, ed. O. Alba, 105–132. Santiago de los Caballeros: Universidad Católica Madre y Maestra.

González Rivera, M. 2022. "Sobre los sujetos preverbales caribeños". *Archiletras científica* 8: 205–218.

González Rivera, M. y M. F. Escalante. 2020. "Aspectos sintácticos y semánticos del español caribeño: viejos y nuevos retos". *Cuadernos de la ALFAL* 12 (2): 632–652.

Gupton, T. y S. Lowman. 2013. "An F Projection in Cibeño Dominican Spanish". En *Selected proceedings of the 16th Hispanic Linguistics Symposium*, eds. J. Cabrelli Amaro, G. Lord, A. de Prada Pérez y J. E. Aaron, 338–348. Somerville: Cascadilla.

Hummel, M. 2010. "El estudio de las formas de tratamiento en las Antillas hispanohablantes". En *Formas y fórmulas de tratamiento en el mundo hispánico*, eds. M. Hummel, B. Kluge, & M. E. Vázquez-Laslop, 293–324. Ciudad de México: El Colegio de México.

Klee, C. y T. Lynch. 2009. *The Spanish Language in the Americas: A Linguistic and Sociolinguistic Overview*. Cambridge: Cambridge University Press.

Lipski, J. M. 1996. *El español de América*. Madrid: Cátedra.

Luna, K. V. 2018. "Phonetics and Phonology of /s/ in the Spanish of Puerto Rico: Aspiration, Elision with Complementary Lengthening, and Glottalization". En *Current Research in Puerto Rican Linguistics*, ed. M. González-Rivera, 43–63. London y New York: Routledge.

Martínez, S. 2011. "Consonant Variability of Caribbean Spanish". *ECHO* 6 (2): 6–20.

Megenney, W. 1990. *África en Santo Domingo: la herencia lingüística*. Santo Domingo: Museo del Hombre Dominicano.

Méndez-Vallejo, C. 2015. "Changing the Focus: An Empirical Study of "Focalizing ser" ('to be') in Dominican Spanish". *Isogloss* 1 (1): 67–93.

Montero Bernal, L. 2007. "El español rural de Cuba y su variedad regional". En *La lengua en Cuba. Estudios*, ed. M. A. Domínguez Hernández, 147–178. Santiago de Compostela: Universidade de Santiago de Compostela.

Morales, A. 1986. *Gramáticas en contacto: análisis sintácticos del español de Puerto Rico*. Madrid: Playor.

Muñoz-Basols, J., A. Moreno, A. Taboada y M. Lacorte. 2017. *Introducción a la lingüística hispánica actual: teoría y práctica*. London y New York: Routledge.

Rivera, Y. 2016. "Dialectos del español de América: Caribe antillano (fonética)". En *Enciclopedia de lingüística hispánica*, ed. J. Gutiérrez-Rexach, 305–315. London y New York: Routledge.

Oliver Rajan, J. 2007. "Mobility and its Effects on Vowel Raising in the Coffee Zone of Puerto Rico". En *Selected proceedings of the 3rd Workshop on Spanish Sociolinguistics*, ed. J. Holmquist, 44–52. Somerville: Cascadilla.

Oliver Rajan, J. 2018. "Vowel Raising and Identity in the Highlands of Puerto Rico". En *Current Research in Puerto Rican Linguistics*, ed. M. González-Rivera, 7–22. London y New York: Routledge.

Oliver Raj022, J. 2022. "El español de la zona cafetalera de Puerto Rico y sus narrativas orales como expresión identitaria". *Borealis* 11(2): 95–111.

Ortiz López, L. A. 2016. "Dialectos del español de América: Caribe Antillano (morfosintaxis y pragmática)". En *Enciclopedia de lingüística hispánica*, ed. J. Gutiérrez-Rexach, 316–329. London y New York: Routledge.

Ortiz López, L. A. 2000. "El español de Puerto Rico en el contexto caribeño: el debate sobre su génesis". *Revista de Estudios Hispánicos* 27 (1): 361–374.

Ortiz López, L. A., A. Dauphinais y H. Aponte. 2016. "Cuban Spanish: Is it a Null Subject Parameter dialect?". En *Dialectología del español cubano: variación, contacto y cambio*, ed. A. Cuza, 97–118. Washington: Georgetown University Press.

Serna Moreno, A. 2007. "Las supervivencias lingüísticas de origen taíno en el oriente cubano". *Revista de Estudios Latinoamericanos* 45: 79–104.

Toribio, A. J. 2002. "Focus on Clefts in Dominican Spanish". En *Structure, Meaning, and Acquisition of Spanish*, eds. K. Geeslin y J. C. Clements, 130–146. Somerville: Cascadilla.

Valdés Bernal, S. 2004. *Pensamiento lingüístico sobre el Caribe insular hispánico*. Santo Domingo: Academia de Ciencias de la República Dominicana.

Valdés Bernal, S. 2007. "El poblamiento de Cuba y las áreas geolectales". En *Visión geolectal de Cuba*, ed. S. Valdés Bernal, 7–28. Bern: Peter Lang.

Valentín-Márquez, W. 2006. "La oclusión glotal y la construcción lingüística de identidades sociales en Puerto Rico". En *Selected Proceedings of the 9th Hispanic Linguistics Symposium*, eds. N. Segarra y J. A. Toribio, 326–341. Somerville: Cascadilla.

Vaquero, M. 1998. *El español de América II: morfosintaxis y léxico*. Madrid: Arco/ Libros.

Vaquero, M. 2004. "Geolingüística hispánica en el Caribe". En *Pensamiento lingüístico sobre el Caribe insular hispánico*, ed. S. Valdés Bernal, 362–383. Santo Domingo: Academia de las Ciencias de la República Dominicana.

Willis, E. W. 2006. "Trill Variation in Dominican Spanish: An Acoustic Examination and Comparative Analysis". En *Selected Proceedings of the 9th Hispanic Linguistics Symposium*, eds. N. Segarra y J. A. Toribio, 121–131. Somerville: Cascadilla.

Willis, E. W. 2007. "An Acoustic Study of the 'Pre-aspirated Trill' in Narrative Cibaeño Dominican Spanish". *Journal of the International Phonetic Association* 37 (1): 33–49.

3

EL ESPAÑOL DE MÉXICO Y DE CENTROAMÉRICA

Pedro Martín Butragueño y Enrique Pato

Resumen

Este capítulo presenta una visión general de las principales características del español de México y de los seis países de Centroamérica en cuanto a la pronunciación, la gramática y el léxico. A pesar de las diferencias internas que se pueden observar entre unos países y otros, el área guarda cierta unidad de conjunto, al menos en contraste con otras grandes zonas dialectales del español. Le sigue una aplicación e integración de parte de este contenido. En la última sección se formulan unas preguntas de ampliación y reflexión.

Palabras clave

México, Centroamérica, pronunciación, gramática, léxico

Abstract

This chapter presents an overview of the main characteristics of the Spanish of Mexico and the six Central American countries in terms of pronunciation, grammar and lexicon. Despite the internal differences that can be observed from one country to another, the area retains a certain overall unity, at least in contrast to other major dialectal areas of Spanish. This is followed by an application and integration of some of this content. In the last section, some questions for extension and reflection are formulated.

Keywords

Mexico, Central America, pronunciation, grammar, lexis

DOI: 10.4324/9781003474722-5

1. Introducción

México y Centroamérica constituyen un área lingüística definida dentro del mundo hispanohablante, que cuenta con una población superior a los 180 millones de habitantes (CIA 2024). El español de México convive con otras 68 lenguas autóctonas, aunque este número varía según los criterios empleados. Eberhard, Simons y Fennig (2024) mencionan 284 lenguas originarias en uso, en situaciones muy diversas de vitalidad. La situación de Centroamérica es diferente. Mientras que en Guatemala hay 25 lenguas oficiales (22 idiomas mayas, el xinca, el garífuna y el español), en el resto de las repúblicas centroamericanas el español comparte espacio lingüístico con muchos menos idiomas: 1 en El Salvador, 6 en Honduras, 6 en Nicaragua, 7 en Costa Rica y 8 en Panamá.

En cuanto a la *variedad centroamericana* del español, algunos autores no la consideran un área particular, ya que presenta más rasgos compartidos con el mundo hispánico que los caracterizadores como unidad dialectal, y porque tampoco es posible subdividirla "en parcialidades dialectales sistemáticas y coherentes" (Quesada Pacheco 2022, 379). Nosotros optamos por el término *español centroamericano* y creemos que es posible establecer rasgos definidores para cada uno de los países que lo componen. Por otro lado, hay que recordar que la población de toda esta región es muy joven, altamente mestiza y cada vez más urbana (*The World Factbook*; INEGI 2020; Martín Butragueño 2010).

Este capítulo presenta las características más relevantes de las variedades del español de México y de Centroamérica, después ofrece una aplicación e integración del contenido teórico y, por último, una serie de preguntas de ampliación y reflexión.

2. Características del español de México y de Centroamérica

En lo que sigue conoceremos las principales características del español (pronunciación, gramática y léxico) de cada uno de estos países. Hay que indicar que la mayoría de los fenómenos son propios, pero no exclusivos de cada variedad. El contacto de lenguas se estudia en el capítulo 9.

2.1. México

México tiene cerca de 130 millones de habitantes (el 82 % es población urbana), la mayoría de ellos con el español como lengua materna (93 %). Su territorio es amplio y la zona metropolitana de la capital (Ciudad de México) constituye el área urbana hispanohablante más grande del mundo. Tales condiciones hacen que muchos de los rasgos lingüísticos más llamativos se extiendan de manera desigual a lo largo de su geografía, y se documenten asimismo en otros países centroamericanos. Si bien existen diferentes propuestas de división dialectal –según aspectos sociolingüísticos o perceptivos– la división simple norte-centro-sur es válida para entender la distribución de algunos de sus rasgos lingüísticos.

2.1.1. Pronunciación

- Las vocales átonas se ensordecen en el centro del país (*Miramontes* [mi.ɾa.'mõ̞n̩.t̩ə̩s̩]). El ensordecimiento es más común en las aseveraciones que en las preguntas, y aparecen más casos conforme avanza el enunciado.
- Las oclusivas sonoras /b, d, g/ no siempre se hacen aproximantes entre vocales. En zonas de contacto antiguo o moderno con lenguas originarias, se realizan como oclusivas en posición intervocálica. Este mismo fenómeno se registra en Centroamérica.
- Las oclusivas sordas /p, t, k/ se realizan como aspiradas /pʰ, tʰ, kʰ/ o glotalizadas /p', t', k'/ (*la casa* [la.'kʰ.s̩a], la.'k'.s̩a]) en español yucateco; también aparecen oclusivas glotales [ʔ] en los bordes de palabras léxicas ([la.'ʔka.s̩a]).
- La africada postalveolar *ch* /t͡ʃ/ tiende a pronunciarse como fricativa [ʃ] en áreas del noroeste (*muchacho* [mu.'ʃa.ʃo]).
- Entre sílabas, la pronunciación del grupo <tl> queda en la segunda de ellas ([a.'tlan.ti.ko]). Aparece en cualquier posición (*Tlalpan, ixtle*), pero al final de palabra (*Popocatépetl*) existen vacilaciones y, a veces, se escucha como [l], entre otras realizaciones.
- México es un país yeísta con /j/, es decir, sin distinción entre *ll* /ʎ/ e *y* /j/, pero en ciertas zonas (sobre todo en la mitad norte y en la costa del Pacífico) hay soluciones debilitadas, con aproximantes [j] y vocales no silábicas [i̯].
- La /s/ del centro del país no se debilita. En zonas costeras del Golfo de México y del Pacífico se debilita en posición implosiva, generalmente aspirada (*las costas* [lah.'koh.t̩ah]).
- La *j* /x/ se pronuncia como velar fricativa sorda [x], pero en las costas de la mitad sur existen realizaciones más retrasadas, con punto de articulación laríngeo (*caja* ['ka.ha]).
- En la zona central se dan casos de fricativización (asibilación) de /ɾ, r/, pronunciadas como [ɕ], en especial cuando /ɾ/ aparece en final absoluto (*comer*) y /r/ es intervocálica (*perro*). La /ɾ/ final se pronuncia también como vibrante ([ko.'mer] *comer*).
- En Yucatán, la nasal alveolar final se pronuncia labial (*pan* ['pam]). También es posible encontrar soluciones despalatalizadas de *ñ* (*niño* ['ni.n̩i̯o]).

- Las formas como *periodo* se pronuncian con diptongo, no con hiato (*período*); y palabras como *teatro* o *cohete* tienden a cerrar la vocal media /e, o/ y a pronunciarse con diptongos: *tiatro, cuete*.
- Entonativamente, las inflexiones tonales ascendentes se mantienen en las aseveraciones de foco amplio (*¿Qué pasa? –Juan toca la gui̱ta̱rra*) con prominencia tonal ascendente, a pesar de que la oración desarrolla un foco amplio, manifestado en otras variedades como un descenso. Las hablas septentrionales presentan junturas medias finales en bastantes aseveraciones (*La casa tiene las ventanas ce̱rra̱das→*). En las hablas centrales no es raro que el prenúcleo pierda prominencia tras el inicio (*Las monta̱ñas se ven todo el rato a lo le̱jos*). El español de contacto con lenguas indígenas muestra picos tonales muy tempranos y numerosas inflexiones, esto último sobre todo cuando la lengua de contacto es tonal (*Los pe̱rros esta̱ban comie̱ndo*, con ascenso y descenso tonales y sílabas relativamente breves).

2.1.2. Gramática

- La concordancia de número con el objeto indirecto (*Se lo̱s dije a̱ los muchachos*, en lugar de *Se lo̱ dije a los muchachos*) es general. La forma invariable de la reduplicación del objeto indirecto (*Le̱ traje los cuadernos a̱ los alumnos*) está muy extendida. La reduplicación del objeto indirecto es muy común, incluso en el registro formal (*Le̱s traje los regalos a los niños*, más que *Traje los regalos a los niños*).
- La expresión del sujeto pronominal (*Yo̱ voy al cine los domingos*, frente a *Voy al cine los domingos*) muestra tasas de aparición de alrededor del 20 %, en consonancia con las tierras altas de Sudamérica y el español europeo.
- El uso de *haber* impersonal concordado con su argumento plural (*Habían pintores y artesanos*), muestra tasas diferentes según las zonas del país, pero aparece tanto en estilos coloquiales como formales.
- Los apreciativos, especialmente los diminutivos, son un rasgo notorio, especialmente entre las mujeres (*las manitas, las casitas*), y aparecen con adverbios (*ahorita, ahoritita*).
- El futuro morfológico (*estudiarán* por *van a estudiar*) es poco usado en la lengua coloquial, no así en la escrita. Se dan empleos modales (*Sabrás tú lo que te conviene*).
- El pretérito simple (*canté*) se emplea en contextos donde otras variedades prefieren el compuesto (*he cantado*): *Llamó / ha llamado tu hermano para avisar que viene luego*.
- *Mero* tiene valores focalizadores e intensivos (*El mero gerente nos dio la información; Nos vimos en el mero centro de la ciudad*), como en varios

países centroamericanos. También *puro* funciona como operador focal (*Estábamos pura gente de Coapa, es la pura verdad*).

2.1.3. Léxico

- Voces generales: *andador* ('pasillo entre casas'), *baquetón* ('holgazán'), *caballito* ('cierto vaso'), *desazolve* ('limpieza del drenaje'), *encimar* ('poner encima'), *fodongo* ('holgazán'), *garambullo* ('cierto cactus'), *hierbasanta* ('cierto arbusto'), *ixtle* ('cierta fibra'), *jalada* ('acción fuera de lugar'), *lacra* ('abusivo'), *mafufo* ('presuntuoso'), *naco* ('vulgar'), *ñango* ('enclenque'), *ocote* ('cierto árbol'), *peladez* ('descortesía'), *quebradita* ('género musical'), *recaudería* ('tienda de frutas y verduras'), *salubridad* ('sanidad'), *tencua* ('que tiene labio leporino'), *unicel* ('plástico espumado'), *valona* ('género musical'), *yácata* ('construcción prehispánica'), *zacate* ('cierto arbusto').
- Norte: *brincador* ('migrante indocumentado'), *cachora* ('cierta lagartija'), *calabaceado* ('cierto baile'), *calote* ('robusto'), *camuco* ('engaño'), *chaine* ('grasa para calzado'), *chanquilón* ('que tiene pies grandes'), *chompeta* ('cabeza'), *chúntaro* ('humilde'), *colonche* ('bebida alcohólica'), *cuera* ('cierta chaqueta'), *cundina* ('grupo para ahorrar'), *cura* ('chistoso'), *despochinar* ('desordenar'), *dogo* ('hot dog'), *giriolo* ('despreocupado'), *huerco* ('muchacho'), *jambar* ('robar'), *lepe* ('niño'), *marqueta* ('supermercado'), *paisano* ('correcaminos'), *parquear* ('estacionar'), *ranfla* ('automóvil'), *rechola* ('reunión amistosa'), *sobaquera* ('tortilla de gran tamaño'), *vascoso* ('demasiado grande'), *wachear* ('vigilar'), *waiper* ('limpiaparabrisas'), *yoli* ('bueno').
- Noreste: *abuelo* ('dulce de azúcar con nuez'), *brete* ('deseo insistente'), *chamarra* ('bozal'), *farafara* ('conjunto musical'), *jabalín* ('persona insignificante'), *machetón* ('que trabaja con poco cuidado'), *miscua* ('excremento'), *picho* ('cierta ave'), *raya* ('canal de riego'), *trole* ('cierta bebida').
- Tamaulipas: *bandido* ('cierto sombrero').
- Tamaulipas y Veracruz: *embarbetar* ('llevar ganado por agua'), *granero* ('tienda de granos'), *guabesi* ('desdentado'), *guato* ('jaleo'), *güinduri* ('cierto felino'), *leco* ('loco'), *olcacatzin* ('cierta hierba'), *rinquinillo* ('voltereta').
- Noroeste: *achucatado* ('pegajoso'), *acople* ('pareja laboral'), *aguachinar* ('desanimar'), *batepi* ('muchacho'), *bichi* ('desnudo'), *buki* ('niño'), *catota* ('canica'), *chilo* ('bueno, bonito'), *chinquechate* ('voltereta'), *colorada* ('rubeola'), *copechi* ('luciérnaga'), *corico* ('cierta galleta'), *equipata* ('llovizna o aguanieve'), *finero* ('coqueto'), *guare* ('canasto'), *lochi* ('jorobado'), *mueble* ('automóvil'), *pepenco* ('malcriado'), *pipisqui* ('pequeño'), *plebe* ('niño'), *pochi* ('corto'), *sarra* ('desagradable'), *tacuarín* ('cierta galleta'), *tatemar* ('hornear'), *yorimuni* ('frijol pinto').

- Sonora: *bacote* ('palo para bajar fruta'), *batarete* ('desorden'), *bitachi* ('avispa'), *caguamanta* ('caldo de camarón'), *chanza* ('paperas'), *choquiloso* ('pegajoso'), *guacho* ('persona del centro o del sur'), *mula* ('policía'), *péchita* ('cierto árbol'), *tacuachar* ('segar').
- Sinaloa: *asadura* ('grasa del lomo vacuno'), *ballena* ('cierta botella de cerveza'), *boa* ('anzuelo'), *bonzo* ('tonto'), *cochi* ('acordeón'), *iza* ('cierto árbol'), *lurio* ('enamorado'), *pipisca* ('pizca').
- Sinaloa y Sonora: *ayale* ('cierto árbol'), *guacabaque* ('cierto guiso'), *sina* ('cierto cactus'), *tatahuila* ('cierto juego').
- Chihuahua: *ajerar* ('apresurar'), *chopo* ('cierto tamal'), *jaibo* ('buscapleitos'), *jonuco* ('tienda pequeña'), *macuco* ('viejo').
- Chihuahua y Durango: *castaño* ('barril pequeño').
- Chihuahua y Sonora: *sapeta* ('pañal').
- Colima: *ailar* ('impermeabilizar una palapa'), *chango* ('cierta bebida'), *chapón* ('terreno deshierbado'), *charruscar* ('chamuscar'), *daga* ('travesura'), *encalillarse* ('enojarse'), *mosongo* ('huraño'), *nango* ('tonto'), *periquero* ('nido de termitas'), *zumbo* ('cierto juguete').
- Zacatecas: *pinaco* ('juego infantil'), *sotupio* ('montón').
- Aguascalientes: *ladrillo* ('pan dulce'), *puntilla* ('lápiz de color'), *tecuejo* ('cierto insecto').
- Jalisco: *ajerar* ('molestar'), *chintinoso* ('conflictivo'), *cundina* ('carrera entre caballos'), *desbaratar* ('desnudar'), *guasana* ('garbanzo tierno'), *jonuco* ('habitación humilde'), *sancocho* ('cierto dulce'), *sorgatón* ('robusto').
- Bajío: *chirgo* ('flaco y débil'), *vaca* ('cierta empanada').
- Veracruz: *cacharpa* ('gorrón'), *canilla* ('cierto pan'), *chancaste* ('posos del café'), *chical* ('cierta vasija'), *chichiquil* ('cierto tamal'), *chilpachole* ('caldo de jaiba o cangrejo'), *chopontil* ('cierta tortuga'), *indiana* ('cierto sombrero'), *mazamorra* ('manteca de cerdo'), *nacatero* ('carnicero'), *sasacua* ('cierta tortuga'), *tapachol* ('maíz invernal').
- Puebla y Veracruz: *alverjón* ('chícharo seco'), *molote* ('cierto antojito o aperitivo').
- Oaxaca: *amarillo* ('cierto guiso'), *bicholi* ('bejuco, cierta planta'), *blandita* ('tortilla grande'), *chintesle* ('salsa picosa'), *colorado* ('cierto guiso'), *pozolillo* ('laurel'), *tejate* ('cierta bebida').
- Oaxaca y Veracruz: *zazamil* ('cierto árbol').
- Tabasco: *aporreado* ('cierto guiso'), *cacte* ('sandalia rústica'), *cancaneo* ('tartamudeo'), *chanchamito* ('cierto tamal'), *chinopote* ('cierto dulce'), *chumiar* ('espiar'), *joloche* ('cierto dulce'), *papín* ('cierto dulce'), *porriño* ('mano de mortero'), *taimame* ('tortuga'), *zumuque* ('cierto tamal').
- Tabasco y Veracruz: *jipato* ('enfermizo').

- Guerrero: *amitamiento* ('afeminamiento'), *bajadero* ('callejón en pendiente'), *bala* ('cierto guiso'), *balotán* ('ropa envuelta'), *chumarse* ('rasparse'), *guache* ('muchacho'), *niquindó* ('estiércol de ave').
- Sureste: *achocar* ('amontonar'), *ahuacharse* ('adoptar costumbres foráneas'), *bacal* ('olote'), *beneficiar* ('limpiar un ave por dentro'), *bobox* ('trasero'), *box/boxito* ('moreno'), *cacalote* ('palomita de maíz'), *cancab* ('cierto barro'), *cuchilear* ('azuzar'), *devanar* ('ensuciar'), *escarpa* ('acera'), *espelón* ('cierto frijol'), *garatusa* ('coqueta'), *holó* ('cierto árbol'), *iche* ('gemelo'), *joloche* ('hoja de la mazorca'), *lamparazo* ('bebida alcohólica'), *macalancoso* ('enfermizo'), *mone* ('tamal'), *navaja* ('astuto'), *ñapear* ('robar menudencias'), *rascabuche* ('instrumento musical'), *temazate* ('ciervo'), *tuch* ('ombligo'), *turix* ('libélula'), *tutupiche* ('orzuelo'), *vaporcito* ('tamal pequeño'), *xec* ('cierta ensalada'), *yaité* ('cierto árbol'), *zerete* ('cierto roedor').
- Yucatán: *agachadilla* ('sentadilla'), *banqueta* ('mesa pequeña'), *beek* ('cierto árbol'), *buscar* ('encontrar'), *choi* ('orzuelo'), *guasob* ('coscorrón'), *joloche* ('cierto tamal'), *mactá* ('despreciable'), *maquech* ('cierto escarabajo'), *nach* ('sobras de comida'), *panucho* ('cierta comida'), *pelaná* ('tonto'), *pirix* ('trasero'), *purux* ('gordo'), *volpoch* ('cierta serpiente'), *wix* ('orina').
- Chiapas: *achigual* ('sobras'), *afligido* ('apresurado'), *arrinquín* ('voltereta'), *bochil* ('cierto árbol'), *cachazón* ('infidelidad'), *canané* ('cierto tamal'), *chelón* ('llorón'), *espiar* ('buscar'), *horma* ('apariencia'), *juacané* ('cierto tamal'), *masú* ('cierto árbol'), *nuégado* ('cierto dulce'), *paga* ('dinero'), *patojo* ('muchacho'), *tascalate* ('cierta bebida').

El español de Centroamérica

2.2. Guatemala

Guatemala es el país más extenso y poblado de Centroamérica, y comparte una gran frontera con México, de ahí que algunos fenómenos lingüísticos sean comunes. Dividido en 22 departamentos, cuenta con cerca de 18 millones de habitantes (est. 2023, el 53 % es población urbana). El español es la lengua materna del 70 % de los guatemaltecos; el resto habla uno (o varios) de los 24 idiomas oficiales.

2.2.1. Pronunciación

- Las oclusivas /b, d, g/ pueden ser fricativas o aproximantes tras consonante.
- La /ʝ/ intervocálica cae en contacto con *i* o *e*.

- La -s final es retrofleja o apical, y no se suele elidir. Pero hay casos de heheo o aspiración de /s/ prenuclear.
- La fricativa *j* /x/ se pronuncia débil, y puede caer.
- La -*n* final se velariza.
- La -*r* final o ante consonante sorda se asibila (en la zona central).
- La vibrante múltiple (*rr*) se pronuncia fricativa.
- El grupo *tr-* es alveolar y africado (en la zona central).

2.2.2. Gramática

- El sufijo -*al* expresa abundancia ('gran cantidad de algo'): *chuchal* ('abundancia de chuchos'), *hijal* ('muchos hijos'), *hombral* ('muchos hombres'), *patojal* ('gran número de patojos'), *libral* ('muchos libros'). También se usa como aumentativo ('grande'): *fuegal* ('fuego inmenso'), *milpal* ('milpa grande'), *migajal* ('migaja grande'). Se cree que los sufijos del nahua -*tla(n)* ('plural y abundancia') y -*tlalli* ('tierra') han influido en este uso.
- El sufijo -*oso*/-*osa* es caracterizador: *chirmoloso* ('persona amiga de intrigas'), *talguatoso* ('de piel flácida y arrugada'), *chipioso* ('llorón'), *despacioso* ('lento'), y presenta un matiz despectivo o negativo.
- La construcción *artículo indefinido* + *posesivo* + *nombre* aparece con nombres de parentesco y relación (*un mi profesor*) y también con no humanos (*una mi chela*). Puede ser partitiva ('uno de entre varios'), enfática (para realzar al nombre), iterativa (con sentido habitual) y discursivo-literaria (especialmente en la lengua escrita). Este uso no está estigmatizado. De hecho, en Guatemala se registra el mayor porcentaje de empleo (oral y escrito) de esta construcción enfática y de intensificación (*una mi amiga*) de toda el área.
- El adjetivo *mero* se usa como focalizador ('verdadero, propio, auténtico') (*Nos reunimos con el mero dueño de la empresa*) y también como intensivo ('mismo, precisamente, exactamente') (*No necesariamente en la mera Antigua, sino también en los alrededores*). Puede aparecer reduplicado (*Este es el mero mero desayuno típico*).
- El uso adverbial de *mero*, con el significado de 'muy, mucho', antepuesto a adjetivos para modificar el grado, y también a adverbios (*Lo que salió fue mero bueno, con saborcito picante*).
- Uso de los adverbios *avante* (de *abante* 'adelante') (*Eso sí le hacía sentirse importante, pues ya tenía una tarea que cumplir, además de salir avante en el estudio*), y *eventualmente* con sentido temporal de 'finalmente' (y no modal 'casualmente') (*Todo lo que amamos probablemente se perderá, pero eventualmente el amor regresará de otra manera*).
- La secuencia de preposiciones *de con* para indicar 'procedencia + ubicación' y 'compañía' (*Luego dio por terminado el acuerdo de con ONU*).

2.2.3. Léxico

- Nombres de persona: *chapín* ('guatemalteco'), *chiris* ('niño pequeño'), *ishto* ('niño'), *patojo* ('niño pequeño').
- Cualidades: *canche* ('rubio, de piel clara'), *chelón* ('legañoso'), *chusema* ('loco, extravagante'), *mesho* ('rubio'), *talishte* ('necio'), *tipache* ('de baja estatura'), *trobo* ('borracho'), *zanco* ('cojo').
- Sustantivos: *aguadón* ('susto'), *aguajal* ('charco'), *agruras* ('acidez de estómago'), *alzado* ('robo'), *caite* ('sandalia'), *cercha* ('percha'), *champa* ('puesto ambulante'), *chirmol* ('salsa de tomate'), *chojín* ('ensalada'), *dugo* ('ayuda'), *escúpelo* ('orzuelo'), *jute* ('moco'), *manada* ('manotazo'), *paxte* ('estropajo'), *tetunte* ('piedra'), *tuja* ('manta').
- Otras voces: *dendioy* ('desde hoy, recientemente'), *deschongue* ('escándalo'), *retachar* ('regresar').

2.3. El Salvador

El Salvador es el país centroamericano más pequeño y el único sin costa caribeña-atlántica. Tiene 14 departamentos y más de 6.5 millones de habitantes (est. 2023, con el 75 % de población urbana).

2.3.1. Pronunciación

- La /b, d, g/ se pronuncian como oclusivas tras consonante.
- La /j/ intervocálica se pronuncia de manera débil y cae ante *i* o *e*.
- La -*n* final se velariza.
- La -*s* final se aspira.

2.3.2. Gramática

- Nombres deverbales de manera en -*ado*/-*ada*, como *lengüeteada* ('chismorreo'), *ajustada* ('castigo'), y adjetivos despectivos y negativos, como *ajolotado* ('tonto'), *achumpipado* ('encogido'), *chipeado* ('difícil').
- Adjetivos en -*ón* para indicar cualidades negativas, como *bocón* ('mentiroso'), *chulón* ('desnudo').
- El sufijo -*iche* para cualidades particulares, como *pichiriche* ('tacaño'), *pijiriche* ('de baja estatura').
- Verbos en -*ar* creados a través de nombres, como *playar* ('divertirse en la playa'), *grenchar* ('golpear'), *pepenar* ('matar'), y en -*ear* como *merusear* ('vender medicinas en la calle'), *carburear* ('decir tonterías'), *chotear* ('estar de vacaciones').
- El empleo de *mero* con el significado de 'muy, mucho' ante adjetivos (*mero tonto*) y adverbios.

- La duplicación del clítico *lo* (*Lo hay de todo*) como sustituto del objeto directo y con referencia casi siempre no específica. Este empleo se documenta en otros países centroamericanos.
- El uso del relativo *que* regido por una preposición (*el en que vivo*, por *en el que vivo*).

2.3.3. Léxico

- Nombres de persona: *bicho* ('niño pequeño'), *caneche* ('amigo'), *chero* ('amigo'), *chimpe* ('benjamín'), *cuilio* ('policía').
- Cualidades: *canche* ('pelirrojo'), *cascorvo* ('arqueado de piernas'), *lépero* ('ordinario'), *payulo* ('pálido'), *peche* ('delgado, huérfano'), *ponededo* ('delator'), *severendo* ('enorme'), *vuelacumbo* ('adulador').
- Sustantivos: *caite* ('sandalia'), *chojol* ('frijol'), *cumbo* ('recipiente metálico'), *dolama* ('dolor crónico'), *janano* ('labio leporino'), *majoncho* ('tipo de banana' y 'Guardia Nacional'), *piscucha* ('cometa'), *pupusa* ('tortilla rellena'), *tambache* ('fardo'), *tiste* ('bebida de coco, canela y azúcar').
- Otras voces: *utualito* ('en este momento'), *zambutir* ('esconder').

2.4. Honduras

Honduras está dividido en 18 departamentos y tiene una población de 9.5 millones de habitantes (est. 2023, con un 60 % de población urbana). La mayor concentración se da en el Distrito Central (Tegucigalpa y Comayagüela) y San Pedro Sula.

2.4.1. Pronunciación

- La /b, d, g/ tras consonante se mantienen oclusivas (salvo en el norte).
- La /j/ intervocálica es débil, y cae en contacto con *i* o *e*.
- La /x/ se aspira o desaparece (especialmente en la costa).
- La *f* puede ser bilabial.
- Hay intercambio de /ɾ/ y /l/ final (en el interior del país).
- La *-n* final se velariza.
- La *-s* final se aspira (en el norte y sur).
- La *rr* tiene una pronunciación fricativa rehilada o aproximante (en el centro y sur).

2.4.2. Gramática

- Nombres deverbales en *-ada*, como *sobijada* ('manoseo'), *rabiada* ('rabieta'), *enrumbada* ('dirección'), *deslomada* ('disparate').

- Adjetivos en -eco/eca despectivos, como *neneco* ('llorón'), *boleco* ('medio ebrio'), *cacreco* ('gandul').
- Verbos en -ear, como *raicear* ('estar enterrado'), *pijinear* ('estar de juerga'), *quisnear* ('poner de lado'), *nancear* ('perder el tiempo').
- Verbos denominales pronominales, como *amuseparse* ('entristecerse'), *desbichinarse* ('romperse varios dientes'), *desbarrancarse* ('casarse').
- Adverbios en -mente, como *hartamente* ('harto, mucho') y *casimente* ('casi').
- La combinación de las preposiciones *desde en* para indicar inicio, con valor temporal (*desde en agosto*) o locativo (*desde en la capital*).
- Construcciones comitativas o de compañía (*Con ella nos conocimos*, 'Ella y yo nos conocimos').
- Locuciones adverbiales con *ya*, como *ya días* ('hace ya días'), *ya tiempo*, *ya rato*.

2.4.3. Léxico

- Nombres de persona: *catracho* ('hondureño'), *chafa* ('militar'), *palillona* (*majorette*), *tocapito* ('árbitro').
- Cualidades: *breco* ('cojo'), *chele* ('de piel rosada'), *cumbo* ('torcido'), *zampalimones* ('entrometido').
- Sustantivos: *cachucha* ('gorra'), *chímbaro* ('frijol'), *mínimo* ('plátano'), *papada* ('cosa sin valor'), *payula* ('desmayo'), *retobo* ('cosa vieja'), *tile* ('oscuridad'), *tinguro* ('renacuajo'), *trucha* ('tienda de barrio').
- Otras voces: *chiquear* ('mimar'), *enchanchar* ('esposar'), *Yunáis* ('Estados Unidos').

2.5. Nicaragua

Nicaragua está dividida en 15 departamentos y dos regiones autónomas. Su población es de 6.3 millones de habitantes (est. 2023, con un 60 % de población urbana), concentrados especialmente en la región del Pacífico y del centro.

2.5.1. Pronunciación

- La /b, d, g/ tienen una mayor frecuencia de oclusión.
- La /x/ se aspira o desaparece.
- La /j/ intervocálica presenta poca fricación y cae ante *i* o *e* (en la zona Caribe).
- La -n final se velariza.
- La -s final se aspira y pierde.

2.5.2. Gramática

- Nombres con género analógico o regresivo, como *cuentisto* ('chismoso'), *chavalo* ('el chaval'), *estudianta* ('la estudiante').
- Adjetivos en *-a*, como *(un) piruca* ('borracho'), *paparapa* ('locuaz'), *dolama* ('enfermizo').
- Aumentativos en *-udo/-uda*, como *caitudo* ('de pies grandes; campesino'), *tapudo* ('indiscreto'), *dulzudo* ('muy dulce'), *pijudo* ('excelente'), *macetudo* ('inteligente').
- El uso del sufijo *-oso/-osa*, como *alatoso* ('viscoso'), *pasoso* ('contagioso'), *maldoso* ('travieso'), *tufoso* ('engreído'), *comodidoso* ('cómodo'). Se registra en otros países.
- El uso del verbo *ser* como auxiliar de los tiempos compuestos con verbos intransitivos (*Si yo fuera salido*).
- El gerundio preposicional con *en*, con valor de inmediatez (*En llegando, el niño salta*).
- La perífrasis *ir* + gerundio para indicar el punto inicial de la acción o el final (*Voy saliendo del país*).
- Las locuciones *en esta vez* ('esta vez'), *en veces* ('a veces') y *en virtud de* + infinitivo ('en vez de').

2.5.3. Léxico

- Nombres de persona: *chachaguas* ('gemelos'), *chavalo* ('niño'), *chigüín* ('niño pequeño'), *churequero* ('persona que busca en la basura'), *cuaches* ('gemelos'), *cumiche* ('benjamín de la familia'), *palillona* (*majorette*).
- Cualidades: *acabangado* ('triste'), *deacachimba* ('muy bueno').
- Sustantivos: *bujía* ('bombillo'), *caramanchel* ('puesto de mercado'), *comidería* ('casa de comidas'), *hielería* ('fábrica de hielo'), *motete* ('paquete'), *pichel* ('jarra'), *pinol* ('bebida de maíz tostado'), *pipante* ('canoa'), *pipián* ('calabaza').
- Otras voces: *atrasito* ('detrás de'), *encolochar* ('confundir'), *guindar* ('colgar'), *yoquepierdismo* ('irresponsabilidad').

2.6. Costa Rica

Costa Rica cuenta con 7 provincias y más de 5 millones de habitantes (est. 2023, con un 83 % de población urbana). Es el país que recibe el mayor número de inmigrantes de toda la región, por lo que el contacto entre dialectos es frecuente.

2.6.1. Pronunciación

- La /b, d, g/ son oclusivas y fricativas.
- La -*n* final se velariza.
- La /j̮/ intervocálica es débil, y cae en contacto con *i* o *e*.
- El grupo /tɾ/ es alveolar (con pronunciación cercana a *ch*).
- La /ɾ/ puede ser retrofleja o asibilada.
- La *rr* es rehilada.
- La -*s* final se aspira (en la zona de la costa).
- Hay neutralización ocasional y pérdida de /l/ y /ɾ/.

2.6.2. Gramática

- Nombres de persona en -*as* despectivos, como *lloricas, lloreras, gandumbas* ('gordo, tonto'), *sácalas* ('entrometido'), *jumas* ('ebrio'), *botaratas* ('derrochador').
- El sufijo -*ado* se emplea para indicar 'contenido de algo', como en *vasado* ('lo contenido en un vaso'), *sacado* (de *saco*), *platado* (de *plato*), *guacalado* (de *guacal*), *perolado* (de *perol*), *baldado* (de *balde*).
- Nombres abstractos en -*dera* para indicar una acción de manera reiterada: *bailadera* (de *bailar*), *aplaudidera* (de *aplaudir*), *habladera* (de *hablar*), *conversadera* (de *conversar*), *insultadera* (de *insultar*), *comidera* (de *comer*).
- El uso de *mero* con el sentido de 'grande, voluminoso' (*Tengo un mero patio*).
- En el Valle Central se conserva la estructura *participio + pronombre enclítico se* con verbos delimitados (*secádose el fruto*).
- Verbos de formación parasintética, como *aparchonar* ('manchar'), *acuerpar* ('apoyar'), *atollar* ('golpear'), *deschingar* ('desnudar'), *encharralar* ('complicar').
- La perífrasis *ir a* + infinitivo con valor de conjetura (*Cuál irá a ser*).
- El uso del patrón *Si tuviera, diera*. Se registra también en otros países como El Salvador.
- El uso del diminutivo -*tico* en todo tipo de palabras, incluso con adverbios (*casitico, mismitico*).

2.6.3. Léxico

- Nombres de persona: *bastonera* (*majorette*), *concho* ('campesino'), *cumiche* ('benjamín'), *güila* ('niño pequeño' y 'novia'), *mae* ('amigo').
- Cualidades: *alaste* ('insípido'), *chingo* ('desnudo'), *chirote* ('excelente'), *sele* ('inmaduro').

- Sustantivos: *alepato* ('chinche'), *borona* ('migaja de pan'), *copo* ('granizado'), *estañón* ('barril'), *gacilla* ('imperdible'), *marchamo* ('impuesto a los vehículos'), *molote* ('barullo'), *palopiso* ('fregona'), *remotidad* ('lugar remoto'), *salveque* ('mochila'), *yurro* ('riachuelo').
- Otras voces: *chinear* ('malcriar'), *pura vida* (expresión para indicar que algo está bien o es excelente).

2.7. Panamá

Panamá está dividido en 10 provincias y cinco comarcas indígenas. Su población alcanza los 4.4 millones de habitantes (est. 2023, con un 70 % de población urbana), concentrados sobre todo en el área de Panamá y Chiriquí.

2.7.1. Pronunciación

- La /b, d, g/ suelen ser fricativas.
- La *ch* se pronuncia como fricativa (en Ciudad de Panamá).
- La *-n* final se velariza.
- La /l/ y /r/ finales de sílaba se reducen y pierden.
- La *-s* final se aspira o pierde.
- La /x/ puede ser glotal o laríngea.

2.7.2. Gramática

- Nombres con género analógico, como *liendra* ('liendre') y *hojaldra* ('hojaldre').
- Nombres derivados en *-azón* intensivos, como *abuelazón* ('sentimiento de orgullo'), *ahuevazón* ('cansancio'), *alelazón* ('tontería'), *matazón* ('preocupación').
- Nombres de golpes con el sufijo *-era*, como *guantera* (de *guante*), *puñera* (de *puño)*, *palera* (de *palo*), *monguera* ('tanda de puñetazos').
- El uso del llamado verbo *ser* focalizador (*Yo quiero es dormir*).
- Verbos en *-ear*, como *aperrear* ('maltratar'), *conguear* ('aprovecharse'), *vidajenear* ('husmear en la vida ajena'), *jamaquear* ('golpear').
- Verbos pronominales, como *amachinarse* ('desanimarse'), *ñampearse* ('volverse loco'), *togarse* ('vestirse elegantemente'), *apiñangarse* ('enamorarse').
- Las locuciones verbales *oyevé*, *miravé*, *andavé* para reforzar una orden.
- Los adverbios temporales *enante(s)* y *enantito* ('hace un momento').
- El uso de *pues* enfático (*Sigan creyendo pues*).

2.7.3. Léxico

- Nombres de persona: *batutera* (*majorette*), *buchí* ('campesino'), *pelado* ('niño').

- Cualidades: *balso* ('liviano'), *carilimpio* ('descarado'), *chichipate* ('persona u objeto sin importancia').
- Sustantivos: *chiva* ('autobús pequeño'), *chuzo* ('objeto punzante'), *corotos* ('pertenencias personales'), *manduco* ('garrote'), *pipa* ('coco verde'), *piquera* ('terminal de autobús'), *resuelve* ('solución'), *revosh* ('reversa').
- Otras voces: *apasito* ('en voz baja'), *domingo siete* ('suceso inesperado'), *reconchabar* ('reclamar').

3. Aplicación e integración

La aplicación dialectal puede servir para lograr una comunicación más efectiva y comprender mejor lo que dicen y escriben las personas que no comparten nuestro dialecto. A continuación, se ofrece una muestra de posibles integraciones didácticas, para poder reconocer y asimilar la variación (procesar el *input* recibido).

3.1. Comparación de acentos

La pronunciación de la *ll* (en principio, /j/ fricativa, palatal) es peculiar en algunos países como Guatemala y en amplias zonas de México, ya que se puede desconsonantizar y perder cuando aparece entre vocales: *tortilla> tortí:a> tortía*. Esta pronunciación se percibe como propia del norte de México, y como rural. Hemos visto que las soluciones oclusivas de *b, d, g* intervocálicas son frecuentes, cuando en otros dialectos se realizan como aproximantes o fricativas. Esto ocurre especialmente en zonas en contacto con lenguas originarias. La *s* se aspira en algunas zonas, mientras que en otras tiende a ser tensa. Esta diferencia tiene que ver, hasta cierto punto, con los grupos poblacionales establecidos en la costa, frente a los del interior. En general, el debilitamiento de /s/ carece de prestigio. Por su parte, la *rr* se puede pronunciar asibilada fricativa; la pronunciación llegó a ser prestigiosa incluso en zonas urbanas. Por último, las vocales se debilitan en amplias áreas del interior, especialmente en México.

Teniendo en cuenta toda esta información, sería interesante comparar estas realizaciones con las suyas, y ubicar correctamente cada uso. Además, se puede reflexionar sobre el prestigio que tienen y su impacto en la comunicación y en la identidad cultural.

3.2. Identificación de rasgos gramaticales

En la actualidad la forma *vos* se emplea, sobre todo, en la lengua oral, en el trato familiar y en el registro coloquial, y puede alternar con el tuteo (uso de *tú*). Las variantes del voseo, que no fueron presentadas en el apartado anterior, son las siguientes:

- En México (Chiapas y Tabasco, aunque su uso es escaso en este segundo estado) y El Salvador: presente (*amás*), alternancia en pretérito perfecto (voseante *amastes*/tuteante *amaste*), futuro (*amarés*), alternancia en presente de subjuntivo (voseante *amés*/tuteante *ames*) e imperativo (*amá*).
- En Guatemala, Honduras, Nicaragua y Costa Rica: presente (*amás*), alternancia en pretérito perfecto (voseante *amastes*/tuteante *amaste*), futuro (*amarás*), presente de subjuntivo (*amés*), alternancia en imperativo (voseante *amá*/tuteante *ama*).
- En Panamá (especialmente en Azuero y la frontera con Costa Rica) se emplean las formas con diptongo y con aspiración y pérdida de *-s* final: presente (*amái/amáis*), presente de subjuntivo (*améi/améis*), alternancia en imperativo (voseante *amá*/tuteante *ama*).

El uso del voseo se relaciona con un tono más cercano, especialmente en el contexto familiar y amistoso, y funciona como símbolo de pertenencia a una comunidad. Sin embargo, también puede ser percibido como menos educado e informal. Con esta caracterización se puede identificar y analizar el uso del voseo en algunos ejemplos tomados del *CORPES*.

Otro rasgo es el uso del futuro perifrástico (*voy a dormir*), casi exclusivo en la lengua hablada coloquial, con valor de futuridad. En muchos casos, la variación sintáctica se manifiesta en la frecuencia con que aparece un fenómeno, no en términos categóricos.

3.3. *Análisis del léxico específico*

En los listados de palabras propias de cada país y región presentadas en los apartados precedentes un mismo referente o concepto tiene correspondencias léxicas distintas. Por ejemplo, para 'muchacho' hay varias voces; y lo mismo sucede con 'niño'. ¿Cuáles son estas voces?

¿Sabía que hay tres palabras para nombrar la 'pajilla para sorber líquidos' en estos países? El *popote* (del náhuatl *popotl*) se usa en México; la *pajilla* (de *paja*) en Guatemala, El Salvador, Honduras, Nicaragua y Costa Rica; y el *carrizo* en Panamá. Hay otros muchos objetos que tienen nombres diferentes. Para el 'objeto de cristal que alumbra', la solución *foco* aparece en México, Guatemala, Honduras, El Salvador, Nicaragua y Panamá; y *bombillo* en el sureste de México, Honduras, El Salvador, Nicaragua, Costa Rica y Panamá.

Por otro lado, las locuciones con el verbo *volar*, a caballo entre la gramática y el léxico, son muy frecuentes en estas variedades y se especializan en determinados contextos: *volar espalda* ('estar muerto'), *volar ojo* ('ver con disimulo'), *volar oreja* ('oír con disimulo'), *volar lengua* ('hablar, murmurar'), *volar pata* ('caminar mucho'), *volar diente* ('comer'), *volar bala* ('tirotear'), *volar plomo* ('tirotear'), *volar cuchillo* ('acuchillar'), *volar machete* ('acuchillar'), *volar cachucha* ('huir'), *volar uña* ('robar'), etc. También se emplea con instrumentos musicales: *volar marimba* ('tocar la marimba'). Y con nombres plurales: *volar tragos* ('beber alcohol'). El significado del verbo *volar* imprime un matiz cuantificativo ('mucho', 'cuánto') y produce que la acción o el proceso que representa el nombre que le acompaña se ejecute con rapidez (*volar máquina*, *volar canilla*) o con violencia (*volar bala*, *volar cuchillo*). Este predicado (*volar*) puede aparecer en infinitivo, gerundio y también con formas personales.

3.4. Revisión de mapas dialectales

Para el caso de México, disponemos de dos atlas lingüísticos del español: el *Atlas lingüístico de México* (Lope Blanch 1990–2000) y *El español en México* (Alvar 2010). Dada la amplitud de localidades (193) y hablantes del primero (1355 informantes), es posible realizar algunas proyecciones sociolingüísticas, según edad, género, nivel de estudios, etc. La pronunciación ha sido estudiada con detalle (Moreno de Alba 1994). Por ejemplo, el mapa 3 (p. 40) de esta obra (www.cervantesvirtual.com/obra/la-pronunciacion-del-espanol-en-mexico-1215618/) muestra las áreas con debilitamiento de las vocales, mientras que el mapa 31 (p. 99) resume el relajamiento de la /s/ implosiva. Se pueden comparar estos dos mapas para ver si se superponen o no.

Por su parte, el *Atlas lingüístico de América Central* es la unión de los atlas de cada uno de los países de la región y recoge datos de 90 localidades. Además de la información diatópica, también incluye información por género y edad de los informantes, por ello es pluridimensional. Todavía no está disponible en línea, pero en internet hay algunos atlas de varios países.

3.5. Uso de corpus lingüísticos y otros recursos

Además de los corpus generales, como el *Corpus del Español* (www.corpusdelespanol.org) y el *CORPES* (www.rae.es/corpes), es posible consultar los materiales de la norma culta (Samper Padilla 1995) y del *PRESEEA* (preseea.uah.es/corpus-preseea) para varias ciudades, como Ciudad de México, Guadalajara, Mérida, Mexicali, Monterrey, Puebla, Tijuana o Ciudad de Guatemala.

El *Atlas Sintáctico del Español* (ASinEs) incluye un mapa donde se pueden ver los fenómenos gramaticales más relevantes de cada país (asines.org/atlas/es/node/1018378), como el posesivo doblado (*su marido de usted*).

4. Preguntas de ampliación y reflexión

1. Reflexione acerca de qué aspectos lingüísticos tratados son más conocidos y cuáles podrían recibir más atención. Justifique su respuesta.

2. Desde el punto de vista lingüístico, ¿le parece que estos siete países tienen un "aire de familia", es decir, constituyen un área dialectal? ¿O, por el contrario, existen suficientes diferencias como para defender que el español de México y el de Centroamérica son variedades únicas?

3. Un rasgo interesante es la asibilación o pronunciación fricativa de la *rr*, especialmente notoria en Costa Rica, pero también en buena parte de México. Explique en qué consiste este fenómeno y busque ejemplos en internet.

4. Uno de los usos gramaticales que más se extiende es la pluralización del complemento directo: *Se los dije*. ¿Sabría explicar qué sucede en este fenómeno?

5. Por lo que respecta al léxico, las palabras relacionadas con la vivienda, la ropa y las creencias populares son las que más se diferencian entre estos países. Con la ayuda de los recursos adecuados, elabore un mapa con la distribución de algunas de esas voces.

6. ¿Sabe con qué idiomas indígenas o autóctonos comparte espacio lingüístico el español en las repúblicas centroamericanas? Para México, puede ver el "Catálogo de las lenguas indígenas nacionales" (https://www.inali.gob.mx/clin-inali).

7. Existen varias propuestas sobre las zonas dialectales de México. Suele haber diferencias entre las costas y el interior; la península yucateca tiene características propias, fruto del contacto con el maya; y tradicionalmente se ha emparentado Chiapas con Guatemala. Sin embargo, buena parte de las características pueden verse a través de tres grandes secciones: norte, centro y sur. Confeccione un mapa de los dialectos de México.

8. En el caso de Guatemala se puede hablar de un español guatemalteco "ladino", propio de hablantes monolingües, y de un español guatemalteco "maya" de hablantes bilingües. Compare la información aquí suministrada con la del capítulo 9 y resuma los fenómenos de cada una de estas variedades (ladino y maya).

9. Otro problema tradicional es la adscripción lingüística de Panamá, y parte de Costa Rica. ¿Dónde se sitúan estos países y por qué se ha defendido que deben considerarse dentro de Centroamérica?

10. Las variedades del español de los Estados Unidos, México y Centroamérica están unidas por fuertes lazos migratorios de sur a norte. ¿Sabe en qué aspectos están influyendo, o van a influir, las caravanas migratorias en este español americano? Reflexione sobre esta cuestión.

Bibliografía

Academia Mexicana de la Lengua. *Corpus diacrónico y diatópico del español de América, CORDIAM*. Ciudad de México: AML. https://www.cordiam.org

Academia Mexicana de la Lengua. 2022. *Diccionario de mexicanismos. Propios y compartidos*. Ciudad de México: Santillana.

Alvar, M. 2010. *El español en México. Estudios, mapas, textos*. Alcalá de Henares: Universidad de Alcalá/Fundación Comillas/La Goleta Ediciones.

Asociación de Academias de la Lengua Española. 2010. *Diccionario de americanismos*. En línea: www.asale.org/damer

CIA. 2024. *The World Factbook*. Washington: US Government. www.cia.gov/the-world-factbook

Eberhard, D. M., G. F. Simons y Ch. D. Fennig, eds. 2024. *Ethnologue: Languages of the World*. 27th edition. Dallas: SIL International. http://www.ethnologue.com

INEGI. Instituto Nacional de Estadística y Geografía. 2020. *Censo de población y vivienda 2020*. Aguascalientes: INEGI. https://www.inegi.org.mx/programas/ccpv/2020

Lastra, Y. y P. Martín Butragueño. 2010. "Futuro morfológico y futuro perifrástico en el Corpus sociolingüístico de la ciudad de México". *Oralia* 13: 145–171.

Lastra, Y. y P. Martín Butragueño. 2012. "El uso del subjuntivo en el Corpus sociolingüístico de la ciudad de México". *Boletín de Filología* 47 (2): 101–131.

Lastra, Y. y P. Martín Butragueño. 2016. "La concordancia de *haber* existencial en la Ciudad de México". *Boletín de Filología* 51 (2): 121–145.

Lipski, J. 2023. "Central American Spanish. An Upward Trajectory". En *Linguistic Advances in Central American Spanish*, eds. B. Baird, O. Balam y M. C. Parafita Couto, 308–321. Leiden: Brill.

Lope Blanch, J. M. 1979. *Léxico indígena en el español de México*. Ciudad de México: El Colegio de México.

Lope Blanch, J. M. 1987. *Estudios sobre el español de Yucatán*. Ciudad de México: Universidad Nacional Autónoma de México.

Lope Blanch, J. M., dir. 1990–2000. *Atlas lingüístico de México*. Ciudad de México: El Colegio de México/Universidad Nacional Autónoma de México/Fondo de Cultura Económica.

Martín Butragueño, P. 2010. "El proceso de urbanización: consecuencias lingüísticas". En *Historia sociolingüística de México*, eds. R. Barriga y P. Martín Butragueño, 997–1093. Ciudad de México: El Colegio de México.

Martín Butragueño, P. 2012. "Variación y cambio lingüístico en el español mexicano". *Español Actual* 98: 11–38.

Martín Butragueño, P. 2014. *Fonología variable del español de México*. Vol. I: *Procesos segmentales*. Ciudad de México: El Colegio de México.

Martín Butragueño, P. 2019. *Fonología variable del español de México*. Vol. II: *Prosodia enunciativa. Tomo 1*. Ciudad de México: El Colegio de México.

Martín Butragueño, P. 2020. "An Approach to Subject Pronoun Expression Patterns in Data from the «Project for the Sociolinguistic Study of Spanish in Spain and America»". *Spanish in Context* 17(2): 294–316.

Martín Butragueño, P. 2023. "El español en México". En *Dialectología hispánica. The Routledge Handbook of Spanish Dialectology*, eds. F. Moreno Fernández y R. Caravedo, 304–318. London y New York: Routledge.

Martín Butragueño, P. en prensa. *Fonología variable del español de México*. Vol. II: *Prosodia enunciativa. Tomo 2*. Ciudad de México: El Colegio de México.

Martín Butragueño, P. y E. Mendoza Vázquez. 2018. "Prosodic Nuclear Patterns in Narrow and Broad Focus Utterances: Pragmatic and Social Factors in Central Mexican Spanish". En *Focus Realization in Romance and Beyond*, eds. M. Uth y M. García, 131–172. Amsterdam: John Benjamins.

Martín Butragueño, P. y E. Mendoza Vázquez. 2023. "Phonological Variation and Change in Latin American Spanish". En *Oxford Encyclopedia of Romance Linguistics*, ed. M. Loporcaro, 1–58. Oxford: Oxford University Press.

Moreno de Alba, J. G. 1994. *La pronunciación del español en México*. Ciudad de México: El Colegio de México.

Moreno de Alba, J. G. 2013. *Notas de gramática dialectal (el Atlas lingüístico de México)*. Ciudad de México: Universidad Nacional Autónoma de México.

Olivar, S. En prep. *Algunos aspectos en el estudio de la entonación del español en contacto con el náhuatl de San Miguel "Canoa", Puebla*. PhD. diss., El Colegio de México.

Parodi, C. 2016. "Dialectos del español de América: México y Centroamérica". En *Enciclopedia de lingüística hispánica*, ed. J. Gutiérrez-Rexach, 375–387. London y New York: Routledge.

Patiño Agreda, C. 2023. *Aspectos semánticos, pragmáticos y sociales en el uso de la morfología apreciativa del español*. Ciudad de México: El Colegio de México.

Pato, E. 2018. "Principales rasgos gramaticales del español de Nicaragua". *Zeitschrift für romanische Philologie* 134 (4): 1059–1092.

Pato, E. 2019. "Principales rasgos gramaticales del español de Panamá". *Zeitschrift für romanische Philologie* 135 (4): 1042–1073.

Pato, E. 2020. "Posesivos pleonásticos, redundancia y énfasis. De nuevo sobre la construcción *una mi amiga* en las variedades mexicano-centroamericanas". *Moderna språk* 114 (3): 141–160.

Pato, E. 2021. "Principales rasgos gramaticales del español de Honduras". *Zeitschrift für romanische Philologie* 137 (1): 147–182.

Pato, E. 2022. "Principales rasgos gramaticales del español de El Salvador". *Zeitschrift für romanische Philologie* 138 (1): 192–227.

Pato, E. 2023. "Principales rasgos gramaticales del español de Guatemala". *Zeitschrift für romanische Philologie* 139 (1): 154–186.

Pato, E. 2024. "Principales rasgos gramaticales del español de Costa Rica". *Zeitschrift für romanische Philologie* 140 (1): 192–225.

PRESEEA. *Proyecto para el estudio sociolingüístico del español de España y América*. En línea: https://preseea.uah.es

Quesada Pacheco, M., ed. 2010. *El español hablado en América Central. Nivel fonético*. Madrid y Frankfurt: Iberoamericana/Vervuert.

Quesada Pacheco, M., ed. 2013. *El español hablado en América Central. Nivel morfosintáctico*. Madrid y Frankfurt: Iberoamericana/Vervuert.

Quesada Pacheco, M. 2022. "El español de las repúblicas centroamericanas". En *Dialectología hispánica. The Routledge Handbook of Spanish Dialectology*, eds. F. Moreno Fernández y R. Caravedo, 371–382. London y New York: Routledge.

Real Academia Española y Asociación de Academias de la Lengua Española. 2009. *Nueva gramática de la lengua española*. Madrid: Espasa.

Samper Padilla, J. A. 1995. "Criterios metodológicos del 'Macro-corpus' de la Norma lingüística culta de las principales ciudades del mundo hispánico". *Lingüística* 7: 263–293.

Silva-Corvalán, C. 1994. *Language Contact and Change: Spanish in Los Angeles*. Oxford: Clarendon Press.

Vázquez Rojas Maldonado, V. 2015. "El estatus categorial de *puros* prenominal: un determinante improbable". *Nueva Revista de Filología Hispánica* 63 (2): 337–369.

4

EL ESPAÑOL DE COLOMBIA Y DE VENEZUELA

Irania Malaver Arguinzones

Resumen

El presente capítulo revisa las características más destacadas del español de Colombia y de Venezuela. Tras presentar los rasgos diferenciadores de cada país y ofrecer una descripción específica de la pronunciación, la gramática y el léxico, se ofrecen unos ejercicios de aplicación y unas preguntas de ampliación y reflexión, con la finalidad de consolidar el conocimiento sobre estas variedades y las fuentes de estudio.

Palabras clave

Colombia, Venezuela, variación, variedades conservadoras, variedades innovadoras

Abstract

This chapter reviews the most salient features of Colombian and Venezuelan Spanish. After presenting the differentiating features of each variety and offering a specific description of pronunciation, grammar and lexicon, some application questions for further study and reflection are offered, with the aim of consolidating knowledge about these varieties and study sources.

Keywords

Colombia, Venezuela, variation, conservative varieties, innovative varieties

DOI: 10.4324/9781003474722-6

1. Introducción

Colombia y Venezuela integran el área del español caribeño continental y del español andino. La mayor parte de la variedad colombiana es andina y la de Venezuela, caribeña, por lo que la mayoría de las personas habla diferente respecto de la otra. No obstante, hay que destacar que entre ambos países se da un intenso contacto dialectal y sociocultural a lo largo de su historia pasada y contemporánea: ambos conformaron la Gran Colombia (1819–1831), junto con Panamá, Quito y Guayaquil (actual Ecuador); hubo una continuada inmigración colombiana a Venezuela durante el siglo XX (especialmente desde mediados de la década de los 70) y una inmigración venezolana a Colombia muy significativa en lo que va del siglo XXI. Son países extensos geográficamente, con características sociales singulares y tradiciones culturales comunes: colombianos y venezolanos comparten la *arepa*, la *empanada*, el *bocadillo de guayaba*, pero no el *tinto*.

El capítulo presenta las características más relevantes de estas dos variedades, en su dimensión fonético-fonológica, gramatical y léxica. Se han seleccionado aquellos rasgos que alcanzan altura social media en las distintas comunidades lingüísticas. Después se ofrece una aplicación e integración del contenido previo y, por último, unas preguntas de ampliación y reflexión.

2. Características del español de Colombia y de Venezuela

Para comprender las características del español colombiano y del venezolano se puede partir de la distinción entre **variedades conservadoras** y **variedades innovadoras** (véase la Introducción). Se consideran conservadoras, principalmente en el plano fonético-fonológico, las variedades que mantienen elementos lingüísticos (especialmente las consonantes en posición implosiva), e innovadoras aquellas que los eliden o debilitan. En el español colombiano predominan los rasgos conservadores en muchos de sus subdialectos, lo que distingue mayoritariamente la pronunciación colombiana, si bien hay también variedades innovadoras. Por su parte, el español venezolano se caracteriza principalmente por ser una variedad innovadora.

En el plano morfosintáctico, en ambos países, se dan usos y fenómenos propios del español americano (Company 2015), como el voseo pronominal, el futuro perifrástico, el loísmo y el empleo del diminutivo en los adverbios. Hay que insistir en que ambas variedades comparten rasgos léxicos y sintácticos en el contexto de sus propias dinámicas sociolingüísticas monolingües, multilingües y de contacto con las lenguas indígenas originarias.

Las semejanzas son el resultado de costumbres compartidas a lo largo de un continuo cultural-dialectal fronterizo y nacional: la historia en el período colonial y de independencia, los movimientos migratorios de los siglos XX y XXI, la música, la comida, el comercio local y supranacional, las telenovelas, los medios de comunicación, entre otros. En el léxico también hay una ingente cantidad de voces comunes. Colombianos y venezolanos reconocen las similitudes en sus formas de hablar, si bien los últimos aclaran que se parecen principalmente a los colombianos costeños y menos a los caribeños insulares (Bernal, Munévar y Barajas 2014; Coello 2014).

2.1. Colombia

Colombia posee 52 millones de habitantes y se define constitucionalmente como un estado pluriétnico y pluricultural, integrado por 32 departamentos y un distrito capital, la ciudad de Bogotá, capital del país. Además del español, se hablan más de 65 lenguas nativas en las comunidades indígenas, el criollo palenquero (en San Basilio de Palenque, Cartagena y Barranquilla), el criollo sanandresano (en San Andrés, Providencia y Santa Catalina) y el portugués en zonas de contacto con Brasil.

Se reconocen tres **macrodialectos**: el costeño (que se subdivide en Caribe y Pacífico), el andino (que incluye el cundiboyacense, antioqueño, nariñense, santandereano, tolimense y llanero) y el orinoco-amazónico (Orinoquía y Amazonía del oriente, sur y suroriente) (Flórez 1964; Montes 1982; Rodríguez 2008; Lancheros 2018; Ruiz 2020; Orozco 2022, 228). Sin embargo, casi el 80 % del español colombiano corresponde al dialecto andino (Orozco 2022).

La gran mayoría de las diferencias dialectales de los hablantes andinos son comprobables al escuchar a personas del dialecto amazónico, del llanero y de la zona bogotana. Cuando se dice "español colombiano" hay que pensar en el español colombiano costeño, e integrar todas las variedades en una denominación general andina (para luego especificar que es andino de Cundinamarca, de Santander, del Valle del Cauca). Las variedades colombianas se han dado a conocer internacionalmente por su literatura, en la voz de personajes de todas las regiones y distritos, estrato socioeconómico, género y edad, y también por telenovelas (*Betty la Fea* o *Pasión de Gavilanes*), y su música.

La variante bogotana es la de mayor prestigio, por ser Bogotá el centro administrativo, económico, político y cultural del país (Orozco 2022, 230).

2.1.1. Pronunciación

- La pronunciación caribeña se caracteriza por el debilitamiento y elisión de consonantes en posición final y la tendencia a sílabas abiertas. Así, se debilita el fonema /s/ (*vinimo> vinimos*), la vibrante simple /r/ (*comé> comer*); la /d/ (*en realidá no me gusta la ciudá> en realidad no me gusta la ciudad*). Los dialectos andinos se distinguen por conservar las consonantes.
- Al final de sílaba o palabra, los fonemas /l/ ~ /ɾ/ alternan o se neutralizan (rotacismo y lambdacismo): *amol* (*amor*), *veldá* (*verdad*). Este fenómeno es característico de los dialectos costeños.

- La articulación de /n/ es velar en contexto final de sílaba: *pan* [páŋ].
- La /d/ intervocálica se elide en participios como *bailao* (*bailado*), *pelao* (*pelado*) y en otras palabras como *to* (*todo*), *na* (*nada*), *toavía* (*todavía*).

2.1.2. Gramática

- Se emplean los pronombres personales *tú*, *usted*, *sumercé* y *vos*, lo que produce zonas exclusivamente tuteantes y otras tuteantes-voseantes y ustedeantes. El *ustedeo* (*Usted es un gran amigo*) está presente en toda la región andina y es el más extendido, el *tuteo* (*Tú eres un gran amigo*) es propio de la región caribeña y de la zona de Bogotá, donde se emplea por los sociolectos altos (Espejo Olaya 2007); *sumercé* (*Sumercé es un gran amigo*) predomina en Bogotá en los sociolectos bajos y en los registros familiares afectivos. El *voseo* (*Vos sos un gran amigo*) se da en la región antioqueña-caldense.
- *¿Cómo me le va?* es una expresión de saludo con el dativo ético *me* que se emplea en distintas fórmulas de saludo: *Te me cuidas/ Te me cuidás* (Baquero Caldas y Nieto Martín 2023).
- Para la expresión del pasado, las formas simples son las de mayor uso: *Nosotros fuimos*. La forma perifrástica *ir* + infinitivo sirve para la expresión de futuro: *Nosotros vamos a ir, ¿vas a ir a la oficina mañana?*
- Los adverbios de tiempo y lugar se combinan con el diminutivo *-ito*: *ahorita*, *lejitos*, *cerquita*, *afuerita*, *atrasito*.
- En todas las variedades del español colombiano se registra el uso del verbo *ser* focalizador: *Trajimos es comida para todos*; *Quiero que esté es conmigo* (Pato 2010).

2.1.3. Léxico

El léxico en su conjunto se caracteriza por transformaciones semánticas de nombres y verbos, indigenismos y algunos africanismos léxicos. Creaciones propias, de uso regional o nacional, son voces como *peralonso* ('dulce elaborado con piña rallada y azúcar'), *estar breve* ('ser fácil de hacer': *Ese nuevo bailecito está breve*) o *abanico* para referirse al ventilador eléctrico (variedades caribeñas: *apagué el abanico*). Hay también abundantes indigenismos en la alimentación (*papaya*, *guayaba*), la flora (*arracacha* 'tubérculo comestible', *curuba* 'fruta comestible', *pitahaya* 'planta cactácea'), la fauna (*cachicamo*), así como en topónimos (Chocó, Guainía, Zipaquirá).

Otro elemento es el uso pronominal del verbo *abrir* ('irse, apartarse de una persona o de varias': *Usted no es bienvenido. Ábrase*). Al igual que en Venezuela y otros países americanos, se emplea *vitrina* en lugar de *escaparate*.

2.2. *Venezuela*

Por su parte, Venezuela posee cerca de 34 millones de habitantes y comparte fronteras territoriales con Colombia, Guyana y Brasil. La constitución nacional reconoce el español como lengua oficial y los idiomas indígenas en las comunidades en que se emplean. La división dialectal más general distingue dos zonas: la andina y la costeña, zona que se subdivide a su vez en caribeña del interior y caribeña costera. Esta última incluye los estados Zulia, Falcón, Anzoátegui, Monagas, Sucre, Nueva Esparta, Miranda, Vargas, Aragua, Carabobo y el Distrito Capital. Esta área es la mayor de todo el país (ocupa casi el 80 %), pero abarca regiones muy diversas entre sí con dialectos que presentan diferencias en la entonación y el léxico. Una división más amplia incluye las siguientes variedades: zuliano, andino, guaro, llanero, central, oriental y guayanés (Pato 2023, 12; Páez Urdaneta 1981).

El habla de Caracas representa el modelo normativo para el español venezolano. Su prestigio llega a la Venezuela andina. "Este es uno de los pocos casos en Hispanoamérica en que un dialecto con debilitamiento de /s/ constituye la norma de prestigio en un nivel de igualdad con los dialectos que la mantienen" (Lipski 1996, 383). De hecho, la norma caraqueña se extiende por todo el país, a excepción de los estados andinos, la región occidental y Zulia (Chela-Flores 2023, 35). Las actitudes lingüísticas muestran la existencia de dos grandes normas: la de los Andes y la de Caracas (Graindorge 2023, 80).

2.2.1. *Pronunciación*

- En los dialectos caribeños venezolanos, al igual que en las variedades caribeñas colombianas, el fonema /s/ se aspira, y se elide la /d/ en posición final, intervocálica y en los participios.
- El fonema /ɾ/ en posición final se debilita o elide: *Vamo a comé* (*comer*).
- Los fonemas /l/ y /ɾ/ en posición final se neutralizan (*cardo* por *caldo*).
- En las zonas andinas, se conservan las consonantes en un grado mayor que en las caribeñas, y la nasal final no se velariza, ni se dan casos de neutralización de /ɾ/ y /l/.
- La posteriorización de las consonantes /p/, /b/, /d/ en posición final de sílaba se registra en todas las regiones (*akto* por *apto*, *akmira* por *admira*).
- La /f/ se pronuncia bilabial en la zona central, los Andes y los Llanos (*juma* por *fuma*).
- La velarización de las nasales en posición final de sílaba se documenta en todas las regiones: [páŋ] *pan* (Wheeler y Díaz-Campos 2023).

2.2.2. Gramática

- Se emplean *tú*, *usted* y *vos*, con predominio del *tuteo* (Páez Urdaneta 1981; Obediente 2023; Pato y Casanova 2022). En las variedades andinas se da el *ustedeo* (al igual que en los dialectos andinos colombianos) y el *voseo* se emplea en los estados Zulia, Falcón y Trujillo. Hay, por tanto, zonas ustedeantes, voseantes-tuteantes y tuteantes.
- Son de uso general las formas simples de pretérito: *Nosotros fuimos la semana pasada*.
- Al igual que en el español colombiano y otras modalidades americanas, el futuro se expresa con la perífrasis *ir* + infinitivo (*Vamos a viajar*).
- La concordancia del verbo *haber* existencial es de uso general: *Habían varios muchachos*; *Deben haber dos personas*.
- Son frecuentes los gerundios y los adverbios con el diminutivo *-ito*: *trabajandito*, *llegandito*; *lejitos*, *tempranito*, *tardecito*.
- Propios del habla coloquial espontánea son los cuantificadores *burda (de)* ('muy, en cantidad, demasiado') (Pato y Casanova 2018) y *un poco de* ('abundantes, muchos') (Sedano 2011): *burda de tranquilo*; *un poco de autobuses*.
- Se emplean las construcciones con *ser* focalizador (Sedano 2011): *Pedro vino fue a buscar un libro*.

2.2.3. Léxico

Creaciones propias de uso regional o nacional son voces como *sampablera* ('alboroto, desorden, tumulto') y *palazón* ('ingesta abundante de bebidas alcohólicas'). Voces indígenas de uso extendido: a) voces taínas como *ají* ('especie de guindilla'), *budare* ('plato o cazuela plana para cocer el pan de maíz'); b) voces caribes como *curare;* c) del caribe cumanagoto como *auyama* ('calabaza'), *guayuco* ('taparrabo'), *manare* ('especie de cesta'). Por influencia del beisbol, se documentan muchos anglicismos para referirse a la cotidianidad, como *estar ponchado* ('estar en situación de desventaja o descubierto') y *taima* ('pausa', de *time out*); otros anglicismos de uso general (muchos adaptados) son *blujín/bluyín* ('blue jeans'), *ful* ('full', referido al depósito de gasolina de los autos). Otras expresiones son *a juro* ('a la fuerza', 'sin remedio'). Las zonas andinas occidentales y noroccidentales comparten abundante léxico con Colombia.

3. Aplicación e integración

3.1. Comparación de acentos

Escuche los audios de las entrevistas a un tecnólogo ambiental de 28 años de Cali (H12_015) y a una docente universitaria de 57 años de Caracas (M33_103) del *PRESEEA*. Anote algunas de las palabras que terminan en consonante y compare los dialectos. ¿Se pronuncian o se eliden? ¿Sabe qué dialecto pertenece al habla de Cali?

3.2.   Identificación de rasgos gramaticales

En el siguiente extracto de la letra de la canción "A Dios le pido", de Juanes, identifique un rasgo característico de las formas pronominales: *A Dios le pido/ que si me muero sea de amor./ Y si me enamoro sea de vos./ Y que de tu voz sea este corazón./ Todos los días a Dios le pido…*

Identifique alguno de los rasgos gramaticales descritos en el capítulo en estos dos textos literarios venezolanos (tomados del *CORPES*):

(1)   a. Según Álamo, era indispensable informar al obispo mediante una entrevista personal, pues habían en el testamento ciertas condiciones un tanto engorrosas (*Esa pequeña porción del paraíso*, N. González Leal).

   b. Ya va, señora. Ahorita la atendemos. Espere un momento, por favor ("La extraña muerte del bailarín perfecto", *La máquina clásica*, R. Echeto).

3.3.   Análisis del léxico específico

En los siguientes ejemplos aparecen el verbo *trastear* y el sustantivo *rebulú*, de uso frecuente en el español colombiano. Consulte sus significados en el *DLE* y el *DA*, y compruebe cuál de las dos voces es un africanismo léxico.

(2)   a. Varios de sus guardaespaldas se pusieron a las órdenes de la señora Rosaura en cuanto a lo que tenían que <u>trasterar</u> a la nueva casa (*Arauca: zona roja*, Beverly Prieto).

   b. Un <u>rebulú</u> de saberes gastronómicos llega a Bogotá (Museo Nacional).

En Venezuela, el *papelón* se emplea para endulzar bebidas y postres nacionales como el dulce de lechosa (papaya verde). Consulte el significado de esta palabra en el *DA* e investigue cómo se llama al *papelón* en Colombia.

3.4.   Revisión de mapas dialectales

En el mapa "El Campo – cultivo y otros vegetales / AUYAMA" del *Atlas Lingüístico-Etnográfico de Colombia* (https://alec.caroycuervo.gov.co/alec/), identifique las variantes que se usan para designar la *cucurbita moschata* (auyama, zapallo) y observe su distribución geográfica. ¿Cuál es la más extendida? Si va a Bogotá, ¿probará un guiso de *zapallo*?

¿Pantalón o pantalones? Consulte el *DLE* para conocer la etimología de la voz *pantalón*. Luego explore la versión del mapa "754. Pantalones" de Alvar (2001, disponible en la web del libro) y determine qué variante (singular o plural) es la más empleada. ¿En qué área dialectal aparecen los casos de *pantalón* (singular)?

3.5. Uso de corpus lingüísticos

Consulte los datos de las ciudades colombianas incluidas en el *PRESEEA* (Barranquilla, Bogotá, Cali, Cartagena de Indias, Medellín y Pereira). Encuentre ejemplos de los rasgos que se indican y responda a las preguntas:

- El pronombre *sumercé*, ¿a qué dialecto colombiano corresponde? Según los entrevistados, ¿cuándo se emplea?
- Significados de *tinto*. ¿A qué tipo de bebida se refiere? ¿Esta voz se emplea en toda América?
- Escuche la pronunciación de *casas*. ¿En qué ciudad se pronuncia más el sonido /s/ a final de la palabra? ¿A qué dialecto colombiano corresponde?

Consulte ahora los datos de Caracas del *PRESEEA*. Encuentre ejemplos de los rasgos que se indican y responda:

- Diminutivos del adjetivo *rápido* y del adverbio *cerca*. Reflexione sobre por qué se usan estos diminutivos.
- Escuche la pronunciación de *verdad*. El sonido /d/ final, ¿se elide o se pronuncia?

4. Preguntas de ampliación y reflexión

1. En el "Mapa del español de América" (https://prosodia.upf.edu/atlasent onacion/mapa_l.html) del *Atlas interactivo de la entonación del español* consulta las ciudades de Bogotá y Mérida. ¿Qué rasgos de su pronunciación es capaz de identificar?
2. Escuche a Leonardo Padrón (https://www.youtube.com/watch?v=WM8o OoQEJw8) y a Héctor Abad Faciolince (https://www.youtube.com/ watch?v=smNCrGN5B9o&list=PLHVjlacTRIv0Ukc_xpQAI28nlkbzuS Qy3&index=40) en "Semana cervantina. La libertad es una librería" (Canal Instituto Cervantes). ¿Qué semejanzas y diferencias encuentra en su habla?
3. ¿Por qué motivos la variedad de Caracas es la de mayor prestigio en Venezuela? ¿Y por qué la variedad de Bogotá lo es en Colombia?
4. ¿Sabe qué significa y dónde se emplea la palabra *chévere*? Investigue sobre sus usos.

5. Teniendo en cuenta la información presentada en este capítulo, señale en un mapa político la diversidad dialectal del español de Colombia y de Venezuela, indicando los límites geográficos de cada variedad. El objetivo final es que conozca la variación en su geografía.

6. Investigue el significado y uso de *bocadillo* y de *cariñito* en el español colombiano y responda: ¿cuál es la morfología de estas palabras?, ¿presentan algún cambio de significado?

7. Consulte el *Muestrario de voces y frases expresivas del habla venezolana* (disponible en la web). Preste atención al significado y uso de *embarcar*, *mandado* y *ojímetro*. Consulte luego las mismas voces en el *Diccionario de americanismos*. ¿Qué diferencias hay entre las dos fuentes?

8. ¿Qué se entiende por *macrodialecto*? Defina este término con sus propias palabras.

9. ¿Cuál es la distribución de las variantes del voseo en Colombia y Venezuela? ¿Cómo se puede vincular el uso de *vos* con otros países hispanoamericanos?

10. ¿Qué lenguas originarias de Colombia y Venezuela han aportado léxico al español de estos países? Busque información al respecto y confeccione una lista de términos. Para el caso del campo de la alimentación, puede emplear el *Gran libro de la cocina colombiana* (disponible en la web).

Bibliografía

Academia Colombiana de la Lengua. 2012. *Breve diccionario de colombianismos*. Bogotá: Academia Colombiana de la Lengua.

Alvar, M. 2001. *El español de Venezuela. Estudios, mapas, textos*. Madrid: Agencia Española de Cooperación Internacional, Universidad de Alicante y La Goleta Ediciones.

Atlas lingüístico-etnográfico de Colombia (ALEC). 1981–1983. Bogotá: Instituto Caro y Cuervo.

Baquero Caldas, A. M. y G. V. Nieto-Martín. 2023. *¿Cómo me le va? Propuesta didáctica para la enseñanza del dativo ético en la clase de ELE/2*. Bogotá: Instituto Caro y Cuervo.

Bernal, J. y C. Díaz. 2017. "Caracterización panorámica del español hablado en Colombia: fonología y gramática". *Cuadernos de Lingüística Hispánica* 29: 19–37.

Bernal, J., A. Munévar y C. Barajas. 2014. "Actitudes lingüísticas en Colombia". En *Actitudes lingüísticas de los hispanohablantes hacia el idioma español y sus variantes*, eds. A. Chiquito y M. Á. Quesada-Pacheco, 189–245. Bergen: Universidad de Bergen.

Bentivoglio, P. y I. Malaver. 2018. *Corpus sociolingüístico PRESEEA-Caracas 2004–2010*. Caracas: Ediciones de la Facultad de Humanidades y Educación.

Bentivoglio, P. y M. Sedano.1993. "Investigación sociolingüística: sus métodos aplicados a una experiencia venezolana". *Boletín de Lingüística* 8: 3–35.

Bentivoglio, P. y M. Sedano.1996. "Venezuela". En *Manual de dialectología hispánica. El Español de América*, ed. M. Alvar, 116–133. Barcelona: Ariel.

Chela-Flores, G. 2023. "El español venezolano; anomalías históricas y lingüísticas y sus repercusiones sociocomunales". En *Estudios sobre el español de Venezuela*, ed. E. Pato, 31–59. Madrid y Frankfurt: Iberoamericana/Vervuert.

Coello, M. H. 2014. "Actitudes lingüísticas en Venezuela. Exploración de creencias hacia la variante nacional, la lengua española y el español dialectal". En *Actitudes lingüísticas de los hispanohablantes hacia el idioma español y sus variantes*, eds. A. Chiquito y M. Á. Quesada-Pacheco, 1407–1532. Bergen: Universidad de Bergen.

Company, C. 2015. "Historia del español en América". En *Enciclopedia de Lingüística Hispánica*, ed. J. Gutiérrez Rexach, 601–612. London y New York: Routledge.

Domínguez, C. L. y E. Mora, coords. 1998. *El habla de Mérida*. Mérida: Universidad de Los Andes.

Espejo Olaya, M. 2007. "El español de Colombia: variedad de habla posiblemente inigualable en Hispanoamérica". En *Actas del III Coloquio Argentino de la IADA: Diálogo y contexto*, eds. L. Granato y M. L. Móccero, 186–194. La Plata: Universidad Nacional de La Plata.

Flórez, L. 1961. "El *Atlas lingüístico-etnográfico de Colombia* (ALEC). Nota informativa". *Thesaurus* 16: 77–125.

Graindorge, A. 2023. "La esquiva norma de Venezuela: algunas consideraciones recientes". En *Estudios sobre el español de Venezuela*, ed. E. Pato, 61–84. Madrid y Frankfurt: Iberoamericana/Vervuert.

Instituto Caro y Cuervo. 2018. *Diccionario de colombianismos*. Bogotá: Instituto Caro y Cuervo.

Lancheros, H. 2018. "Los indigenismos léxicos en las variedades diatópicas del español colombiano". *Forma y Función* 31 (2): 9–29.

Ledezma, M. de y H. Obregón. 1990. *Gramática del español de Venezuela*. Caracas: Instituto Pedagógico de Caracas.

Lipski, J. 1996. *El español de América*. Madrid: Cátedra.

Malaver, I. 2022. "El español en Venezuela". En *Dialectología hispánica. The Routledge Handbook of Spanish Dialectology*, eds. F. Moreno-Fernández y R. Caravedo, 394–405. London y New York: Routledge.

Márquez, A. 1994. *Muestrario de voces y frases expresivas del habla venezolana*. Caracas: Fundación Polar.

Montes Giraldo, J. 1996. "Colombia". En *Manual de dialectología hispánica: El español de América*, ed. M. Alvar, 134–145. Barcelona: Ariel.

Núñez, R. y F. J. Pérez. 1999. *Diccionario del habla actual de Venezuela. Venezolanismos, voces indígenas, nuevas acepciones*. Caracas: Universidad Católica Andrés Bello.

Orozco, R. 2022. "El español en Colombia". En *Dialectología hispánica. The Routledge Handbook of Spanish Dialectology*, eds. F. Moreno-Fernández y R. Caravedo, 277–240. London y New York: Routledge.

Orozco, R. y M. Díaz-Campos. 2016. "Colombia y Venezuela". En *Enciclopedia de lingüística hispánica*, ed. J. Gutiérrez-Rexach, 341–352. London y New York: Routledge.

Obediente, E. 2023. "El español de los Andes venezolanos". En *Estudios sobre el español de Venezuela*, ed. E. Pato, 85–105. Madrid y Frankfurt: Iberoamericana/Vervuert.

Páez-Urdaneta, I. 1981. *Historia y geografía hispanoamericana del voseo*. Caracas: La Casa de Bello.

Pato, E. 2010. "El verbo *ser* focalizador en el español de Colombia". *Español Actual* 93: 153–174.

Pato, E. 2023. "Introducción". En *Estudios sobre el español de Venezuela*, ed. E. Pato, 9–29. Madrid y Frankfurt: Iberoamericana/Vervuert.

Pato, E. y V. Casanova. 2018. "*Estás burdas de loco* y *trabajas burda*. Un "nuevo" cuantificador en el español de Venezuela". *Ogigia* 24: 5–18.

Pato, E. y V. Casanova. 2022. "Principales rasgos gramaticales y léxicos de la variedad zuliana (Venezuela)". *Revista Internacional de Lingüística Iberoamericana* XX (39): 165–190.

Pérez, F. J. 2012. *Diccionario histórico del español de Venezuela*. Caracas: Fundación Empresas Polar.

Rodríguez, Y. 2008. "Colombia". En *El español en América: contactos lingüísticos en Hispanoamérica*, coord. A. Palacios, 135–160. Barcelona: Ariel.

Rosenblat, A. 1987. "El castellano en Venezuela". En *Estudios sobre el habla de Venezuela. Buenas y malas palabras*, eds. A. Gómez, L. De Stefano y J. Santos Urriola, XXIII–XXVIII. Caracas: Monte Ávila.

Ruiz, N. 2020. "El español de Colombia. Nueva propuesta de división dialectal". *Lenguaje* 48 (2): 160–195.

Sedano, M., ed. 1998. *Español Actual 69. Número dedicado al español de Venezuela*. Madrid: Arco/Libros.

Sedano, M. 2011. *Manual de gramática del español, con especial referencia al español de Venezuela*. Caracas: Universidad Central de Venezuela.

Tejera, M. J., dir. 1993. *Diccionario de Venezolanismos*. Caracas: Universidad Central de Venezuela y Academia Venezolana de la Lengua.

Wheeler, J. y M. Díaz-Campos. 2023. "La variación fonológica en el español venezolano". En Estudios sobre el español de Venezuela, ed. E. Pato, 161–194. Madrid y Frankfurt: Iberoamericana/Vervuert.

5

EL ESPAÑOL DE LOS ANDES

Rosario Gómez

Resumen

Los dialectos del español andino se extienden desde el sur de Colombia hasta el noroeste de Argentina y el norte de Chile, pero en este capítulo nos enfocamos en las variedades de Ecuador, Perú y Bolivia. Los desplazamientos demográficos han producido un intenso contacto entre las lenguas originarias y el español, y aunque son de diferentes familias lingüísticas, el quechua/kichwa y el aimara tienen características similares que han moldeado el español andino. Este capítulo describe las características fonético-fonológicas, gramaticales y léxicas de estas variedades.

Keywords

Andean Spanish, Ecuador, Perú, Bolivia, variation

Abstract

The Andean Spanish dialects extend from southern Colombia to northwestern Argentina and northern Chile, but this chapter focuses on the varieties spoken in Ecuador, Peru, and Bolivia. Demographic shifts have produced intense contact situations between indigenous languages and Spanish. Although they come from different linguistic families, Quechua/Kichwa and Aymara share similar characteristics that have shaped Andean Spanish. This chapter describes the phonetic-phonological, grammatical, and lexical characteristics of these varieties.

Palabras clave

español andino, Ecuador, Perú, Bolivia, variación

DOI: 10.4324/9781003474722-7

1. Introducción

Los dialectos del español de los países andinos se extienden desde el sur de Colombia hasta el noroeste de Argentina y el norte de Chile, con un enfoque en las regiones andinas de Ecuador, Perú y Bolivia, que son los tres países que trataremos en esta ocasión.

Antes del contacto con el español, el quechua y el aimara eran lenguas generalizadas en la región, en detrimento de otras lenguas minoritarias. La invasión europea en el siglo XVI ocasiona desplazamientos demográficos de la población indígena y africana, la principal mano de obra en las industrias textiles en Ecuador, el sistema de las haciendas a lo largo de los Andes y la minería en Potosí, Bolivia. En el último siglo, la extensa migración interna del campo hacia las ciudades intensifica el contacto entre las lenguas originarias y el español. El quechua/kichwa y el aimara, aunque de diferentes familias lingüísticas (Lipski 2007), presentan características similares debido a los siglos de convivencia. Sin embargo, el español andino refleja una mezcla de rasgos que no se pueden asociar a un solo lugar, sino que se presentan en varios contextos, adaptándose a las situaciones y actitudes de sus hablantes. El español andino es valorado negativamente, ya que sus características se asocian con las lenguas originarias (Godenzzi y Haboud 2023).

Este capítulo ofrece un bosquejo de las características fonético-fonológicas, gramaticales y léxicas de cada una de estas tres variedades, luego se presentan breves aspectos comparativos de aplicación, y unas preguntas de ampliación y reflexión.

2. Características del español de Los Andes

2.1. Ecuador

2.1.1. Pronunciación

Ciertos rasgos lingüísticos se asocian con el habla de la Costa, de la Sierra del norte, centro y sur del país. El primero, el costeño, tiene influencias de otras variedades de tierras bajas, debido al contacto histórico con otros puertos en América y Andalucía, la temprana castellanización y la menor influencia indígena. En el español costeño se da:

- La aspiración o elisión de /s/ al final de sílaba (*las casas* [lah ‘kasah]), el debilitamiento de /d/ y /b/ intervocálicas, la fricativa velar /x/ realizada como glotal [h], la velarización de /n/ al final de sílaba ([kaŋ'saðo] *cansado*) y el yeísmo (*yo llamo* [jo 'jamo]) (Gómez 2023).
- El fonema /r/ es vibrante, pero puede neutralizarse como /l/ en posición final de sílaba en el habla de personas menos escolarizadas (['kalne] *carne*)

(Lipski 1996, Moreno Fernández 2019). En zonas urbanas y entre jóvenes, es común el uso de la vibrante simple retrofleja [ɽ] en posición intervocálica (*oro* ['oɽo]).

En el español de la Sierra:

- La /s/ no se aspira al final de sílaba y se sonoriza ante vocal, en posición final de palabra, (*los osos* [loz'osos]) y la /b/ y /d/ intervocálicas no se debilitan. El habla de Loja, en la provincia fronteriza con Perú, es visto como la forma más "correcta" del país debido a la pronunciación más estándar. Sin embargo, en esta variedad se sonoriza la /s/ en contextos intervocálicos dentro de las palabras (García 2022), fenómeno asociado con los hombres jóvenes de alta escolaridad.
- La asibilación de /r/, /ɾ/ y /tɾ/ (sonidos róticos) varía según la edad, el nivel educativo y el sexo. Las mujeres jóvenes con alta escolaridad pronuncian estos sonidos sin asibilación. Los estudios sobre las actitudes señalan que las realizaciones asibiladas están muy estigmatizadas y se asocian con las poblaciones indígenas (Toapanta 2016; Gómez 2022). En la zona de Carchi, al norte, la /r/ y /ɾ/ no se asibilan (Gómez 2023).
- Se distingue el fonema lateral /ʎ/ (-*ll*-) y /ʝ/ (-*y*-) (*yo llamo* [jo 'ʒamo]). La palatal lateral tiene varias realizaciones [ʎ, ʒ, ʒʲ, j, ʃ], y están estratificadas socialmente. La palatal lateral no se usa en niveles informales, y los jóvenes de estratos socioeconómicos medios-altos prefieren la fricativa palatal media, alineándose con la pronunciación de la Costa (Gómez 2003, 2013). La palatal fricativa sorda [ʃ] (*la llama* [la 'ʃama]) aparece en estratos con menos escolaridad y está estigmatizada. En las provincias del sur (Cañar y Azuay) se conserva la oposición /ʎ/:/ʝ/, manteniendo la lateral -*ll*-. Sin embargo, los hablantes jóvenes están abandonando este sonido a favor de [j] (Cole 2022). En Carchi, también se mantiene la oposición /ʎ/:/ʝ/.
- La /n/ al final de sílaba se velariza y a menudo marca el límite de palabras (*un agente* [uŋ a'xente] vs. *una gente* [un a'xente]). En Carchi la /n/ no se velariza.
- Las vocales medias /o/ y /e/ se reducen significativamente, especialmente ante /s/.
- Las vocales átonas se ensordecen y eliden (*pues* [ps] o [ff]): *ayudaff* (por *ayuda pues*). En la zona de Carchi las vocales átonas no se debilitan (Gómez 2023).

El español en la Amazonía y Galápagos:

- Los estudios sobre el español en la Amazonía y Galápagos son escasos. La colonización intensiva de la Amazonía comenzó en los años sesenta y la de la región peninsular en los setenta. Se señala la despalatalización y deslateralización de los fonemas palatales laterales en el español de la Amazonía, y una entonación influenciada por el kichwa (O'Rourke 2022).

2.1.2. Gramática

- El uso de *dar* + gerundio se atribuye a un calco de estructuras del kichwa y se emplea para atenuar los comandos (Haboud y de la Vega 2008). *Dame bajando el libro* es menos directa que *Por favor bájame el libro.*
- *Venir* + gerundio (*Vine comiendo* 'comí antes de venir') y *dejar* + gerundio (*Dejé lavando los platos* 'lavé los platos antes de salir') expresan anterioridad y perfectividad.
- *Mandar* + gerundio, por influencia del kichwa, adquiere un tono imperativo que muestra una falta de cortesía en la manera de dar órdenes (*Me mandó sacando de allí* 'me mandó de malos modos').
- En el español coloquial, el gerundio puede emplearse de manera exclamativa para rechazar enfáticamente una propuesta (*¡Qué haciendo!* 'de ninguna manera') (Aleza y Enguita 2010).
- La forma imperativa se expresa mediante el futuro sintético, perdiendo así el concepto de futuridad (*Vendrás temprano* 'por favor ven temprano') y atenuando los comandos.
- Las formas de tratamiento son *vos*, *tú*, *usted* y *ustedes*. Se dan casos del uso de *usted* en relaciones íntimas. El uso de *vos* es más común en Cuenca y menor en Loja, en situaciones informales. En Quito se emplea para dirigirse a personas de estatus sociales más bajos. Algunos lo consideran de uso vulgar y puede señalar menosprecio (Toapanta 2017).
- El español de la Sierra es leísta y tiende a omitir los objetos directos: *Le di los libros a ella*; *¿Me trajiste los libros? –Sí, te (los) traje* (Palacios 2015; Narváez 2022).
- El perfecto simple indica experiencia directa (evidencialidad), mientras que el compuesto sugiere que el hablante no ha experimentado el evento personalmente, sino que lo ha inferido o se lo han contado. Así, en *La niña ha estado llorando, y yo sin oírle*, el hablante no lo presenció, mientras que en *La niña lloró porque quería el juguete* el hablante sí lo presenció (Pfänder *et al.* 2013; Puma 2018).
- El sujeto se expresa mediante un grupo preposicional introducido por *con* (construcción comitativa), sumando copulativamente los dos elementos (*Con mi hermana fuimos de paseo*): la primera persona (implícita 'yo') y el referente del grupo preposicional ('mi hermana').

2.1.3. Léxico

- Préstamos del kichwa (Haboud y de la Vega 2008): *tripa mishki* ('tripa dulce, asada'), *llapingacho* ('tortilla de papas'), *yarguarlocro* ('sopa con sangre de borrego'), *chulla* ('única'), *guagua* ('bebé, niño'), *yapa* ('añadidura'), *chumarse* ('embriagarse'), *chuchaqui* ('resaca'), *omoto* ('de estatura baja'), *canguil* ('palomitas de maíz'). La interjección *chuta* es muy común en el habla coloquial (Gómez, coord. corpus de Quito *PRESEEA*).

- Algunas expresiones: *acaso llegó* ('no llegó'), *nomás* enfático (*entra nomás (no tengas vergüenza)*), *amanecerse* ('pasarse toda la noche sin dormir').
- Anglicismos: el intensificador *full* (*Estoy con full trabajo* 'tengo mucho trabajo'), *brother* y *man* son comunes en el habla cotidiana (Gómez 2023).

2.2. Perú

2.2.1. Pronunciación

- Se mantiene la oposición /j/: /ʎ/, rasgo reforzado por el contacto con el quechua y el aimara, ya que ambas lenguas indígenas tienen el sonido lateral. En el español amazónico, la lateral se convierte en una fricativa (/ʃ/ o /ʒ/). Lima y la costa peruana son yeístas, sin el fonema lateral (/ʎ/). La /j/ es débil y puede elidirse ante /i/ y /e/, especialmente en el vernáculo. En la costa norte, la /j/ es más débil que en Lima (Lipski 1994).
- En la zona andina central y sureña se observa el *motoseo*, o la oscilación entre /i, e/ y /o, u/ (*pira* 'pera', *poro* 'puro') (Andrade Ciudad 2023) debido a la reducción vocálica en sílabas átonas, rasgo que se atribuye a la adaptación del sistema vocálico español al quechua o aimara (/i/, /a/, /u/). Este fenómeno está estigmatizado y se asocia con hablantes bilingües.
- En las zonas andinas, el fonema sibilante /s/ se mantiene y se sonoriza en posición final de palabra ante vocal. Hay tres procesos de diferenciación articulatoria de las sibilantes: i) mantenimiento de /s/ dental en la costa y ápicoalveolar tensa en los Andes; ii) debilitamiento por aspiración preconsonántica en la costa, especialmente en Lima (['kuhko] *Cusco*) en clases media y alta; y iii) elisión de /s/ por aspiración prevocálica, estigmatizada en clases populares. En la Amazonía se observa una tendencia al mantenimiento.
- El fonema /n/ se velariza en posición final de sílaba o palabra, a veces acompañada de la pérdida de la /n/ y la nasalización de la vocal anterior, rasgo común en las tierras altas andinas y la costa (Canfield 1981). La velarización ocurre tanto al final como dentro de las palabras [taŋ'bien, 'aŋtes, 'aŋtʃo, kaŋ'sioŋ]. Además, la realización velar puede alternar con la elisión de la nasal, desplazando la nasalidad a la vocal contigua, y afectando incluso a otros segmentos en posición implosiva (['din:o] por *digno*, ['si:no] por *signo*).
- La asibilación de las vibrantes se da tanto en zonas andinas como en las costas. En las tierras altas, la vibrante múltiple /r/ suele articularse como alveolopalatal fricativa sonora [ʐ]. En la costa, aunque predomina

la relajación del sonido, también se encuentra la articulación asibilada (Caravedo 1996) en hablantes inmigrantes de las zonas altas.

- Se observa una articulación aspirada de /f/, e incluso un redondeamiento en [hw] (enfermo [en'hwermo]) en hablantes andinos bilingües (Lipski 1996). La pronunciación bilabial [ɸ] del fonema /f/ es común en muchas regiones, especialmente entre los grupos sociales con menor nivel de instrucción (Valenzuela y Jara 2021, citado en Andrade Ciudad 2023).
- En las zonas andinas donde el español interactúa con el quechua y el aimara, las consonantes sonoras /b, d, g/ tienden a ensordecerse (*buscando* [pus'kando]). En el español amazónico también se produce el ensordecimiento de la consonante dental /d/ o se mantiene oclusiva sonora, pero no se debilita.
- La elisión de las consonantes /b, d, g/ en posición intervocálica es notable en Lima. La /d/ tiende a desaparecer incluso en contextos formales, y la /b/ también se omite con frecuencia. En la costa norte, la reducción de consonantes finales es aún más marcada debido a factores de marginación sociocultural, lo que resulta en la pérdida frecuente de /b, d, g/ en posición intervocálica (Lipski 1994).

2.2.2. Gramática

- El voseo se conserva en zonas urbanas especialmente entre hablantes indígenas (Lipski 1994). Se encuentra en las zonas altas del sur, el Altiplano (Puno), partes de Arequipa y zonas de la costa norte, principalmente en los niveles sociolingüísticos más bajos. Hay restos de voseo en zonas rurales de la costa norte y sur del Perú, así como en la Sierra. En todos los casos, parece tratarse de voseo pronominal, usado en contextos íntimos y coloquiales.
- Los pronombres clíticos de tercera persona muestran gran variabilidad. La modalidad costeña sigue el sistema etimológico, con flexión de número y género en el objeto directo (*lo, la, los, las*) y solo de número en el indirecto (*le, les*). Sin embargo, hay alteraciones como *Se le ve bien* en lugar de *Se lo ve* o *Se la ve* (Caravedo 1990). Verbos como *denominar, considerar* y *llamar* también muestran variaciones, usando *le* o *les* (Caravedo 1990). Se observa también el uso de *lo* como complemento directo, sin importar el género del referente, ya sea femenino o masculino en singular. Este uso se extiende al español amazónico en zonas no quechuahablantes.
- En el español en contacto con el quechua se da la falta de pronominalización del objeto: *¿Extraña a su familia, a sus vecinos? –Sí, extraño* (Calvo 2007, 27).
- Se pluraliza el clítico *lo* aunque el referente sea singular, y coexiste con el uso del pronombre *se* como complemento indirecto con referencia plural. Esto se debe a la necesidad del hablante de marcar el plural del referente de

se, por lo que el morfema -*s* de pluralidad se transfiere a *lo/la*: *Di el libro a tus padres* > *Se los di* (Aleza Izquierdo y Enguita Utrilla 2010).

- Los posesivos redundantes son comunes, y se encuentran en la modalidad costeña de los grupos bajos y medios, y en la amazonía. Se relacionan con la tercera persona y no necesariamente con casos de ambigüedad (*Su casa de mi mamá*).

- El futuro se expresa con la combinación del verbo *ir* + infinitivo (*Voy a ir*) o con la perífrasis *estar* + gerundio (*Estoy llegando*). La forma flexiva del futuro se usa para expresar duda (*Será así*).

- El uso mirativo del pretérito pluscuamperfecto (*Había sido rico el dulce*) (Andrade Ciudad 2023) expresa conocimiento reciente y sorpresa.

- El pretérito compuesto es más usado que el simple (Caravedo 1996, 165), y sirve para indicar sorpresa intensa (y de carácter negativo), mientras que la forma simple se utiliza para sorpresas de menor impacto emocional (Hintz 2008).

- La perífrasis *decir/hacer* + gerundio, por influencia del quechua, presenta usos diferentes a los tradicionales en español (*¿Qué haciendo?*). Se utiliza con significados interrogativos de causa (¿por qué?), finalidad (¿para qué?) o modo (¿cómo?): *¿Qué diciendo quieres volver conmigo?*; *¿Qué diciendo has comprado tanta carne?*; *¿Qué haciendo te has caído?* Esta forma de interrogación indirecta es una estrategia de cortesía, por la que el hablante no confronta directamente al oyente, suaviza la pregunta y enfatiza la solidaridad sin perder la distancia entre ambos (Merma 2005).

- *Parar* + gerundio se utiliza para señalar una acción que se realiza habitualmente (*Paraban cantando en las noches* 'Solían cantar por las noches').

2.2.3. Léxico

- El diminutivo -*ash* (*cholash* 'muchachito', *chinasha* 'muchachita'), el aumentativo -*enque* (*fuertenque* 'muy fuerte') (Andrade Ciudad 2023) y el elemento focalizador *cati* (o *cate*), que equivale a *fíjese* o *mire*, proceden de la lengua culle, hoy desaparecida.

- Palabras típicas: *ajiaco* (plato típico), *ancheta* ('buena ganga'), *cancha (blanca)* ('palomitas de maíz'), *chupe* (guiso típico), *chacra* ('granja pequeña'), *choclo* ('mazorca'), *concho* ('sedimento de café o vino'), *dormilonas* ('tipo de pendientes'), *jebe* ('goma'), *jora* ('maíz fermentado para chicha'), *pisco* ('licor destilado de uvas').

- Algunas expresiones: *al toque* ('rápido'), *estar asado* ('estar enojado'), *estar chihuán* ('estar sin dinero'), *estar a huevo* ('estár/ser algo fácil'), *estar en algodón* ('estar bien'), *no tener calle* ('no tener experiencia'), *estar huasca* ('estar muy borracho'), *chamba* ('trabajo'), *pata* ('amigo').

2.3. *Bolivia*

2.3.1. *Pronunciación*

- En sílabas átonas se presenta un vocalismo débil; esta elisión vocálica ocurre en la última sílaba, cuando es átona y se encuentra entre dos consonantes, especialmente si la primera es una obstruyente (*ah pues* ['aps], *pocos* ['poks]).
- En zonas de contacto se observa la tendencia a reducir diptongos a vocales simples y a convertir hiatos en diptongos (*quiero* ['kero], *ahora* ['awra], *te has ido* [tjas'iðo]) (Mendoza 2008).
- Existe un consonantismo fuerte y se retiene la /-s/ alveolar o apical sibilante. En zonas bilingües quechua/aimara y español, cerca de Perú y Chile, se mantiene la /s/. En la zona de los Llanos del Norte y Oriente, influenciada por el tupí-guaraní (cerca de Brasil y Paraguay), la /s/ tiende a aspirarse y a veces se elide. En la zona de Tarija y en la zona andina (cerca del noroeste argentino), la /s/ se mantiene, aunque los hablantes rurales suelen aspirarla. Cuando la consonante se conserva, generalmente se realiza como apicoalveolar (Mendoza 2008).
- La oposición /ʎ/: /ʝ/ parece ser un rasgo reforzado por el contacto con el quechua y el aimara, ya que ambas lenguas tienen el sonido lateral, lo que fortalece la distinción en el español.
- Los fonemas vibrantes experimentan asibilaciones, junto con procesos de ensordecimiento e incluso rehilamiento. El rehilamiento de la vibrante múltiple /r/ tiene realizaciones desde la articulación dentoalveolar hasta la prepalatal. Es una pronunciación estigmatizada, pero común entre hablantes cultos (Gordon 1987). En la zona llana avanza la articulación asibilada, afectando frecuentemente a la vibrante simple /ɾ/.
- El grupo /tr/ se realiza de manera africada, similar al sonido africado palatal (*ch*), además sufre un asibilamiento rehilado. En el caso de la asibilación acompañada de pérdida de sonoridad, la vibrante se articula de manera similar a una sibilante apicoalveolar [s]. Estas variantes se han documentado en las áreas montañosas y en el altiplano boliviano.
- El fonema /n/ en posición final de sílaba o palabra se velariza, y en algunos casos la /n/ se pierde, dando lugar a la nasalización de la vocal anterior.
- En el altiplano la elisión de la -d- es común entre hablantes de todos los niveles. En Los Llanos es generalizada la elisión de las oclusivas sonoras intervocálicas /b, d, g/, a diferencia del resto del país donde estas se mantienen.
- Se dan simplificaciones de secuencias consonánticas (*padrino* [pa'rinu]) y epéntesis ([pa'lato] *plato*). También hay sustituciones consonánticas, como g > w, b > w, d > r, y d > t (Mendoza 2008).

2.3.2. Gramática

- En el sistema pronominal átono se da la presencia de loísmo, leísmo y neu-
tralizaciones de género y número, lo que resulta en un uso predominante
de la forma singular *lo* (tanto para masculino como femenino singular), en
detrimento de otros pronombres de tercera persona de objeto.
- En las regiones andinas y guaraníticas es común la omisión del pronombre
de complemento directo, especialmente cuando se ha mencionado ya el
sustantivo referencial: *Traje los libros y no sé si (ø) perdí* (Granda 1999).
Este fenómeno se observa tanto en hablantes monolingües como bilingües de la variedad popular, aunque es menos común en la variedad culta
(Mendoza 2008).
- En el español de hablantes bilingües se ha identificado el uso del pronombre *lo* sin referencia específica, que actúa como un marcador aspectual y
refleja los valores de varias partículas indígenas (*irlo*). En este contexto la
'partícula' *lo* no tiene función de referencia (Calvo 2000) y posee valores
aspectuales ('ser de siempre').
- La perífrasis *decir/hacer* + gerundio, como ocurre en Perú y por influencia
del quechua, adquiere significados diferentes a los tradicionales en español, y se emplea como estrategia de cortesía y atenuación (*¡Qué diciendo?
'¿cómo?'*) (Merma 2005).
- La alternancia de subjuntivo por presente indicativo, especialmente en
oraciones completivas con verbos de voluntad, mandato o deseo: *Ellos
desean que sus santos les van a proteger* (Mendizábal de la Cruz 2009).
- El uso del pluscuamperfecto de indicativo introduce conceptos no hispánicos del significado verbal, influenciados por el quechua y el aimara. Se
emplea para relatar eventos inesperados y mostrar la falta de responsabilidad del hablante sobre la acción, debido a que la información proviene de
una fuente intermedia (Calvo 2007): *Y en nada habían encontrado trabajo*
('me dijeron que no encontraron'). Este fenómeno es típico del español
andino y de hablantes bilingües, y en Bolivia está extendido en todos los
sociolectos y regiones del país (Mendoza 2008).
- El imperativo se usa con la secuencia pronominal *melo* para expresar cortesía (*Dímelo a Juan* 'dile a Juan') (Mendoza 2008).
- Debido al contacto con el quechua y el aimara, el afijo *-ri-* se usa para
añadir cortesía en el imperativo (*Esperarime*), y el sufijo *-y* al final de una
pregunta marca la interrogación o añade énfasis (*¿Te acuerdas y?* '¿de verdad te acuerdas?') (Calvo 2008). En las zonas andinas, los mandatos pueden expresarse mediante oraciones en gerundio (Aleza Izquierdo y Enguita
Utrilla 2010).
- *Nomás*, *pues* y *pero* pueden combinarse o aparecer juntas, añadiendo
matices al significado. *Andá* es la forma más enfática del imperativo, *andá
pues* y *andá pues nomás* suavizan el imperativo, haciéndolo más cortés.

También es posible combinarlas todas en frases como *Dile nomás pues pero* (Mendoza 2008).

2.3.3. Léxico

- Palabras típicas: *ch'api* ('pequeño, insignificante'), *chompa* ('suéter'), *peña* ('noche de música y baile'), *yapa* ('pequeño extra que da el vendedor al comprarle algo'), *chango* ('joven, niño'), *llocalla* ('joven, niño'), *ch'aki* ('resaca'), *jichi* ('espíritu, duende'), *llunku* ('adulador'), *ch'uta* ('persona de La Paz'), *achachairú* ('fruta, algo muy bueno o agradable').
- Algunas expresiones: *¡qué macana!* (expresión de sorpresa o decepción), *hecho leña* ('muy cansado').

3. Aplicación e integración

En este apartado se ofrece una muestra de posibles integraciones didácticas, para poder reconocer y asimilar la variación de estos países.

3.1. Comparación de acentos

En algunas variedades del español ecuatoriano, en la sierra peruana y en partes de Bolivia se conserva la distinción entre la consonante lateral palatal (/ʎ/ representada por *ll*) y la fricativa palatal (/j/ representada por *y*), fenómeno conocido como *lleísmo*. Sin embargo, en las zonas costeras, es común el *yeísmo*, donde ambas consonantes se pronuncian de manera similar, perdiendo la distinción. La diferente realización delata al hablante en cuanto a su origen y hasta su nivel socioeconómico, al identificar las realizaciones estigmatizadas, como son las postalveolar fricativa sonora y sorda [ʒ] [ʃ].

Lo mismo sucede con las realizaciones asibiladas de los fonemas róticos. En la Sierra de Perú, Ecuador y Bolivia, se observa la asibilación de /r/ y la /ɾ/ se pronuncia como [z], a veces ensordecida. Otro rasgo notable es la reducción de las vocales medias átonas, donde las vocales /e/ y /o/ tienden a debilitarse o incluso elidirse en ciertas posiciones, especialmente en el habla de personas con poca escolaridad, y es un fenómeno atribuido al contacto con lenguas indígenas.

Los hablantes tienen conciencia de la oposición rural/ciudad (Lima) en Perú, de la Sierra/costa en Ecuador y las variedades habladas en las regiones altas de Bolivia. Como menciona Caravedo (2023) es importante entender el espacio social ligado a las experiencias de los hablantes cuyos comportamientos lingüísticos son subjetivos y pueden ser percibidos de diferentes formas y tener distintos significados. No se puede hablar del acento peruano, ecuatoriano o boliviano de manera general, sino más bien desde el punto de vista según cómo se sitúe el hablante y cómo es percibido por sus interlocutores.

3.2. Identificación de rasgos gramaticales

La comparación de los rasgos gramaticales entre las variedades andinas revela algunos elementos comunes. Entre estos se encuentran los usos no canónicos de los pronombres clíticos, como son los objetos directos nulos, el uso generalizado de leísmo, el loísmo, y la neutralización de género y número en hablantes bilingües. Otro elemento compartido es el pasado no experimentado y el pasado sorpresivo, que se marcan en quechua y aimara con sufijos verbales que indican eventos o estados no conocidos directamente por el hablante (y también expresan sorpresa). Esta categoría cognitiva se transfiere al español de la región con algunas diferencias. En Bolivia y Perú se utiliza principalmente el pluscuamperfecto para este propósito: *Grande había sido* ('No sabía que era grande; acabo de descubrirlo'). En Bolivia, una variante es la dislocación del acento en el auxiliar, como en *Habiá estado ahí toda la noche y yo sin darme cuenta*. En Ecuador, aunque el pluscuamperfecto también se usa, es más común el pretérito perfecto compuesto: *Buena gente ha sido* ('Yo no sabía que él era buena gente').

Por otro lado, la cortesía y la atenuación son aspectos importantes que se manifiestan en la forma de dar órdenes y hacer peticiones. Para suavizar el acto de ordenar, muchos hablantes utilizan recursos de cortesía que se han transferido de las lenguas indígenas a su español. Por ejemplo, en Cuzco *Dile a Juan* puede sonar muy directa, mientras que *Dímelo a Juan* se percibe como más respetuosa (Godenzzi y Haboud 2023). En el español ecuatoriano se usa la perífrasis *dar* + gerundio (*Dame diciendo al Juan*) para suavizar la petición. De este modo, el verbo *dar* se gramaticaliza como un marcador de cortesía. Además, en Ecuador es común el uso del futuro morfológico como imperativo para transformar mandatos en peticiones corteses (*Bajarás la ropa para lavar*). En el español de Bolivia, un recurso atenuador es el sufijo aspectual *-ri* (*Comprarime*, 'cómprame algo, por favor'). Estos mecanismos de convergencia y gramaticalización muestran cómo las categorías semántico-pragmáticas de las lenguas originarias se integran en el español de la región, enriqueciendo su expresión de cortesía.

3.3. Análisis del léxico específico

El léxico de los países andinos refleja una rica historia compartida y una profunda influencia de las lenguas indígenas, especialmente el quechua/kichwa y el aimara. Estas lenguas se mezclaron con el español, creando un vocabulario único que incluye numerosos préstamos y adaptaciones. Las migraciones internas y externas también han jugado un papel crucial en la evolución del léxico andino, introduciendo nuevos términos y conceptos. Por ejemplo, la migración rural-urbana ha llevado palabras del campo a las ciudades, mientras que la globalización ha introducido anglicismos y neologismos tecnológicos. Además, la educación bilingüe y los medios de comunicación han facilitado la difusión de términos indígenas en el español cotidiano. Este proceso de convergencia lingüística no solo enriquece el vocabulario, sino que también refleja la identidad cultural y la resiliencia de las comunidades andinas. Empleando los diccionarios adecuados, se pueden buscar algunos términos para ejemplificar todo lo anterior.

3.4. Revisión de mapas dialectales

El *Atlas Lingüístico del Ecuador* (ALEcu) se enfoca en aspectos léxicos y la recopilación de datos está todavía incompleta (Estrella 2022). El proyecto del *Atlas Lingüístico de Hispanoamérica* se centra en mapear fenómenos fonéticos, léxicos y morfosintácticos de Hispanoamérica. En Perú, la investigación abarca 50 puntos geográficos.

3.5. Uso de corpus lingüísticos y otros recursos

El *PRESEEA* cuenta con datos de Perú para las ciudades de Arequipa y Lima, de Ecuador para Quito y Cuenca y de Bolivia para La Paz. Estos corpus se enfocan en la recolección de datos orales y sirven para el estudio comparativo con otras variedades. En la página web del proyecto se pueden buscar ejemplos de algunos de los fenómenos tratados en este capítulo.

4. Preguntas de ampliación y reflexión

1. ¿Qué impacto tiene la asibilación de los fonemas róticos (/r/) en la percepción social de los hablantes de cada país andino?
2. ¿Qué diferencias existen en el uso del pluscuamperfecto y el pretérito perfecto compuesto para expresar el pasado no experimentado y sorpresivo en estas variedades?
3. ¿Qué implicaciones tiene la reducción de vocales medias en la inteligibilidad del español hablado en las zonas andinas?
4. ¿Qué es la *cortesía* y cómo se manifiesta este fenómeno en las variedades del español andino?
5. ¿Cuáles son las soluciones que cada variedad estudiada presenta en cuanto al sistema de pronombres clíticos?
6. ¿Qué métodos de investigación podrían ser más efectivos para estudiar las características lingüísticas del español en regiones con poca documentación, como la Amazonía y Galápagos?

7. ¿Cómo se manifiesta la dicotomía costa/sierra, ciudad/zona rural, tierras altas/tierras bajas en otros aspectos culturales (además del lenguaje) en los países andinos?
8. ¿Qué desafíos enfrentan los proyectos de atlas lingüísticos y corpus en la recolección y análisis de datos en las regiones andinas, y cómo pueden superarse?
9. ¿Cómo se podría elevar el prestigio de las lenguas indígenas y, por ende, elevar el prestigio de las variedades de español que se asocian con un alto nivel de influencia indígena?
10. ¿Cree que es necesario preservar las lenguas indígenas? Justifique su respuesta.

Bibliografía

Aleza Izquierdo, M. y J. M. Enguita Utrilla. 2010. *La lengua española en América. Normas y usos actuales*. Valencia: Universitat de València.

Andrade Ciudad, L. 2023. "El español en Perú". En *Dialectología hispánica. The Routledge Handbook of Spanish Dialectology*, eds. F. Moreno Fernández y R. Caravedo, 333–343. London y New York: Routledge.

Calvo Pérez, J. 2000. "Partículas en castellano andino". *Teoría y práctica del contacto: el español de América en el candelero*, ed. J. Calvo Pérez, 73–112. Madrid y Frankfurt: Iberoamericana/Vervuert.

Calvo Pérez, J. 2007. "Estrategias discursivas de los hablantes altoandinos de primera y segunda migración". En *La incidencia del contexto en los discursos*, 21–35. Valencia: Universitat de València

Calvo Pérez, J. 2008. "Perú". En *El español en América. Contactos lingüísticos en Hispanoamérica*, ed. A. Palacios, 189–212. Barcelona: Ariel.

Canfield, D. L. 1981. *Spanish Pronunciation in the Americas*. Chicago: University of Chicago Press.

Caravedo, R. 1990. *Sociolingüística del español de Lima*. Lima: Fondo Editorial PUCP.

Caravedo R. 1996. "Perú". En *Manual de dialectología española. El español de América*, ed. M. Alvar, 152–168. Barcelona: Ariel.

Caravedo, R. 2023. "La diversidad fonológica del español en el espacio peruano". *Revista Hispanoamericana* 1 (Extra): 1–18.

Cole, M. 2022. "Examining Palatal Sounds in Two Ecuadorian Speech Communities". En *Ecuadorian Spanish in the 21st Century: Historical and Contemporary Perspectives*, eds. R. Gómez, C. García y E. O'Rourke, 91–120. Newcastle: Cambridge Scholars Publishing.

Estrella-Santos, A. 2022. "An Overview of the Linguistic Atlas of Ecuador". En *Ecuadorian Spanish in the 21st Century: Historical and Contemporary Perspectives*, eds. R. Gómez, C. García y E. O'Rourke, 65–89. Newcastle: Cambridge Scholars Publishing.

García, C. 2022. "Phonetic and Social Forces in Interaction: Intervocalic /s/ Voicing in Lojano Spanish". En *Ecuadorian Spanish in the 21st Century: Historical and Contemporary Perspectives*, eds. R. Gómez, C. García y E. O'Rourke, 179–204. Newcastle: Cambridge Scholars Publishing.

Godenzzi, J. C. y M. Haboud. 2023. "El español en contacto con las lenguas originarias en Bolivia, Ecuador y Perú". En *Dialectología hispánica. The Routledge Handbook of Spanish Dialectology*, eds. F. Moreno Fernández y R. Caravedo, 456–466. London y New York: Routledge.

Gómez, R. 2003. Sociolinguistic Correlations in the Spanish Spoken in the Andean Region of Ecuador in the Speech of the Younger Generation. PhD. diss., University of Toronto.

Gómez, R. 2013. "Las palatales laterales y el yeísmo/žeísmo en el español andino del Ecuador". En *Variación yeísta en el mundo hispánico*, eds. R. Gómez e I. Molina Martos, 237–256. Madrid y Frankfurt: Iberoamericana/Vervuert.

Gómez, R. 2022. "Assibilation of /r/ and Attitudes Towards its Use". En *Ecuadorian Spanish in the 21st Century: Historical and Contemporary Perspectives*, eds. R. Gómez, C. García y E. O´Rourke, 205–226. Newcastle: Cambridge Scholars Publishing.

Gómez, R. 2023. "El español en Ecuador". En *Dialectología hispánica. The Routledge Handbook of Spanish Dialectology*, eds. F. Moreno Fernández y R. Caravedo, 352–263. London y New York: Routledge.

Gómez, R. e I. Molina Martos, eds. 2013. *Variación yeísta en el mundo hispánico*. Madrid y Frankfurt: Iberoamericana/Vervuert.

Gordon, A. M. 1987. "Distribución demográfica de los alófonos de /rr/ en Bolivia". En *Actas del I Congreso Internacional sobre el Español de América*, eds. H. López Morales y M. Vaquero, 715–723. San Juan: Academia Puertorriqueña de la Lengua Española

Granda, G. de. 1999. *Español y lenguas indoamericanas en Hispanoamérica. Estructuras, situaciones y transferencias*. Valladolid: Universidad de Valladolid.

Haboud, M. y E. de la Vega. 2008. "Ecuador". En *El español en América. Contactos lingüísticos en Hispanoamérica*, ed. A. Palacios, 161–187. Barcelona: Ariel.

Hintz, D. M. 2008. "Los perfectos como mirativos en el castellano en contacto con el quechua". En *Actas del XV Congreso Internacional de la ALFAL*, 1–8. Montevideo: Universidad de la República.

Lipski, J. 1994. *Latin American Spanish*. London: Longman.

Lipski, J. 1996. *El español de América*, Madrid: Cátedra.

Lipski, J. 2007. "El español de América en contacto con otras lenguas". En *Lingüística aplicada del español*, ed. M. Lacorte, 309–345. Madrid: Arco/Libros.

Mendizábal de la Cruz, N. 2009. "La expresión de la volición: del deseo al mandato". En *Estudios lingüísticos del español hablado en América*, ed. C. Hernández, 277–333. Madrid: Visor.

Mendoza, J. G. 2008. "Bolivia". En *El español en América. Contactos lingüísticos en Hispanoamérica*, ed. A. Palacios, 213–236. Barcelona: Ariel.

Merma Molina, G. 2005. "El gerundio en español andino peruano: una perspectiva pragmática". *UniverSOS* 2: 117–128.

Moreno Fernández, F. 2019. *Variedades de la lengua española*. London y New York: Routledge.

Narváez D. 2022. "Objetos nulos en dos variedades del español ecuatoriano". En *Ecuadorian Spanish in the 21st Century: Historical and Contemporary Perspectives*, eds. R. Gómez, C. García y E. O'Rourke, 253–275. Newcastle: Cambridge Scholars Publishing.

Niño-Murcia, M. 1995. "The Gerund in the Spanish of the North Andean Region". En *Spanish in Four Continents. Studies in Language Contact and Bilingualism*, ed. C. Silva-Corvalán, 83–100. Washington: Georgetown University Press.

O'Rourke, E. 2022. "The Intonation of Secondary Stress in Ecuadorian Spanish in Contact with Quichua". En *Ecuadorian Spanish in the 21st Century: Historical and Contemporary Perspectives*, eds. R. Gómez, C. García y E. O'Rourke, 145–178. Newcastle: Cambridge Scholars Publishing.

Palacios, A. 2015. "De nuevo con la omisión de objeto directo en el español andino ecuatoriano". *Círculo de lingüística aplicada a la comunicación* 61: 104–130.

Pfänder, S. y A. Palacios. 2013. "Evidencialidad y validación en los pretéritos del español andino ecuatoriano". *Círculo de Lingüística Aplicada a la Comunicación* 54: 65–98.

Puma, C. 2018. "Pretérito perfecto vs. pretérito compuesto en el español de Quito y Cuenca". Comunicación presentada en el *First Symposium on Ecuadorian Spanish*. Guelph: University of Guelph.

Toapanta, J. 2016. "Assibilated [r] in Ecuador: Exploring Sociolinguistic Factors among Young Quiteños". *International Journal of Linguistics* 8 (3): 23–30.

Toapanta, J. 2017. "Sociolinguistic Perceptions of *tú*, *usted* and *vos* in the Highlands of Ecuador". *International Journal of Linguistics* 9 (4): 1–14.

Valenzuela, P. y M. Jara. 2021. "El español peruano amazónico: aportes al conocimiento de su perfil lingüístico". En *Los castellanos del Perú: historia, variación y contacto lingüístico*, eds. L. Andrade Ciudad y S. Sessarego, 206–242. London y New York: Routledge.

6

EL ESPAÑOL DEL CONO SUR

Laura Kornfeld y Gabriela Resnik

Resumen

El capítulo describe las características lingüísticas más relevantes de las variedades del español del Cono Sur, etiqueta que engloba a cuatro países: Paraguay, Chile, Uruguay y Argentina. Primero presenta algunas propiedades generales compartidas por los hablantes de la región, que permiten identificarlos ante otras variedades del español. Luego se detiene en las principales características distintivas de cada país. Por último, ofrece una secuencia de ejercicios y unas preguntas de ampliación y reflexión para aplicar e integrar el contenido previo.

Palabras clave

español del Cono Sur, variación fonológica, variación gramatical, variación léxica

Abstract

This chapter describes the most salient linguistic characteristics of the Spanish varieties of the Southern Cone, a label that encompasses four countries: Chile, Paraguay, Uruguay and Argentina. It first presents some general properties shared by the speakers of the region, which allow them to be identified in relation to other varieties of Spanish. Then, it focuses on the main distinctive features of each country. Finally, it offers a sequence of exercises, and reflection questions to apply and integrate the previous content.

Keywords

Southern Cone Spanish, phonological variation, grammatical variation, lexical variation

DOI: 10.4324/9781003474722-8

1. Introducción

El capítulo describe las características lingüísticas más relevantes de las variedades del español del Cono Sur, etiqueta que en esta obra identifica a cuatro
países: Chile, Paraguay, Uruguay y Argentina (único país que tiene fronteras
comunes con los otros tres). En primer lugar, se presentan algunas propiedades fonéticas y gramaticales generales compartidas por los hablantes de esta
región, que permiten eventualmente identificarlos ante otras variedades hispanohablantes. Luego se detiene en las principales características distintivas
del español paraguayo, el rioplatense (con menciones al resto de las variedades argentinas) y el chileno, que mantienen interrelaciones entre sí y con otras
variedades (véase los capítulos 5 y 9). Por último, introduce una secuencia
de ejercicios con ejemplos y una serie de preguntas de ampliación y reflexión
que apuntan a aplicar e integrar el contenido previo por medio de material
audiovisual, obras literarias, mapas dialectales, corpus y otros recursos. El
objetivo es ilustrar y ampliar las propiedades lingüísticas descritas, sistemati-
zar la comparación con otras variedades y reflexionar sobre la influencia de
distintos factores sociales, culturales e históricos (en particular, las lenguas
indígenas), entre otras posibilidades.

2. Características del español del Cono Sur

Al igual que en otras regiones hispanohablantes, los países del Cono Sur
muestran fenómenos fonéticos como el seseo (con la eliminación del fonema
/θ/); el yeísmo (con eliminación de la oposición entre /y/ y /ʎ/), excepto en
la región guaranítica, que abarca Paraguay y el Nordeste argentino, y en
Santiago del Estero (véase más adelante), y la frecuente aspiración (y pérdida)
de la /s/ (excepto en la región andina y Noroeste argentino).

Desde el punto de vista gramatical, en el Cono Sur, como en otras regiones
hispanoparlantes, solo se emplea *ustedes* en la segunda persona del plural.
El uso del voseo verbal y, en menor medida, pronominal, es general, con
distintas particularidades. Se registra asimismo la posibilidad de establecer
la denominada "concordancia comitativa", por la cual un sintagma preposicional encabezado por *con* dispara la concordancia plural en el verbo (*Con
María fuimos a la playa*).

En cuanto a los clíticos, el Cono Sur comparte con otros países americanos
el uso singular del pronombre dativo con reduplicación del objeto indirecto
(*Le dije a Pablo y María*) y también la aparición del plural en el pronombre
acusativo cuando hay doble pronominalización (*Les dije eso > Se los dije*).

Otra propiedad gramatical común con distintas variedades americanas y
europeas es el uso de pronombres posesivos como argumentos de adverbios
(*atrás mío*, *debajo tuyo*, por *atrás de mí*, *detrás de ti*), con mayor productivi-
dad en el caso de Uruguay, donde se encuentra incluso con verbos (*No sé lo
que piensa mío*).

El Cono Sur comparte con otras regiones americanas el empleo de -*ito* como afijo diminutivo, ampliado de adjetivos y nombres a adverbios y expresiones adverbiales (*tempranito*, *apenitas*, *hasta lueguito*) y pronombres (*alguito*). Otro morfema apreciativo de uso en otros países es el prefijo *re-* como intensificativo no solo con adjetivos y adverbios (*re lindo*, *re lejos*), sino también con nombres (*Ellas son re amigas*).

Con la excepción de las capitales Buenos Aires y Montevideo, y sus alrededores, la región comparte el uso de determinantes con nombres propios, incluso con apellidos (*la Cecilia Bolocco*, *el Santi Peña*) en todas las clases sociales.

En cuanto al léxico, por el recorrido de las corrientes colonizadoras, son usuales en toda la región palabras de origen quechua (*papa*, *choclo*, *chacra*, *cóndor*, entre muchas otras).

Las regiones de Argentina, Paraguay y Uruguay que comparten fronteras con Brasil presentan variedades no estándares de contacto con el portugués (Lipski 2011) (véase el capítulo 9).

2.1. Paraguay

Paraguay es un país con dos lenguas oficiales: el español y el guaraní. Según el último censo (2021), se habla solo guaraní en el 40 % de los hogares (particularmente en clases sociales bajas y zonas rurales), solo español en el 26,5 %, y ambas lenguas en el 30 %. Dado este bilingüismo, son muy frecuentes el cambio de código y fenómenos lingüísticos atribuibles al contacto de lenguas (véase el capítulo 9). Solo se reseñan aquí algunos fenómenos presentes en hablantes monolingües de español.

2.1.1. Pronunciación

- El patrón entonativo tiene fuerte influencia guaraní, más marcada en hablantes bilingües.
- A diferencia de la mayoría de las variedades americanas, en Paraguay se preserva el fonema /ʎ/ distinguido de /y/, cuya realización mayoritaria es el sonido africado alveolar sonoro [dʒ] (hay contraste entre *calló* [kaʎó] y *cayó* [kadʒó]), aunque presenta variantes más fricativas o más ensordecidas en distintos grupos sociales.
- Se conservan los hiatos, por lo que no se produce (como en otras regiones) ni la semiconsonantización ni la semivocalización de vocales para favorecer los diptongos como en *pasear* o *caído*.
- Suele producirse la inserción de oclusivas glotales, en general en palabras con inicio vocálico (*ha hecho* [ʔaʔečo]). En ámbitos rurales se da también en interior de palabra (*cae* [ka.ʔe]).
- Hay una frecuente nasalización de vocales en proximidad de consonantes nasales [kãmã].

- Se observa la difusión amplia de la fricativa labiodental [v] como variante de pronunciación de [b], excepto delante de /o/, /u/ y luego de /m/.
- Es frecuente la pronunciación asibilada de la vibrante múltiple en posición inicial o intervocálica (*roca* [řoka], *carro* [kařo]). Esa pronunciación aparece también con la /r /en posición final (en infinitivos, sobre todo), aunque a menudo se elide en el habla informal, incluso en posición intervocálica (*epeá*, 'esperá').

2.1.2. Gramática

- El paradigma verbal voseante corresponde a la variante monoptongada canónica (Di Tullio 2010) y muestra formas propias solo en unos pocos tiempos: el imperativo (*cantá, comé, partí*) y el presente de indicativo, que muestra acento agudo en la vocal temática (*cantás, comés, partís*).
- El único pronombre que se usa en caso nominativo es *vos*, pero puede haber tuteo esporádico con preposición (*contigo, para ti*). En el habla popular, se produce una alternancia sistemática entre las formas de respeto y de confianza, probablemente por influencia del guaraní.
- Fenómenos ligados con los pronombres clíticos son el leísmo (muy frecuente, aunque no sistemático): *En el desfile no le vi a nadie*, así como la omisión de objetos no animados: *Tengo acá el tráiler, puedo ver con ustedes* (Avellana y Estigarribia 2023; y capítulo 9).
- Hay numerosos préstamos y calcos gramaticales del guaraní, particularmente en dominios asociados a la expresión de la subjetividad: intensificación, cuantificación, aspecto, marcadores de modo y modalidad, entre otros. Así, el préstamo *ité* funciona como intensificador con adjetivos, nombres y verbos: *É triste ité* ['muy triste'], *José se curó ité* ['se curó totalmente'].
- A menudo el mismo rasgo gramatical es expresado alternativamente por un préstamo del guaraní y por un calco del español (véase el capítulo 9). De este modo, *ra'e* y la forma fosilizada *había sido* (*que*) son expresión de sorpresa súbita (o mirativa) y son intercambiables: *Había sido que/ ra'e* ['inesperadamente (para mí)'] *le mataron al ladrón*.
- También suele atribuirse a la influencia del guaraní el uso anómalo de diversas preposiciones del español, como *en* (*Fui en* ['a'] *tu casa*), *por* (*Miré por* [Ø] *el pie*) y *de* (*Se perdió de él* ['se le perdió'] *su libro*) (Dietrich 1995; Krivoshein y Corvalán 1987), mientras que *para* se asocia con un morfema aspectual (o temporal) del guaraní (*rã*), que indica futuro en el dominio nominal: *Estoy haciendo para su empresa* ['la que será su empresa'].
- Como en otras variedades de contacto, el español paraguayo suele mostrar concordancias anómalas en género (*una flor lindo*) y número (*Eso dos árbol*) (Avellana y Estigarribia 2023).

2.1.3. Léxico

El vocabulario del español paraguayo incluye numerosos préstamos del guaraní (y expresiones mixtas, que combinan bases españolas y guaraníes) en diversos campos léxicos:

- animales: *pitogüé* ('benteveo'), *ará* ('tucán'), *inambú* ('martineta'), *mborevi* ('tapir'), *tamanduá* ('oso hormiguero'), *panambí* ('mariposa'), *mbói* ('víbora').
- plantas: *ñapindá* ('planta trepadora'), *abatí* ('maíz'), *ca'á* ('yerba'), *aguaí* ('árbol, fruto'), *kumandá* ('poroto'), *guandaka* ('zapallo').
- comidas: *chipá* ('pan con queso'), *mbejú* ('tortilla'), *kivevé* ('puré dulce'), *mbaipy* ('polenta'), *vorí vorí* ('sopa'), *jukysy* ('sopa'), *payaguá mascada* ('croqueta'), *eirete* ('miel de abeja').
- nombres de personas: *abá* ('hombre'), *tujá* ('viejo'), *chesí* ('mi madre'), *membí* ('hijo'), *cambá* ('negro').
- seres sobrenaturales: *angüera* ('aparecido'), *póra* ('fantasma maligno'), *payé* ('talismán'), *payesera* ('bruja'), *aña* ('demonio'), *karaí* ('señor, demonio').
- cualidades: *tekorei* ('aburrido, haragán'), *vaí* ('feo'), *porã* ('lindo'), *argel* ('odioso, aburrido'), *savá* ('tuerto'), *caté* ('fino, culto'), *colí* ('rabón'), *vyró* y *tavy* ('tonto'), *piru* ('flaco') (Granda 1984).
- adverbios: *manté* ('solamente'), *vaí vaí* ('más o menos'), *ne raé* ('seguramente'), *de gua'ú* ('en broma').
- verbos: *sapecar* ('tostar al fuego'), *empayenar* ('embrujar, hechizar'), *piragüerear* ('espiar'), *argelar* ('aburrir(se)').
- interjecciones: *e'a, jha* (expresan asombro), *cháke* (señala peligro), *angá* (indica compasión).

2.2. Argentina y Uruguay

Se reconocen cinco grandes regiones dialectales en la Argentina (Vidal de Battini 1964). El español rioplatense, compartido con Uruguay, constituye la variedad de prestigio más difundida. La región de Cuyo manifiesta, suavizados, algunos rasgos fonéticos, gramaticales y léxicos del español chileno, principalmente en sectores populares y rurales. La región Nordeste muestra buena parte de los rasgos de Paraguay, particularmente en la población bilingüe de Corrientes, Formosa y Misiones, en población popular y rural. La región Noroeste, por su parte, comparte rasgos generales con el español andino (véase el capítulo 5), aunque solo se registra bilingüismo con la lengua quechua en zonas rurales de Santiago del Estero, que suele calificarse como "isla lingüística". Finalmente, la región Centro presenta algunos rasgos comunes con el Noroeste y otros particulares.

2.2.1. Pronunciación

- En la zona rioplatense, /y/ presenta una realización postalveolar asibilada, sorda [ʃ] o sonora [ʒ]. Esta última está en retroceso, en hablantes mayores (Bertolotti y Coll 2014; Chang 2008). En las demás regiones yeístas las realizaciones son sonoras [ʒ] o palatales [j].
- No son yeístas el Nordeste (con el mismo patrón que Paraguay), ni Santiago del Estero, que tiene otra pronunciación (*cayó* [kajó]; *calló* [kaʒo]) (Vidal de Battini 1964).
- En Santiago del Estero (y en áreas collas de Jujuy y Salta) se pronuncia la [s] tensa antes de consonante ([este]), aunque puede perderse o aspirarse a final de palabra.
- La variante asibilada de las vibrantes múltiples (*rana* [řana], *perro* [peřo]) caracteriza el Centro, Cuyo, Nordeste y Noroeste, aparentemente en retroceso, sujeta a variación social (Colantoni y Rafat 2013). En esas regiones se registran ocasionalmente realizaciones africadas de /tr/ (*tres* [t͡ʂes]), como en Chile.
- En población rural de Corrientes se usa [v] como variante de [b], como en Paraguay, y hay cierta conservación de los hiatos [vi.u.da] (Abadía de Quant 2000).
- En cuanto a la prosodia, Colantoni y Hualde (2013) destacan en el español de Buenos Aires la influencia del contacto con el italiano en oraciones declarativas (con acento posnuclear y descenso final); y en el Centro contornos nucleares distintivos (con alargamiento de la sílaba pretónica y movimiento tonal dentro de la sílaba tónica), que también se encuentra en el Noroeste.

2.2.2. Gramática

- El **voseo** del español rioplatense y del Nordeste sigue el modelo monoptongado canónico indicado para Paraguay. En el presente de subjuntivo alternan formas tuteantes y voseantes, sobre todo en órdenes negadas (*No cantes/cantés*, *No comas/comás*). En las regiones Cuyo, Centro y Noroeste se registra en las clases populares el voseo mixto (como en Chile) en el presente (indicativo *pensái(s)*, *tení(s)*; subjuntivo *pensí(s)*, *tengái(s)*), y también el diptongado puro (*pensáis*, *tenéis*; *penséis*, *tengáis*) en algunos valles del Noroeste (Di Tullio 2010). Esas formas alternan con el voseo monoptongado canónico, predominante en las clases medias y altas. En Santiago del Estero se usan formas tuteantes en el paradigma verbal, aunque el pronominal es totalmente voseante (*vos tienes*), al igual que en el resto de Argentina. A la inversa, en Uruguay se emplea el pronombre *tú* con formas verbales voseantes (*Tú tenés*) en situaciones de confianza relativa, aunque el patrón puramente voseante (*Vos tenés*) es el más extendido (Bertolotti y Coll 2014).
- Es general la duplicación del clítico acusativo con el objeto directo, casi obligatorio con nombres animados (*Hoy la vi a María*), y que también

aparece con nombres inanimados por la extensión de la *a* marcadora de caso (*Me lo compré al auto*) (Di Tullio y Zdrojewski 2006).

- En las regiones Centro, Noroeste y Cuyo se registran procliticos pronominales con formas verbales imperativas en la primera persona del plural (*Nos vayamos, Lo traigamos*).

- En las áreas urbanas de la región rioplatense, el pretérito perfecto compuesto se usa marginalmente –como opción estilística al perfecto simple– con los habituales valores deícticos o experienciales (*Nunca ha ido al cine*; *Alguna vez ha nevado en Buenos Aires*). En cambio, en el Noroeste se usa intensivamente, incluso en lugar del perfecto simple en narraciones sin relación con el presente (*Un día el zorro ha ido a la casa del gato...*).

- El prefijo *re-* con valor intensificativo en el habla juvenil rioplatense se extiende a sintagmas nominales indefinidos (*Tiene una re casa*) y a toda la oración, con valor de certeza (*Re (que) viene a las 17*) (Kornfeld y Kuguel 2013). Otros recursos apreciativos son la inversión silábica (*feca* 'café') y sufijos lúdicos como *-eli* (*careli* 'caro'), *-ongo* (*fiestonga* 'fiesta'), entre otros.

2.2.3. Léxico

- El léxico rioplatense toma palabras del quechua, del guaraní y de otras lenguas de inmigración (en particular, las variedades italianas). Son marginales los aportes de otras lenguas indígenas (como el mapudungun: *laucha* 'ratón', *gualicho* 'maleficio') o africanas (*quilombo* 'embrollo', *mandinga* 'diablo', *milonga* 'género musical').

- Provienen del quechua *mate* ('yerba'), *pucho* ('cigarrillo', 'resto'), *pampa* ('llanura'), *ojota* ('sandalia'), *cancha* ('campo') y del guaraní voces como *yacaré* ('caimán'), *ñandú* ('avestruz'), *ananá* ('piña'), *caracú* ('médula'), *tapera* ('casa abandonada'), *chamamé* ('género musical').

- Los numerosos italianismos refieren a comida (*panceta* 'tocino', *birra* 'cerveza'), partes del cuerpo (*gamba* 'pierna', *naso* 'nariz'), cualidades (*lungo* 'alto', *chicato* 'miope'), nombres de persona (*pibe* 'niño, muchacho', *mina* 'mujer', *bacán* 'rico'), entre otros. Hay también verbos (*laburar* 'trabajar', *manyar* 'comer) e interjecciones (*¡Guarda!* '¡Cuidado!', *chau* 'adiós') (Di Tullio 2014).

- Otras voces del habla coloquial rioplatense (denominada *lunfardo*) son resultado de un proceso de cambio morfológico o semántico: *boliche* ('tienda'), *changa* ('trabajo informal'), *afanar* ('robar'), *piola* ('vivo'), *chamuyar* ('charlar, mentir').

- *Che* es un vocativo informal de confianza, que en Uruguay alterna con *vo/bo*.

- Algunas formas verbales se fosilizan como interjecciones, en usos a veces compartidos con otras variedades. De este modo, *dale, meta, metele, vamos* expresan aliento, impaciencia o asentimiento, entre otros valores; *andá, mirá* (*vos*) indican incredulidad, y existen otros marcadores discursivos (*viste, vio, vea*; *digamos*; *mire, mirá*).

- Por último, aunque casi todo el léxico es común, hay una serie de contrastes entre ambos países. Por ejemplo, mientras que en Argentina se emplea *facturas*, en Uruguay se usa *bizcochos* (para referirse a 'bollos de panadería'); sucede lo mismo con *zapatillas* vs. *championes* ('calzado deportivo') o *pava* vs. *caldera* ('jarra hervidora'), entre otros.

2.3. Chile

Se han planteado cuatro zonas dialectales para Chile: Norte, Centro, Sur y Chiloé. En las áreas sureña y chilota hay contacto con el mapudungun y en la zona nortina, con el quechua (véase el capítulo 9).

2.3.1. Pronunciación

- La pérdida de /s/ final de palabra, incluso ante vocal, caracteriza todos los estratos sociales (*qué es esto* [ké e eʰto]), así como la pérdida de /d/ en participios (*cansado* [kansáo]).
- Las consonantes [k] y [x] se palatalizan ante vocales anteriores (*queso* [kjéso], *mujer* [muxjér]).
- La pronunciación que corresponde a *ch* suele hacerse postalveolar fricativa en el habla popular (*muchacho* [muʃaʃo]). Es de uso generalizado en la región norte.
- La pronunciación que corresponde a *y/ll* es generalmente la palatal fricativa sonora [j] (*rayado/ rallado* [rajado]).
- La vibrante múltiple, sobre todo en el habla popular y familiar, puede asibilarse en posición inicial o intervocálica (*rana* [řana], *perro* [peřo]).
- El grupo /tr/ se pronuncia a menudo como postalveolar africado y sordo, similar al del inglés *train* (*tres* [t͡ʃes], *otro* [ot͡ʃo]), aunque presenta distintas realizaciones (Figueroa Candia, Soto-Barba y Ñanculeo Raguileo 2010).
- Es común en el habla familiar la asimilación de la vibrante simple ante nasal (*Carlos* [Kal.lo], *carne* [kan.ne]).

2.3.2. Gramática

- La característica morfosintáctica más distintiva del español chileno atañe al sistema de tratamiento. Predomina el tuteo, más aún en el extremo norte y en Chiloé, pero es frecuente el voseo (Oroz 1966). El **voseo** verbal se usa en el trato íntimo y en situaciones de conflicto. En las relaciones de confianza media se prefiere el tuteo, a veces híbrido, combinando el pronombre *tú* con una forma verbal voseante (*Tú vivís tranquilo*).
- El paradigma verbal voseante contiene formas diptongadas, monoptongadas y mixtas (Oroz 1966; Di Tullio 2010). En el indicativo, el patrón de voseo dominante en el presente es diptongado en la primera conjugación (*cantái*), pero mixto en las demás (*comís, vivís*). Es diptongado el pretérito

imperfecto (*cantábai, comíai, vivíai*), monoptongado el perfecto simple (*cantastes, comistes, vivistes*), pero mixto el futuro (*cantarí, comerí, vivirí*). El presente de subjuntivo es mixto en la primera conjugación (*cantí*) y diptongado en las demás (*comái, vivái*). El imperativo es monoptongado (*cantá, comé, viví*).

- Como en otras regiones americanas, fuera de la lengua estándar son frecuentes los fenómenos que afectan a los clíticos, como la metátesis de la marca de plural en imperativos (*demen* por *denme*), el *le* indefinido redundante (*Se me le cayó*, Kany 1945) o la duplicación en perífrasis (*Me voy a irme*).
- Como recursos de intensificación se usa el diminutivo *-ito* en gerundios (*callandito, corriendito*) y la forma *harto* como cuantificador equivalente a *mucho* (*harta gente; Eso lo valoro harto*) o *muy* (*harto grande*).

2.3.3. Léxico

- El español chileno contiene voces de origen mapudungun referidas a animales (*pihuel* 'aguilucho', *quique* 'zorrino', *quiltro* 'perro'), árboles (*peuma, queule*) y otros (*guata* 'barriga', *pololo/a* 'novio/a', *cahuín* 'chisme, fiesta'), así como el cuantificador *un pichintún* ('un poquito'). Del quechua provienen *callampa* ('hongo'), *guagua* ('bebé') y *cocaví* ('vianda'), entre otras (Oroz 1966; Rabanales 2000; *Diccionario del Habla Chilena*).
- El término *huevón/a* (también *hueón, weón*) es originalmente un insulto, pero también se usa como vocativo informal de confianza.
- Otras expresiones típicas del habla coloquial son *gallo* ('tipo'), *copucha* ('mentira'), *cachar* ('sorprender'), *curarse* ('emborracharse'), *roto* ('pobre'), *bacán* ('excelente'), *fome* ('aburrido') y las locuciones adverbiales *al tiro* ('enseguida'), *a toda pala* ('con ganas'), *de ahí* ('entonces, después') (Naranjo Villegas 1965).
- Se usan como interjecciones que indican asentimiento los adverbios *ya* y *demás* (*–¿Vamos al cine? –Ya/ Demás*) (Garrido Sepúlveda e Insausti Muñoz 2022) y como marcadores discursivos informales *po* (*pues*) y la forma verbal fosilizada *cachai*.

3. Aplicación e integración

3.1. Comparación de acentos

A partir de los siguientes videos (https://youtu.be/tEXithjJ9F4?si=1kqlIxwjG x5igv2Y;

https://youtu.be/RcdB3DBSAng?si=3ev6Y5Mcv-9M-d_B;

https://youtu.be/ZBlLDfIbmbw?si=TN8CeN1Rcia-mX_M), observe y describa las características en la pronunciación. El objetivo es que pueda reconocer, al menos, tres rasgos de cada país.

3.2. Identificación de rasgos gramaticales

Le proponemos tres cuentos: "Xiru", de Damián Cabrera (https://www.academia.edu/32354288/Los_Chongos_de_Roa_Bastos, pp. 163–173), "Un huevón más", de Roberto Funes (https://www.elmostrador.cl/cultura/2014/12/01/un-huevon-mas-el-cuento-chileno-del-libro-por-amor-a-la-pelota/) y "El mundo ha vivido equivocado", de Roberto Fontanarrosa (https://lectu ria.org/cuentos-y-relatos/roberto-fontanarrosa-el-mundo-ha-vivido-equivoc ado/5247/). Identifique las características gramaticales y léxicas más relevantes de cada país (Paraguay, Chile y Argentina, en su variante rioplatense) que hayan sido mencionadas en este capítulo. ¿Puede reconocer y describir otros rasgos lingüísticos que no hayan sido mencionados y que no coincidan con su variedad?

Para la distinción de características gramaticales y léxicas de las diferentes regiones de Argentina, se puede recurrir a los cuentos recopilados por Berta Vidal de Battini como los siguientes (disponibles en: https://www.cerva ntesvirtual.com/obras/autor/vidal-de-battini-berta-elena-1900-7644): "La paloma, la zorra y el águila" (San Luis), "El zorro y el tigre" (Santiago del Estero), "El zorro y la perdiz" (Jujuy), "El mono y el yacaré" (Corrientes) y "El hombre corajudo y el caigo" (San Juan).

Identifique las características gramaticales más relevantes de las regiones Centro, Noroeste, Nordeste y Cuyo que hayan sido mencionadas en este capítulo, así como otros rasgos gramaticales nuevos y que no coincidan con su variedad. Los elementos léxicos sirven para complementar la información de Argentina y Uruguay presentada en el apartado 2.2.3.

3.3. Análisis del léxico específico

Indique el significado que tienen las siguientes palabras: *alfajor*, *boliche*, *canchero*, *cebar*, *engrupido*, *quincho*, *potrero*, *vichar*, *yuyo*. Consulte para ello las definiciones que ofrece el *Diccionario de la lengua española*, prestando atención a las marcas dialectales.

Tras ver el cortometraje *Mi primer 15* (https://play.cine.ar/INCAA/pro duccion/8297), identifique cuatro elementos léxicos del español rioplatense. Busque las expresiones desconocidas en diccionarios especializados (*Diccionario del español de Argentina*; *Diccionario integral del español de la Argentina*; *Nuevo Diccionario de Uruguayismos*; *Diccionario del español del Uruguay*). En su defecto, consulte el *Diccionario de americanismos*.

3.4. Revisión de mapas dialectales

El siguiente mapa (https://es.wikipedia.org/wiki/Espa%C3%B1ol_rioplatense#/media/Archivo:Dialectos_del_idioma_espa%C3%B1ol_en_Argentina.png) muestra la distribución de las cinco regiones dialectales de la Argentina (norteño, guaranítico, cuyano, central y rioplatense). ¿Qué relación existe con los países limítrofes descritos en este capítulo (y en el 9)? Reflexione también sobre los factores sociales, culturales e históricos que determinaron estas cinco regiones dialectales en la Argentina.

A partir de estos dos mapas (https://www.muturzikin.com/cartesameri que/ameriquedusud3.htm y https://www.muturzikin.com/cartesamerique/ ameriquedusud4.htm), revise la descripción de la influencia de las lenguas indígenas en las distintas variedades del español del Cono Sur que se ha presentado en el capítulo. Investigue los datos demográficos e históricos que permiten entender el panorama de las relaciones entre el español y las lenguas indígenas en la región.

3.5. Uso de corpus lingüísticos

Complete la tabla con datos obtenidos a partir de búsquedas en el *CORPES*, siguiendo el modelo (*ité*). Para ello escriba la palabra en el campo "Forma" y seleccione "Estadísticas" en el menú del campo "Resultados". Podrá observar la distribución regional. Luego cambie a la opción "Concordancias" y haga de nuevo la búsqueda para obtener ejemplos de uso (haga clic sobre el ejemplo para ver el párrafo completo).

Datos lingüísticos	Distribución	Ejemplos de uso
ité	Paraguay (88 % del uso)	*Mi nombre verdadero no me gusta ité*
cachai		
bó		
querés		
sabís		
amarrete		
milanesas		
valija		
bondi		
pilcha		

Los sustantivos destacados en los siguientes ejemplos refieren a personas o se usan como vocativos en distintas variedades del Cono Sur. Identifique la variedad particular de cada uno de ellos a partir de otros rasgos lingüísticos presentes en los ejemplos, y haga algunas búsquedas en el *CORPES*. ¿Puede reconstruir el significado de cada forma a partir de los contextos? Para ampliar el vocabulario, busque en el *CORPES* las voces *botija*, *chamigo* y *cabro chico*.

(1)   a. Acá vienen hartos **gallos** que preguntan por ti; ¡No, **gallo**, esto es increíble!
      b. El **chango**, recién bañado, estaba listo para irse al centro con los amigos; Un **changuito**, como de cinco años, que no debe haber sabido leer.
      c. Cinco y media tengo que ir a buscar a los **gurises** a la escuela.
      d. Yo venía con los otros **mitaí** de la escuela.
      e. En estos portales, también podés chatear con **pibes** y **pibas** de tu edad; Che, **pibe**. Despertá. Así que vos sos mi yerno...
      f. Nunca se supo quién era la **kuñataí**; ¿Dónde estás ahora, **kuñataí**?
      g. ¿Qué se creía el **cabro** güevón para tratarla así?; Hola **cabro**, ¿voh sabí quién soy yo?; Estai aprendiendo rápido, **cabrito**.
      h. Para no andar preocupándote de balde, **che ama**.
      i. ¡Qué **chabón** más lento! ¡Dale!; Le da el número del celular pero el **chabón** decide seguirla.
      j. Ya vengo, **chiquilines**. Voy al baño; Y en una de esas lo que tiene el esposo de la **chiquilina** es una enfermedad.

4. Preguntas de ampliación y reflexión

1. ¿Qué características generales comparte el español del Cono Sur con otras variedades de América (y qué excepciones se encuentran)?
2. ¿Cuáles son las lenguas indígenas que influyeron en las variedades del español del Cono Sur y qué razones demográficas e históricas pueden encontrarse para esa influencia?
3. ¿Cuáles son las variaciones que se encuentran en el Cono Sur en la realización de los fonemas /y/ y /ʎ/?
4. ¿Cuál es la distribución de las variantes del voseo en el español del Cono Sur y cómo se pueden vincular con otras regiones hispanohablantes?
5. ¿Qué variedades pueden combinar el voseo verbal con el pronombre *tú*? ¿Y el tuteo verbal con el pronombre *vos*?
6. ¿Qué fenómenos ligados con los pronombres clíticos se reconocen en las distintas variedades del Cono Sur?
7. ¿Cuáles son las lenguas de inmigración más relevantes en español rioplatense y en qué aspectos lingüísticos se observa su influencia?
8. ¿Por qué el español rioplatense es la variedad de prestigio para toda la Argentina y también en Paraguay?
9. ¿Por qué el mapudungun tiene mayor peso en la variedad chilena que en la argentina?
10. ¿Qué tipo de fenómenos ligados con el cambio de código (*codeswitching*) se dan en una comunidad lingüística bilingüe como la paraguaya?

Bibliografía

Abadía de Quant, I. 2000. "El español del Nordeste". En *El español de la Argentina y sus variedades regionales*, ed. M. B. Fontanella de Weinberg, 101–137. Buenos Aires: Edicial.

Academia Chilena de la Lengua. 1979. *Diccionario del Habla Chilena*. Santiago: Editorial Universitaria.

Avellana, A. y B. Estigarribia. 2023. "El español en Paraguay". En *Dialectología hispánica. The Routledge Handbook of Spanish Dialectology*, eds. F. Moreno-Fernández y R. Caravedo, 319–332. London y New York: Routledge.

Bertolotti, V. y M. Coll. 2014. *Retrato lingüístico del Uruguay*. Montevideo: Ediciones Universitarias.

Chang, C. 2008. "Variation in Palatal Production in Buenos Aires Spanish". En *Selected Proceedings of the 4th Workshop on Spanish Sociolinguistics*, eds. M. Westmoreland y J. A. Thomas, 54–63. Albany: Cascadilla Proceedings Project.

Colantoni, L. y J. I. Hualde. 2013. "Introducción: Variación fonológica en el español de la Argentina". En *Perspectivas teórico-experimentales sobre el español de la Argentina*, eds. L. Colantoni y C. Rodríguez-Louro, 21–35. Madrid y Frankfurt: Iberoamericana/Vervuert.

Colantoni, L. y Y. Rafat. 2013. En *Perspectivas teórico-experimentales sobre el español de la Argentina*, eds. L. Colantoni y C. Rodríguez-Louro, 83–98. Madrid/Frankfurt: Iberoamericana/Vervuert.

Di Tullio, Á. 2010. "El voseo argentino en tiempos del Bicentenario". *Revista de la Sociedad Argentina de Lingüística* 1-2: 47–71.

Di Tullio, Á. 2014. "El italianismo como gesto transgresor en el español rioplatense". En *De lenguas, ficciones y patria*, ed. L. Kornfeld, 103–122. Los Polvorines: Universidad Nacional de General Sarmiento.

Di Tullio, Á. y P. Zdrojewski. 2006. "Notas sobre el doblado de clíticos en el español rioplatense: asimetrías entre objetos humanos y no humanos". *Filología* 1: 13–44.

Dietrich, W. 1995. "El español del Paraguay en contacto con el guaraní: ejemplos seleccionados de nuevas grabaciones lingüísticas". En *Lenguas en contacto en Hispanoamérica: nuevos enfoques*, ed. K. Zimmermann, 203–216. Madrid y Frankfurt: Iberoamericana/Vervuert.

Figueroa Candia, M., J. Soto-Barba y M. Ñanculeo Raguileo. 2010. "Los alófonos del grupo consonántico /tr/ en el castellano de Chile". *Onomázein* 22 (2): 11–42.

Garrido Sepúlveda, C. y C. Insausti Muñoz. 2022. "Apuntes para un estudio histórico-lingüístico del español de Chile". *Revista de Lingüística Teórica y Aplicada* 60 (1): 179–218.

Granda, G. 1982. "Observaciones sobre la fonética del español en el Paraguay". *Anuario de Letras* 20: 145–194.

Granda, G. 1984. "Hacia una valoración del proceso de interferencia léxica del guaraní sobre el español paraguayo". *Cuadernos de Literatura* 3: 25–60.

Instituto Nacional de Estadística. 2021. Población de Paraguay. Asunción: INE.

Kany, C. 1945. *American-Spanish Syntax*. Chicago: University of Chicago Press.

Kornfeld, L. e I. Kuguel. 2013. "Un afijo *re* loco (Notas sobre *re*)". En *El español de Argentina: estudios gramaticales*, ed. Á. Di Tullio, 13–33. Buenos Aires: EUDEBA.

Krivoshein de Canese, N. y G. Corvalán. 1987. *El español del Paraguay: en contacto con el guaraní*. Asunción: Centro Paraguayo de Estudios Sociológicos.

Lipski, J. 2011. "Encontros lingüísticos fronteiriços". *Ideação* 13 (2): 83–100.

Naranjo Villegas, A. 1965. "Chilenismos de uso corriente". *Thesaurus* XX (3): 607–611.

Oroz, R. 1966. *La lengua castellana en Chile*. Santiago: Universidad Nacional de Chile.

Rabanales, A. 2000. "El español de Chile: presente y futuro". *Onomázein* 5: 135–141.

Vidal de Battini, B. E. 1964. *El español de la Argentina*. Buenos Aires: Consejo Nacional de Educación.

7

EL ESPAÑOL DE LOS ESTADOS UNIDOS

Rodolfo Mata y Ana Celia Zentella

Resumen

El español de los Estados Unidos (aproximadamente 42 millones de hablantes) presenta una variedad de dialectos del país de origen de los hablantes, en contacto con el inglés y con otras variedades del español. Su vitalidad se debe, sobre todo, a la inmigración de hispanohablantes –principalmente de México, Puerto Rico, El Salvador, Cuba, República Dominicana, Guatemala, Colombia y Honduras– y a los hablantes de herencia, es decir, aquellos que han crecido en hogares hispanohablantes. Las escuelas que ofrecen cursos de español, los medios de comunicación y la discriminación anti-latina también desempeñan un papel crucial en su mantenimiento o pérdida. Este capítulo explora también las características de los dialectos en contacto y la situación sociolingüística del espanglish.

Palabras clave

contacto lingüístico, migración, espanglish, vitalidad lingüística, valorización

Abstract

Spanish in the United States (approx. 42 million speakers) consists of dialects from the speakers' countries of origin in contact with English and other varieties of Spanish. The vitality of U.S. Spanish is primarily due to the immigration of Spanish speakers, mainly from Mexico, Puerto Rico, El Salvador, Cuba, the Dominican Republic, Guatemala, Colombia, and Honduras, and to heritage speakers who have grown up in Spanish-speaking households. Schools that offer Spanish courses, the media, and anti-Latino discrimination also play a crucial role in its maintenance or loss. This chapter also explores the characteristics of the dialects in contact and the sociolinguistic situation of Spanglish.

DOI: 10.4324/9781003474722-9

Keywords

language contact, migration, Spanish, language vitality, language value

1. Introducción

El español precede al inglés en el territorio estadounidense con la llegada de Ponce de León en 1513 a la Florida, y con Juan de Oñate en 1598 en la colonia de Nuevo México, pero desde mediados del siglo XIX, el inglés es la lengua mayoritaria en este país.

La inmigración de hispanohablantes y el español de los hablantes de herencia –aquellos que han nacido o crecido en un hogar donde se habla español– contribuyen a la vitalidad del español en los Estados Unidos. Además, las escuelas que ofrecen cursos de español y algunos medios de comunicación ayudan a mantenerlo, a pesar de la discriminación anti-latina.

El capítulo ofrece una primera caracterización del español en los Estados Unidos, por zonas geográficas, para después detenerse en los aspectos de la pronunciación, la gramática y el léxico más relevantes, así como en el espanglish y otras consideraciones en torno a la vitalidad y el trato del español en este país. Después se presenta una aplicación del contenido previo y, por último, una serie de preguntas de ampliación y reflexión.

2. Características del español en los Estados Unidos

El español de los Estados Unidos se caracteriza por las **variedades** que proceden de los países y las ciudades de origen de los hispanohablantes, y por el grado de **contacto lingüístico** que mantienen los hablantes con el inglés y con otras variedades del español. Según los datos del censo oficial (U.S. Census Bureau 2022), ocho grupos tienen más de un millón de habitantes.

País	Habitantes
México	37 414 772
Puerto Rico	5 905 178
El Salvador	2 480 509
Cuba	2 435 573
República Dominicana	2 396 784
Guatemala	1 878 599
Colombia	1 451 271
Honduras	1 219 212

Hay cuatro zonas dialectales principales hispanohablantes (Imagen 1). En el mapa, se omiten los estados de Alaska y Hawái, por no contar con muchos

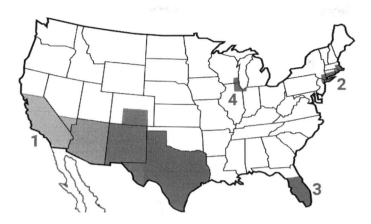

MAPA 7.1   Dialectos del español en los Estados Unidos

hispanohablantes, y el territorio de Puerto Rico por ser hispanohablante. Factores geohistóricos y migratorios determinan las cuatro zonas principales.

- Zona 1: California, Arizona, el centro-sur de Colorado, el área de Las Vegas, Nuevo México y Texas, territorio mexicano hasta mediados del siglo XIX.
- Zona 2: Las áreas metropolitanas de Nueva York y Boston; Rhode Island, Connecticut, Pensilvania y Nueva Jersey.
- Zona 3: El centro y sur de Florida, parte de la Nueva España hasta 1819.
- Zona 4: El área metropolitana de Chicago y las poblaciones en Illinois, Wisconsin e Indiana que la rodean.

La situación singular que determina al español en este país es el **contacto lingüístico** entre los diferentes dialectos de países hispanohablantes. En las zonas 1 y 4 predominan las variedades mexicanas y centroamericanas, mientras que en las zonas 2 y 3 se destacan las puertorriqueñas y dominicanas. Las cubanas y colombianas prevalecen en la zona 3, y son populares en las zonas 1 (Texas y California) y 2 (Nueva Jersey y Nueva York) (Moslimani, Bustamante y Shah 2023). En muchas áreas metropolitanas, más de tres grupos están en contacto. Es el caso, por ejemplo, de Los Ángeles (zona 1) donde 4 423 932 mexicanos están en contacto con 508 096 salvadoreños y 310 143 guatemaltecos. En la zona 2, en Nueva York (Newark, Jersey City), más de un millón de puertorriqueños y dominicanos están en contacto con 27 904 chilenos y 29 607 costarricenses. En la zona 3, en Miami (Fort Lauderdale) predominan los cubanos y puertorriqueños en contacto con 129 302 nicaragüenses (U.S. Census Bureau 2022). En todas las zonas son capaces de adaptarse a distintas pronunciaciones, especialmente cuando se casan y crían MexiRicans, Guatexicans, DominiRicans, etc. (Potowski 2016).

2.1. Pronunciación

- La "ch" africada palatal se pronuncia como fricativa /š/ (*muchacha* / mušáša/) en Nuevo México, Arizona, Texas y Colorado, sobre todo entre hablantes de clase trabajadora o de zonas rurales originarios de Chihuahua y Sonora en el norte de México (Amastae 1996). Este sonido también se escucha en algunos hablantes de Puerto Rico (Lipski 2008), Panamá (Cedergren 1973) y Chile, aunque predomina en los de origen chihuahuense y sonorense.
- La /n/ se velariza [ŋ] en coda silábica (*son* /sóŋ/, *pan* /páŋ/) en los hablantes de Quintana Roo y Yucatán (México), las costas del caribe centroamericano (Lipski 2008) y Puerto Rico, República Dominicana y Cuba (Lipski 2008; Bullock y Toribio 2014).
- La /s/ en coda silábica tiende a aspirarse [h] entre hablantes de origen caribeño o de zonas costeras del caribe de Colombia (*nosotros* /nosótroh/, *esperamos* /ehperámoh/). Cuando desaparece en algunos dominicanos (Bullock y Toribio 2014), puede causar inseguridad lingüística, ya que la omisión se estigmatiza (Zentella 2017a, 2004). En México, donde la aspiración o eliminación de la /s/ no es típica, suele relacionarse con áreas rurales o de bajo estatus socioeconómico, lo cual también causa discriminación.
- La /r/ vibrante alveolar múltiple es velar [ʀ] en algunas zonas de Puerto Rico (Lipski 2008) (*corro* /kóʀo/). En el español cubano se pronuncia con aspiración [hr] (Lipski 2008) o con preaspiración [ʰr] entre algunos hablantes dominicanos (Willis 2007) (*rápido* /hrápiðo/ o /ʀápiðo/) y entre ciertos hablantes de Costa Rica.
- La neutralización de /ɾ/ y /l/ ocurre en el español caribeño en coda silábica (*puerto* /puélto/, *saber* /sabél/). Esta pronunciación sirve como "diferenciador sociolingüístico", sobre todo en Cuba, ya que no aparece entre profesionales (Lipski 2008). En ciertas zonas de la República Dominicana se neutraliza no solo la /ɾ/ y /l/, sino también la /ɾ/ y la /l/ con la /i/ (Bullock y Toribio 2014; Willis 2007) (*la carta* /la káita/, *la capital* /la kapitái/, *cálculo* /káikulo/).

2.2. Gramática

- El empleo del enclítico *le*, como sufijo intensificador, es notable en el español mexicano (Torres Cacoullos 2002) en verbos como *órale* y *ándale*, en sustantivos como *híjole* y en expresiones coloquiales de saludo como *épale*.

- El diminutivo *-ico* (*gatico*, *ratico*, *chiquitico*) suele utilizarse más que el sufijo *-ito* en la República Dominicana, Cuba, Colombia, Venezuela y Costa Rica (Lipski 2008; Malaver y Paredes García 2020).
- La inversión de pronombres sujetos es común en el Caribe, incluyendo la costa caribeña de Colombia (Orozco 2015), especialmente en interrogaciones (*¿Qué <u>tú</u> quieres?*).
- El uso explícito de pronombres personales de sujeto (*<u>Yo</u> sé que <u>tú</u> lo viste* en vez de *Sé que lo viste*) no es común en lenguas con omisión de sujeto (o lenguas *pro-drop*) como el español (Lipski 2008; Bullock y Toribio 2014) y demuestra una posible convergencia morfosintáctica con el inglés (Silva-Corvalán 1994; Montrul 2004). Aumenta en hispanohablantes en Nueva York por el factor tiempo, esto es, cuanto más pasan en dicha ciudad, según un análisis llevado a cabo con 140 informantes de Puerto Rico, República Dominicana, Cuba, Colombia, Ecuador y México. A la vez, algunas restricciones que distinguen el uso de los pronombres personales de sujeto en el Caribe y la América continental disminuyen a través de las generaciones (Otheguy y Zentella 2011). Los inmigrantes a largo plazo, y sus hijos, emplearon pronombres de sujeto de manera distinta a la de sus compatriotas, lo que posiblemente refleja la influencia del inglés y sugiere la formación de una variedad neoyorquina del español, aunque Erker (2018) indica que desentrañar los efectos del contacto lingüístico y dialectal es probablemente imposible, especialmente en lo que respecta a la asimilación de características no estigmatizadas, como los pronombres de sujeto.
- El voseo es popular en Centroamérica. En los Estados Unidos, las personas de Guatemala, El Salvador, Honduras, Nicaragua y Costa Rica usan el voseo (*Vos sos tico*) junto con el tuteo (*Tú eres tico*) y *usted* (Lipski 2008), pero suprimen el voseo con hablantes de comunidades que solamente emplean *tú* y *usted*.

2.3. Léxico

Una de las características principales es el variado uso de **regionalismos,** como *nomás* y *ya mero* (mexicano), *guagua* y *chévere* (caribeño). Sin embargo, es interesante recordar que las características de los grupos más numerosos no siempre son las dominantes. Por ejemplo, en San Diego, a pesar de la presencia de mexicanos y la proximidad a México, un estudio ha mostrado que la mayoría de los puertorriqueños no utilizaba ni comprendía términos comunes del español mexicano (Zentella 2019).

Los **calcos semánticos** también son abundantes. Surgen al traducirse palabras del inglés al español, como en las expresiones *llamar para atrás* (*devolver la llamada*) y *dar para atrás* (*regresar*), donde se adapta *back* del inglés a *atrás* del español. En algunos casos no se genera una nueva expresión, sino que se expande el uso semántico de una ya existente, como en el caso de *librería* al ser usada como cognado de *library* para referirse a una *biblioteca*.

2.4. El espanglish

Debatido y malinterpretado desde que la palabra apareció por primera vez en Puerto Rico (Tió 1948), el **espanglish** es un estilo de hablar informal, grupal y gobernado por reglas que honran las gramáticas tanto del inglés como del español. Consiste en préstamos del inglés adaptados (*raite*) y no adaptados (*vacuum cleaner*), así como calcos (*llamar para atrás*), y cambios de código español-inglés, tanto intraoracionales (*I tend to do that all the time*, por ejemplo *like I would talk Spanglish*) como interoracionales (*Pochos are people who speak Spanish and English together* y no deben hablar así). Los niños en el barrio puertorriqueño de Nueva York respetaron las reglas gramaticales en español e inglés en el 95 % de sus 1685 cambios de código para lograr más de veinte estrategias discursivas, incluyendo el cambio de tema y rol, citas, traducción, mitigación y agravamiento de solicitudes (Zentella 1997). Y cuando un niño de 8 años dice "*We speak both*. Hablamos los dos", demuestra que el espanglish es una forma gráfica de decir "hablamos los dos porque somos los dos".

Las críticas negativas hacia el espanglish mantienen, erróneamente, que el término *espanglish* es "más comúnmente utilizado por los no latinos (o por los latinos que critican abiertamente el uso del lenguaje no estándar)" (Lipski 2008, 39). La mayoría (71 %) de 115 latinos consultados, en ambas costas, estaban a favor de la etiqueta (25 % en contra y 4 % indiferente). Incluso el 42 % de los no hablantes de espanglish (n = 31) lo apoyaban (Zentella 2021). Y quienes insisten en que debemos hablar de "el español popular en los Estados Unidos", porque la palabra *espanglish* tergiversa las habilidades al sugerir una mezcla o lenguaje híbrido (Otheguy 2009), no aprecian la inversión semántica positiva de una etiqueta negativa por parte de los hablantes que defienden su identidad particular, que los distingue del resto del mundo hispanohablante.

La Real Academia Española demostró una actitud colonial al definir el *espanglish* como una "modalidad del habla [...] en la que se mezclan, deformándolos, elementos léxicos y gramaticales del español y del inglés" (RAE 2014). Más de 400 académicos denunciamos la falta de respeto de una definición que "va en contra de *la visión policéntrica* que tanto predica la RAE, pero que reiteradamente deshonran" (Del Valle y Zentella 2014). La RAE eliminó *deformándolos* en la siguiente edición.

La insistencia en mantener fronteras estrictas entre el inglés y el español, como si los bilingües fueran dos monolingües atados por una sola lengua, ha alentado a lo que parece ser **la migra bilingüe**, críticos que atacan a los bilingües por cruzar fronteras lingüísticas como la patrulla fronteriza que persigue a los inmigrantes que intentan ingresar a los Estados Unidos. Pero la comunidad responde, inclusive poetas que expresan orgullo por el espanglish de sus comunidades. En su poesía "Lengualistic Algo", la mexicoamericana Olga Angelina García Echeverría de Los Ángeles declara:

(1)   Qué quieren conmigo los puristas, /all tongue-tied /& sitting proper /behind fat stoic dictionaries? ... /Webster y el Pequeño Larousse / no me conocen y Random House me /escupe. /No manchen! (García Echeverría 2007).

Y desde Nueva York, tenemos la perspectiva puertorriqueña de Tato Laviera en su poesía "Español" (sin acentos en el original):

(2)   ...now we – gente de sangre gorda, /continental travalenguas / enmixturadas cocinandose metiendole miedo a tu real academia... / but alas i love you Spanish /half of my lengua /part of my tongue /i'm gonna fight for you siempre /i am your humble son /que tragedia /que contra /diccion. (Laviera 2005).

2.5. Otras consideraciones

Desafortunadamente, los mismos factores que contribuyen a la vitalidad del español en los Estados Unidos promueven un **rechazo** de parte de quienes insisten en que el inglés debe ser el idioma principal del país; piensan que los hispanohablantes (y quienes hablan otros idiomas) amenazan esa prioridad. Además de promover políticas anti-inmigrantes, abogan por el inglés como único idioma oficial, y en contra de clases y escuelas bilingües (Zentella 2017b). Al insistir en la superioridad de su idioma, cultura y raza, terminan **racializando** a los demás como inferiores que deben ser controlados (Cobas et al. 2022). Esa racialización del español en los Estados Unidos –como descripción de la apariencia de una raza– pone en peligro el futuro del idioma y la vida de sus hablantes, especialmente en las segundas y terceras generaciones. Aunque el 75 % de los latinos dicen que pueden conversar en español "muy bien" o "bien", y el 85 % cree que es algo importante que las futuras generaciones lo hablen, el 24 % de los latinos adultos pueden conversar "poco" o "nada", y el 65 % de las terceras y demás generaciones no pueden mantener una conversación en español (Mora y Lopez 2023).

Los hijos de inmigrantes han presenciado el desprecio por el inglés limitado o acentuado de sus padres, y por la insistencia en SPEAK ENGLISH ONLY. Ellos mismos han sufrido críticas y burlas por mezclar el inglés con el español. Los ataques en contra de hispanohablantes, algunos violentos, han crecido por todo el país (Zentella 2016). Para evitar estos problemas y ser nombrado *pocho* o *mocho* (en comunidades mexicanas), las personas se limitan al **idioma de prestigio**. Según Mena (2022, 92), las clases de español como lengua de herencia que enfocan las ventajas económicas de ser bilingüe no hacen frente a la violencia lingüística existente, sino que la mantienen:

> Treating a stigmatized language as a raceless, neutral object of economic value will not work to destigmatize the users of that language, nor will it work against racial and linguistic hierarchies or result in a more equitable society.
>
> ('Tratar una lengua estigmatizada como un objeto de valor económico neutro y sin raza no servirá para desestigmatizar a los usuarios de esa lengua ni actuará contra las jerarquías raciales y lingüísticas ni dará lugar a una sociedad más equitativa').

Nos toca levantar la voz, especialmente en español, con los gobernantes, jefes de empleo, maestros y vecinos para asegurar que el tesoro que la lengua española y sus hablantes representan sea tratado con igualdad y respeto.

3. Aplicación e integración

Si bien el **contacto interdialectal** ocurre en otros países hispanohablantes, en los Estados Unidos el factor adicional del inglés como lengua mayoritaria genera una dinámica y única situación lingüística entre hispanohablantes.

3.1. Comparación de acentos

En el siguiente video del *Corpus del Español en Texas* (www.youtube.com/watch?v=gFfvxZjeybw) se escucha la fricativa /š/ en las palabras *ocho*, *mucho/a* y *marchar*, lo cual indica que la familia de la hablante es originaria de Chihuahua o Sonora. Nótese también la extensión semántica de *librería* para referirse a *biblioteca* y el cambio de código intraoracional (*field*, *halftime*).

En este otro video de *UrbanBeatIA* (https://www.youtube.com/channel/UCmBA_wu8xGg1OfOkfW13Q0Q), el boricua Bad Bunny elimina o aspira la /s/ y neutraliza la /r/ en codas silábicas al presentarse: *mi nombre es Benito Antonio Martínez Ocasio*. También velariza la /n/ al decir *a todos los que están aquí*.

3.2. Identificación de rasgos gramaticales y discursivos

El **espanglish intraoracional,** en donde la base de la oración es el español o el inglés, y algunas palabras o frases en el otro idioma, se usan en otra parte de la oración (4a), predomina entre aquellos bilingües que nacieron o crecieron en los Estados Unidos y que se apegan más a una identidad estadounidense (Zentella 2017a). En cambio, el espanglish interoracional, donde la lengua base cambia y se dan enunciados totalmente en español y totalmente en inglés (4b), predomina en el sur de California entre quienes más se identifican con México (Zentella 2017a).

(4)   a. ¿<u>Vos</u> vas al *farmers' market*? <u>Traéme</u> los *vegetables* para el caldo and *I'll pay you later.*
      b. <u>Yo</u> me acuerdo que antes <u>nosotros</u> íbamos a México más seguido. *I was telling my dad that it's been a while.*

En (4a) se demuestra el voseo en el sujeto explícito *vos* y en la forma imperativa de *traer,* común entre hablantes de origen centroamericano. En (4b), un hablante de herencia produce pronombres personales de sujeto explícitos (*yo* y *nosotros*).

3.3. Análisis del léxico específico

El espanglish inter- e intraoracional puede ocurrir en la misma unidad discursiva. En (5), una hablante de herencia de Texas produce ambos tipos de espanglish a nivel discursivo y léxico.

(5)   *When I die, I want my ashes to be thrown at a mosh pit.* Que estén todos aterrados con mis *ashes.*

Otro ejemplo de la influencia del inglés es el uso del **calco** *hablo para atrás* en (6), como traducción directa de *call back.*

(6)   ¿Pa'qué me hablas si me vas a bloquear cuando *hablo para atrás*?

En el nivel léxico se dan procesos lingüísticos como el uso de **vocablos en inglés** (*ashes,* o *stickers* en 7), calcos como *hablar para atrás* y **préstamos léxicos** en los que una palabra en inglés se adapta morfológicamente al español (*trashear*).

(7) Que te ayude a pegar *stickers* en zonas altas para que no los puedan trashear fácilmente.

3.4. Algunos corpus lingüísticos de variedades del español en los Estados Unidos

En la actualidad existen numerosos corpus disponibles en línea para el estudio y el conocimiento del español en los Estados Unidos. En la siguiente lista se ofrece la dirección de algunos de ellos.

*   *Corpus del español en Texas*. Universidad de Texas en Austin: https://corpus.spanishintexas.org
*   CESA: *Corpus del español en el sur de Arizona*. Universidad de Arizona: https://cesa.arizona.edu
*   CORPEEU: *Corpus del español en los Estados Unidos*. Instituto Cervantes y Universidad de Harvard: https://corpeeu.org
*   *El Corpus del Español*. National Endowment for the Humanities: https://www.corpusdelespanol.org
*   BILinMID: *Corpus Bilinguals in the Midwest*: https://ihurta3.shinyapps.io/bilinmid-corpus
*   CoBiVa: *Corpus bilingüe del valle del Río Grande*. Universidad de Texas del Valle del Río Grande: https://www.utrgv.edu/cobiva
*   *Corpus español-inglés de Miami*. ESRC UK Centro de investigación sobre el bilingüismo: http://bangortalk.org.uk
*   *Corpus del español en Nueva York*. Con permiso de Daniel Erker: danerker@bu.edu

4. Preguntas de ampliación y reflexión

1. Agregue al mapa de las zonas dialectales (Imagen 1) las ciudades o zonas metropolitanas con el mayor número de hispanohablantes según este capítulo.
2. ¿Cuáles son algunos ejemplos de pronunciación característicos de los hispanohablantes de origen caribeño?
3. ¿Cuáles son algunos ejemplos del léxico característicos de los hispanohablantes de origen mexicano, puertorriqueño, cubano y salvadoreño?
4. ¿Cuál es un aspecto gramatical característico de los hispanohablantes de origen centroamericano y cuál sería un ejemplo?
5. ¿Qué sugiere el uso de pronombres personales de sujeto en el español estadounidense en términos de contacto lingüístico?

6. ¿Cuál es el nombre que se le da al siguiente tipo de expresiones: *correr para presidente*; *no hace sentido*? ¿A qué se debe su uso y quiénes las usarían?

7. ¿En qué aspectos demuestran influencia del inglés cada una de las siguientes expresiones?
   Me voy al trabajo en el bas de las 6 todos los días; Le dieron un tique por parquearse mal; Apliqué para ese trabajo y me gostearon.

8. ¿Cuál es un dato que contradice la afirmación de que el espanglish deforma (¿según qué organización?) tanto el inglés como el español?

9. ¿Cuáles son algunos de los factores más importantes que impactan el futuro del español en los Estados Unidos?

10. ¿Por qué algunas personas utilizan la *u* universal (*latinus*) en vez de los marcadores de género tradicionales *o/a* (*latino*, *latina*) y de la *x* (*latinxs*)?

Bibliografía

Amastae, J. 1996. "Variación y cambio en el español de Ciudad Juárez". En *Tercer Encuentro de Lingüística en el Noroeste*, eds. Z. Estrada Fernández, M. Figueroa Esteva y G. López Cruz, 237–252. Hermosillo: Universidad de Sonora.

Bullock, B. E. y A. J. Toribio. 2014. "Dominican Spanish". En *Languages and Dialects in the US*, eds. M. Di Paolo y A. K. Spears, 151–162. London y New York: Routledge.

Cedergren, H. C. 1973. "The Interplay of Social and Linguistic Factors in Panama". PhD. diss., Cornell University.

Cobas, J. A., B. Urciuoli, J. Feagin y D. J. Delgado, eds. 2022. *The Spanish Language in the United States*. London y New York: Routledge.

Del Valle, J., y A. C. Zentella. 2014. "Lengua y política: el espanglish y las deformaciones de la RAE". *Revista Cronopio* 55 (27 de octubre).

Erker, D. 2018. "Spanish Dialectal Contact in the United States". *The Routledge Handbook of Spanish as a Heritage Language*, ed. K. Potowski, 269–283. London y New York: Routledge.

García Echeverría, O. A. 2007. "Lengualistic Algo: Spoken-Broken Word". *Telling Tongues. A Latin@ Anthology on Language Experience*, eds. L. G. Mendoza y N. Herrera, 22–24. Ventura, CA: La Calaca Press.

Laviera, T. 2005. "Español". *Afro-Hispanic Review* 24 (2): 203–205.

Lipski, J. M. 2008. *Varieties of Spanish in the United States*. Washington: Georgetown University Press.

Malaver, I. y F. Paredes García. 2020. "Convergences and Divergences in the Use of the Diminutive in Medellin, Caracas and Madrid". *Spanish in Context* 17 (2): 317–340.

Mena, M. 2022. "The language-elsewhere: A friendlier linguistic terrorism". En *The Spanish Language in the United States*, eds. J. A. Cobas, B. Urciuoli, J. Feagin y D. J. Delgado, 80–95. London y New York: Routledge.

Montrul, S. 2004. "Subject and Object Expression in Spanish Heritage Speakers. A Case of Morpho-Syntactic Convergence". *Bilingualism: Language and Cognition* 7: 125–142.

Mora, L. y M. H. Lopez. 2023. *Latinos' Views of and Experiences with the Spanish Language*. Washington: Pew Research Center.

Moslimani, M., L. N. Bustamante y S. Shah. 2023. *Facts on Hispanics of Cuban Origin in the United States, 2021*. Washington: Pew Research Center.

Orozco, R. 2015. "Pronominal Variation in Colombian Costeño Spanish". En *Subject Pronoun Expression in Spanish: A Cross-Dialectal Perspective*, eds. R. Orozco, A. M. Carvalho y N. L. Shin, 17–38). Washington: Georgetown University Press.

Otheguy, R. 2009. "El llamado espanglish". En *Enciclopedia del español en los Estados Unidos*, ed. J. M. Martínez, 222–243). Madrid: Instituto Cervantes y Santillana.

Otheguy, R. y A. C. Zentella. 2011. *Spanish in New York: Language Contact, Dialectal Leveling, and Structural Continuity*. Oxford: Oxford University Press.

Potowski, K. 2016. *IntraLatino Language and Identity: MexiRican Spanish*. Amsterdam: John Benjamins.

Real Academia Española. 2014. "Espanglish". *Diccionario de la lengua española. Edición del Tricentenario*. Madrid: RAE.

Silva-Corvalán, C. 1994. *Language Contact and Change: Spanish in Los Angeles*. Oxford: Oxford University Press.

Tió, S. 1948. "Teoría del espanglish". *Diario de Puerto Rico 5* (28 de octubre).

Torres Cacoullos, R. 2002. "*Le*: From Pronoun to Verbal Intensifier". *Linguistics* 40 (2): 285–318.

U.S. Census Bureau. 2022. *Hispanic or Latino Origin by Specific Origin* (Table B03001). American Community Survey. https://data.census.gov.

Willis, E. W. 2007. "An Acoustic Study of the 'Pre-Aspirated Trill' in Narrative Cibaeño Dominican Spanish". *Journal of the International Phonetic Association* 37 (1): 33–49.

Zentella, A. C. 1997. *Growing Up Bilingual: Puerto Rican Children in New York*. Oxford: Blackwell.

Zentella, A. C. 2004. "Spanish in the Northeast". En *Language in the USA: Themes for the Twenty-First Century*, eds. E. Finegan y J. R. Rickford, 182–204. Cambridge: Cambridge University Press.

Zentella, A. C. 2016. "Language Politics Versus el Habla del Pueblo". En *Spanish-English Codeswitching in the Caribbean and the US: Issues in Hispanic and Lusophone Linguistics*, eds. R. E. Guzzardo Tamargo, C. M. Mazak y M. C. Parafita Couto, 11–35. Amsterdam: John Benjamins.

Zentella, A. C. 2017a. "*Dime con quién hablas, y te diré quién eres*: Linguistic (In)Security and Latina/o Unity". En *A Companion to Latina/o Studies*, eds. J. Flores y R. Rosaldo, 25–38. Oxford: Wiley-Blackwell.

Zentella, A. C. 2017b. "*Limpia, fija y da esplendor*: Challenging the Symbolic Violence of the Royal Spanish Academy". *Chiricù Journal: Latina/o Literature, Art, and Culture* 1 (2): 21–42.

Zentella, A. C. 2019. "*Aquí no se cogen las guaguas*: Language and Puerto Rican Identity in San Diego". En *Dialects from Tropical Islands: Caribbean Spanish in the United States*, eds. W. Valentín-Márquez y M. González-Rivera, 184–200. London y New York: Routledge.

Zentella, A. C. 2021. "Linguistic Intolerance: The (e)Spanglish Debates". *Càtedra UNESCO de Diversitat Lingüística i Cultural*. https://catedra-unesco.espais.iec.cat

8

EL ESPAÑOL EN OTROS PAÍSES

Isabel Molina Martos

Resumen

En este capítulo se caracterizan tres variedades: el español de Guinea Ecuatorial, una variedad de contacto con lenguas africanas que ostenta estatus oficial; el judeoespañol, una variedad expandida más allá de las fronteras peninsulares como consecuencia de la diáspora de la comunidad sefardí; y el chabacano, un criollo de base hispánica surgido como lengua vernacular en Filipinas. Para cada una se ofrece una introducción y una caracterización lingüística (pronunciación, gramática y léxico). La parte descriptiva se complementa con un apartado de aplicación e integración de contenidos y unas preguntas de reflexión.

Palabras clave

español ecuatoguineano, judeoespañol, chabacano, variación

Abstract

This chapter characterizes three varieties: the Spanish of Equatorial Guinea, a variety of contact with African languages which is an official language; Judeo-Spanish, a variety that spread beyond the borders of the Iberian Peninsula as a result of the diaspora of the Sephardic community; and Chabacano, a Hispanic-based creole that emerged as a vernacular language in the Philippines. For each of these varieties, an introduction and a synthetic linguistic characterization is given (pronunciation, grammar and lexicon). The descriptive part is complemented by a section on the application and integration of content and questions for reflection.

Keywords

Spanish in Equatorial Guinea, Judeo-Spanish, Chabacano, variation

DOI: 10.4324/9781003474722-10

1. Introducción

Este capítulo presenta algunos de los desarrollos que ha experimentado el español en su proyección en otros países. En él se describen dos variedades dialectales del español: el español ecuatoguineano y el judeoespañol, además de un tercer sistema lingüístico independiente, configurado sobre una base hispánica: el chabacano. Con esta selección, se ilustra la presencia del español más allá de España y América, desde una perspectiva lingüística y social. No se incluyen, pues, los criollos de base lexificadora española (el papaiamento, el palenquero, el chamorro, el habla afroyungueña boliviana) ni el español saharaui.

La descripción se completa con una sección para aplicar e integrar los contenidos y con unas preguntas de ampliación y reflexión, cuyo propósito es implicar más activamente al lector.

2. Características del español en otros países

2.1. Filipinas

Para el estudio de las variedades del español en Filipinas distinguimos, por una parte, la situación del español, que fue lengua de la colonia, y por otra la del **chabacano,** una lengua vernácula de contacto que goza de cierta vitalidad.

El español fue una lengua superpuesta en Filipinas durante más de tres siglos, pero no logró imponerse como vehículo habitual de comunicación y nunca tuvo como hablantes nativos más que a una reducida elite social. A finales del siglo XX, había dejado de ser lengua cooficial en Filipinas y se había interrumpido la transmisión intergeneracional (Lipski 2001). Desde hace varias décadas, el español es allí una "lengua vestigial", abocada a su completa extinción (Lipski 1987). La investigación lingüística ha dejado múltiples descripciones del español de Filipinas (Lipski 1987; Louapre 1989; Quilis 1992; Munteanu 2006; Quilis y Casado-Fresnillo 2008; Fernández 2023) que, si bien hoy no puede estudiarse como un dialecto vivo, sigue teniendo interés por su influencia sobre las lenguas autóctonas, y cuenta con la Academia Filipina de la Lengua Española (1924).

En este capítulo presentamos una breve descripción del chabacano, sistema lingüístico independiente del español que, sin ser una variedad dialectal de este (Lipski 2023), es el más importante testimonio de su presencia histórica en Filipinas. El chabacano reviste un interés especial por ser el único criollo de base española de Asia, surgido del contacto con las lenguas autóctonas.

Tradicionalmente, se han considerado parte del diasistema chabacano seis variedades: ternateño, caviteño, ermitaño, zamboangueño, davaveño y cotabato, aunque no está claro que todas ellas tengan un origen común. Whinnom (1956) situaba el nacimiento del chabacano en Ternate (islas

Molucas), a mediados del siglo XVII, donde se asentó un destacamento de militares hispanohablantes que se comunicaban con la población autóctona mediante un pidgin malayo-portugués con elementos del español. Derivados de este, se desarrollaron el caviteño y el ermitaño en la Bahía de Manila, y también otra variedad surgida a mediados del XVIII en Zamboanga, al oeste de Mindanao. Otros autores (Frake 1971) han argumentado, en cambio, que el zamboangueño y sus derivados –davaveño y cotabato– tienen un origen independiente de aquellas primeras variedades.

Actualmente, se consideran tres variedades principales: al norte, en la Bahía de Manila, el chabacano de Cavite y el de Ternate; al sur, en la isla de Mindanao, el chabacano de Zamboanga, Cotabato y, hasta hace poco, Davao (Lipski 2023). Según Quilis y Casado-Fresnillo (2008), se calcula que en Cavite lo hablan unas 38 000 personas, en Ternate 7000; en Cotabato 22 000, y en Zamboanga unas 340 000, es decir, el chabacano cuenta con unos 400 000 hablantes (Fernández 2001; Moreno y Otero 2006).

De estas variedades, el zamboangueño es la única que ha resistido al desplazamiento lingüístico y se mantiene con vitalidad. Aunque no tiene estatus oficial, en la práctica es una lengua apta para casi cualquier situación, incluida la radio y la televisión locales. El resto de los dialectos hispanocriollos ha corrido peor suerte: el ermitaño se considera desaparecido, el ternateño y el caviteño se califican como "dialectos moribundos" desplazados por el tagalo; por último, los idiomas bisayos, especialmente el cebuano, han sustituido a los dialectos de Davao y Cotabato (Lipski 2023).

A continuación, se presenta su caracterización (Quilis 1992; Quilis y Casado-Fresnillo 2008; Lipski 2023; Fernández 2023).

2.1.1. Pronunciación

- Los *fonemas* fricativos son tres, /s, ȷ̈, h/, con seseo generalizado y [s] predorsoalveolar. Ante /i/ semiconsonante, la sibilante puede palatalizarse (*sielos* [ʃjélos] 'cielos'). La velar sorda /x/ peninsular es aspirada faríngea /h/ ([hugá] 'jugar') y no existe /f/ (*plores* 'flores'). El fonema palatal /ȷ̈/ tiende a relajarse en una [j] abierta ([ajudá] 'ayudar') o se pierde en posición intervocálica.
- Las consonantes /b, d, g/ se realizan como oclusivas sonoras, y no como aproximantes entre vocales. La dental /d/ puede desaparecer en final de palabra (*usté*) y en la terminación *-ado* (*arau* 'arado').
- La nasal velar /ŋ/, propia del morfema de plural *ng*, se asimila a la alveolar /n/.
- La consonante africada /tʃ/ se realiza [ts], como en los hispanismos de Filipinas ([pétso] 'pecho').

- Las dos *vibrantes* /r/ y /ɾ/ se neutralizan en [ɾ], que en coda silábica tiende a lateralizarse (*vilgen* 'virgen'; *calpintero* 'carpintero') y en final de palabra se pierde o se realiza como ataque vocálico [ʔ].
- El ataque vocálico, propio de las lenguas de Filipinas, puede aparecer en inicial de palabra ([ʔolas] 'olas'), en interior, para reforzar el límite silábico en una secuencia vocálica ([lagrimeʔá] 'lagrimear') y en posición final ([seɲóʔ] 'señor').

2.1.2. Gramática

- Orden de palabras: Verbo – Sujeto – Objeto.
- Solo se emplea el género masculino (*aquel buen muher* 'aquella buena mujer'; *un puerta*). Para la expresión del femenino se añade el sustantivo *mujer* (*el pianista mujer*; *el caballo mujer* 'yegua'), y para el masculino *hombre* (*el comadrona hombre* 'el comadrón').
- El plural de los sintagmas nominales se marca con la partícula *mga* (variantes *mana* y *maga*): *el mga mujer* ('las mujeres'). En combinación con un numeral, significa cantidad aproximada (*mga 500 personas* 'unas 500 personas').
- El verbo solo tiene *voz activa*, cuatro *modos* (infinitivo, participio, gerundio e indicativo) y tres *tiempos* (presente, pasado y futuro).
- Para marcar tiempo, modo y aspecto, el infinitivo se combina con partículas. El presente/progresivo/ habitual se marca con *ta* (*Ta andá yo na pueblo* 'Voy al pueblo'); la expresión del pasado/perfectivo con *ya* (*ya escribi*); y para el futuro, las partículas *ay*, *de* y *di* (*de escribi* 'escribiré'; *ay andá* 'iré').
- Ausencia de verbo copulativo con sustantivos o adjetivos de predicado (*Amigo yo di Juan* 'Yo [soy] amigo de Juan'; *Fuerte el ulan* 'La lluvia [es] fuerte').
- La negación se expresa mediante partículas *jendeh*, *nuay*, *nunca* y *no* (*Nuay si Juan* 'Juan no está'; *No sabe ninguno* 'No conoce a nadie').
- Las oraciones interrogativas absolutas se indican mediante la partícula *ba* (*Sabe ba tu chabacano?* '¿Sabes chabacano?').
- El sistema pronominal presenta diferencias entre las variedades del chabacano. Los pronombres personales son *yo*, *bo(s)* o *usted*, *ele* y sus plurales *nisós*, *busós/ustedes*, *ilós* en Cavite; *mihotro*, *buhotro*, *ustedes*, *lohotro* en Ternate; *kamé* (nosotros exclusivo), *kitá* (nosotros inclusivo), *kamó/ustedes*, *silá* en Zamboanga.
- Las partículas *con/cun* marcan el OD de persona y el OI de cosa (*Ya mirá yo cun José* 'yo vi a José'; *Ta mirá yo contigo* 'yo te veo'). *Con* también se usa en las comparativas (*El ley de América otro con el ley de Filipinas* 'las leyes de América son diferentes de las Filipinas').

- La preposición *na* sustituye a *en* y *a* (*Quilaya ta hablá este na chabacano?* '¿Cómo se dice esto en chabacano?').
- La partícula *cuan* tiene valor indefinido (*Se me perdió el cuan* 'Se me perdió un libro'), y *mas que* también muestra indefinición (*mas que quien* 'cualquier persona').
- *Cosa* sustituye a los interrogativos *qué* y *cuál* (*Cosa usté quiere?* '¿Qué quiere usted?').
- Deícticos *taquí* y *tallá* (*Taquí si Juan* 'Juan está aquí').

2.1.3. Léxico

- El chabacano se compone en un 92 % de palabras del español, mientras que las autóctonas no llegan al 3 % (Quilis 1992). Las partículas y morfemas autóctonos son algo más frecuentes (6 %). Estas cifras pueden estar cambiando en la variedad zamboangueña, por la creciente influencia de las lenguas filipinas, especialmente del tagalo (Lipski 2023).
- El fondo léxico hispánico incluye americanismos (*achuete* 'condimento', *chongo* 'mono', *papaya*, *tabako*, *guachinango* 'zalamero'), arcaísmos (*agora*, *ansina*, *altor* 'altura', *bianda* 'comida'), regionalismos (*candela* 'vela', *lambida* 'lamida', *parao* 'de pie', *pebre* 'pimienta'), marinerismos (*amarro* 'hilo, cuerda', *avante* 'adelante', *barcada* 'camarada', *rede* 'red', *angkla* 'ancla').
- Los anglicismos no son muy numerosos: *abocado* ('aguacate'), *líder*, *notbuk* ('cuaderno de notas'), *party*.

2.2. Guinea Ecuatorial

El español se ha configurado en Guinea Ecuatorial como lengua superpuesta en un contexto de multilingüismo caracterizado por procesos de transferencia lingüística, alternancia de códigos y mezcla de lenguas. El **español ecuatoguineano** no ha evolucionado como un dialecto acriollado, tal vez porque nunca llegó a ser lengua nativa (AEGLE 2023). En cambio, cumple las funciones propias de una variedad alta en un marco de poliglosia. Guinea Ecuatorial es, en este sentido, una excepción en el contexto africano, pues es el único país del continente donde el español tiene estatus oficial.

La presencia española se remonta al siglo XVII, pero no es hasta 1777 cuando España toma posesión del actual territorio ecuatoguineano. Entre finales del XVIII y principios del XIX, las administraciones británica y española se alternaron la soberanía de Fernando Poo (actual Bioko). Durante este periodo comienza a utilizarse un pidgin de base inglesa conocido popularmente como pichi, que se ha mantenido con vitalidad hasta la actualidad. En 1884, la Conferencia Europea sobre África asignaba a España el control sobre Fernando Poo, Annobón y la región de Río Muni, declarándolos

Territorios Españoles del Golfo de Guinea. El país inicia un proceso de auto-determinación en 1963, que culmina con la independencia en 1968. Tras la independencia, se ha seguido practicando una política lingüística exoglósica, con el español como lengua para las funciones públicas (educación, administración y medios de comunicación) y las lenguas autóctonas para el ámbito privado.

En Guinea Ecuatorial se hablan siete lenguas africanas vernáculas de la familia bantú (fang, bubi, ndowe, bujeba, benga, balenque y baseke) y otras dos de formación mixta (la fá d'Ambô o anobonés y el pichinglis o pichi). Las lenguas autóctonas se transmiten oralmente y, salvo excepciones, solo se emplean para la comunicación intraétnica, en el ámbito familiar y para la vida cotidiana.

A diferencia de lo que sucede en la mayor parte del África subsahariana en relación a sus lenguas coloniales, el español es conocido por casi todos los ecuatoguineanos (Lipski 2007). Se calcula que más del 85 % de la población lo maneja con distintos niveles de competencia. En Bioko y las áreas urbanas de Río Muni, el porcentaje de hablantes de español puede llegar hasta el 90 %. En el ámbito familiar, se usa en alternancia con las lenguas vernáculas, lo que ha favorecido el *codeswitching* y la transferencia interlingüística.

En suma, el español ecuatoguineano es una variedad lingüística claramente diferenciada, gestada en un entorno excepcional al ser la única variedad hispanohablante configurada por contacto con lenguas africanas de la familia bantú. El creciente interés ha transformado los antiguos prejuicios que lo consideraban un español no nativo mal aprendido. Hoy día se estudia como dialecto emergente con rasgos propios que deben ser descritos y considerados al mismo nivel que las demás variedades del español (Lipski 2007; Schlumpf 2016). Este reconocimiento fue confirmado con la creación de la Academia Ecuatoguineana de la Lengua Española en 2013.

A continuación, se resumen sus principales características (Quilis 1996; Lipski 2007; Moreno 2009; AEGLE 2023).

2.2.1. Pronunciación

- Inestabilidad de las vocales átonas (*cumplementar*, *macánico*).
- Aféresis (*migos* 'amigos'; *hora* 'ahora').
- Diptongación y monoptongación analógicas (*riegar*, *sueñar*).
- Epéntesis antihiática (*riyos* 'ríos').
- Pronunciación oclusiva/tensa de las sonoras /b, d, g/.
- Tendencia a la conservación de las consonantes en final de palabra, salvo la /d/, que puede perderse.
- Yeísmo con tendencia al debilitamiento y elisión de /ʝ/ en contacto con las vocales palatales /e, i/ (*gaína* 'gallina'; *cuchío* 'cuchillo'; *tortía* 'tortilla').
- Articulación alveolar plana de la /s/.

- El seseo alterna con la distinción de /s/ y /θ/.
- Tendencia a la elisión de /n/ en interior de palabra (*sietemesío* 'sieteme-sino') y a la palatalización en contacto con /e, i/ (*ñiebla*).
- Neutralización de las róticas /r/ y /ɾ/ a favor de /ɾ/. En coda puede elidirse (*cobata* 'corbata').
- Influencia de los sistemas tonales de las lenguas africanas.

2.2.2. Gramática

- Las formas pronominales de tratamiento *usted* y *ustedes* se conjugan como las de segunda persona (*usted tienes*), pudiendo alternar en un mismo discurso *ustedes* y *vosotros*.
- El reflexivo puede omitirse (*vengo a bañar*) o reduplicarse (*la gente se van marchándose*).
- En algunas construcciones los pronombres tónicos se sustituyen por átonos (*me abusó* 'abusó de mí').
- Inestabilidad en la concordancia entre el sujeto y el verbo (*Yo soy de Bata y vive allí*).
- Inestabilidad de la concordancia entre sustantivo y adjetivo (*mucho bebida*).
- Los verbos de movimiento rigen preposición *en* (*Voy en mi casa*).

2.2.3. Léxico

- Cubanismos: en el siglo XIX se intentó poblar Malabo con población cubana, que dejó su impronta: *aguacate, andadera, bañadera, borra-chero, chapear, comején, enojarse, awawa* (de *guagua*), *guayaba, manejar el carro, pelucarse, rancho*. La influencia cubana se vio renovada con la presencia de cooperantes sanitarios entre 1970 y 2018, que dejaron en el lenguaje coloquial algunos términos y expresiones: *muchachita; ven acá; guapear; hago lo que me pega en gana; bandidería del carajo; ¿qué cojones te pasa a ti?; comemierda; arroz congrí; frijoles negros*.
- Arcaísmos del español: *castizar, apear, ¿cuál es tu gracia?, engrandecer, mande, doncella*.
- Guineanismos hispánicos: *castizar* ('hablar bien el español'), *aperturar, hermanito* ('miembro de la misma tribu'), *lloro* ('deseo'), *cayuquero*.
- Anglicismos incorporados a través del pidgin: *motoboy* ('asistente del conductor'), *bif* ('filete'), *masa* ('amo'), *misis* ('señorita'), *pepe sup* ('sopa picante de pescado'), *picar* ('recolectar').
- Filipinismos: *abacá* ('fibra textil'), *nipa* ('hoja de palmera'), *pantalán* ('muelle donde atracan los barcos').
- Transferencias léxicas de las lenguas vernáculas fang y bubi, relativas a realidades autóctonas como árboles y frutos (*okume; calabó*), etnias y

lenguas (*bujeba*; *benga*) y fauna (*bilolá* 'tipo de caracol'; *mamba* 'tipo de serpiente').

* Voces híbridas, mezcla del portugués arcaico con lenguas vernáculas africanas del golfo: *jazamentu* ('casamiento, matrimonio'), *padjía* ('padrino'), *guêêza* ('iglesia'), *o'nfenu* ('infierno'), *anzu* ('ángel'), *maasä* ('maldición, maldad').

2.3. El judeoespañol

El **judeoespañol** es la variedad del castellano de los judíos sefardíes expulsados de la península ibérica a finales del siglo XV, conocida también como *judezmo*, *djidió*, *djudío*, *espanyol*, *espaniolit*, *sefaradí* o *ladino*, este último habitualmente reservado a la lengua de los textos bíblicos y litúrgicos.

El *judeoespañol* no se configuró históricamente como un sistema homogéneo (Minervini 2006): a finales de la Edad Media ya estaban configuradas las lenguas romances peninsulares (castellano, leonés, aragonés, navarro, catalán, gallego, portugués) y la competencia lingüística de los sefardíes, como la del resto de la población, no era homogénea, sino dependiente de su lugar de origen. A las diferencias del romance hay que añadir la influencia del hebreo y del árabe y, ya en la diáspora, el contacto con las lenguas de los lugares donde se establecieron. Por último, los sefardíes no contaron con una norma de referencia que unificara su lengua, todo lo cual ha llevado a definir el judeoespañol como un diasistema autónomo compuesto por un continuo de sistemas (Quintana 2023).

La expulsión de los judíos sefardíes de las coronas de Castilla y Aragón comienza en 1492 y culmina cuando son obligados a abandonar los reinos vecinos de Portugal (1496) y Navarra (1498). Se inicia así la diáspora, que los llevaría a los Países Bajos, Francia, Italia, el norte de África y a las regiones orientales del antiguo Imperio Otomano: Constantinopla, Esmirna, Salónica, Bucarest, Sofía, Sarajevo y otras ciudades de Bosnia, Serbia, Macedonia, Grecia y Rodas (Penny 2004; Lleal 2005).

En esta gran dispersión lingüística, los especialistas han distinguido dos grandes variedades dialectales: la occidental y la oriental. Ambas experimentaron contactos lingüísticos con otras lenguas y una diferente relación con su lugar de origen.

El **judeoespañol occidental**, característico del norte de África, la *haquitía* (o *jaquetía*), sostuvo el contacto con las variedades meridionales del castellano a lo largo de los siglos. Los judíos de Fez, Alcazarquivir, Arcila, Larache, Tánger, Xauen o Tetuán, procedentes del sur de la península ibérica, la Meseta y Portugal (Lleal 2005), mantuvieron una notable influencia sobre la región hasta el siglo XX.

Por el contrario, el **judeoespañol oriental**, formado en los territorios del antiguo Imperio Otomano, enseguida perdió la referencia del castellano de origen. El diasistema oriental se caracteriza como una "variedad de contacto" marcada por la hebraización, la otomanización y la balcanización, al margen de la influencia del estándar español (Quintana 2023). En las primeras etapas evoluciona hacia una modalidad nivelada sobre una base de castellano meridional con elementos leoneses y aragoneses, pero ya desde el siglo XVII se pierde la relación con la tradición literaria hispánica para evolucionar en una dirección divergente de las otras variedades del español. El judeoespañol oriental se desarrolló en torno a dos variedades coinéticas, la de Salónica y la de Estambul, cada una de las cuales ejerció una significativa influencia en su entorno regional (Quintana 2006).

En la región oriental, el judeoespañol comenzó su decadencia a finales del siglo XIX, con la desintegración del imperio turco y el advenimiento de los movimientos nacionalistas en los Balcanes. Las comunidades sefardíes inician un nuevo éxodo a países como Estados Unidos, Argentina y Palestina, intensificado tras el genocidio de la segunda Guerra Mundial. En la América hispanohablante, el judeoespañol se ha diluido en el español americano; en Estados Unidos, las generaciones jóvenes lo han abandonado por el inglés y otro tanto ha sucedido en Israel, a favor del hebreo. En los pocos lugares donde queda población judeoespañola, el dialecto ya solo se usa en las fiestas familiares, en forma de *complas*, *canticas* y *consejas* (Quintana 2006).

También en el norte de África, desde el siglo XIX los sefardíes experimentan la rehispanización, un proceso que lingüísticamente se traduce en la convergencia de la haquitía con el castellano peninsular y que culmina con la eliminación de las diferencias dialectales. Las migraciones del siglo XX consolidaron la desintegración de las comunidades tradicionales y, con ello, el abandono y la pérdida de la lengua tradicional.

En la actualidad, no hay ningún país donde el judeoespañol tenga estatus oficial, ni comunidades que cuenten con hablantes monolingües o en la que todos sus miembros sean competentes en esta lengua. La dispersión de las comunidades tradicionales y la ausencia de lazos entre sus antiguos miembros la han convertido en una lengua moribunda, para la que se calculan entre 50 y 100 000 sefardíes dispersos por el mundo que la conocen en alguna medida (Quintana 2023).

A continuación, se presenta su caracterización (Penny 2004; Lleal 2005; Minervini 2006; Quintana 2023).

2.3.1. *Pronunciación*

- Son arcaizantes la correlación de sonoridad /s/: /z/, el tratamiento de la F- inicial, conservada, aspirada o perdida (*ormiga*; *fechizo*; *firir*), el mantenimiento de la oposición /b/ bilabial y /v/ labiodental (*vyolado* 'violeta'), y la conservación de la /b/ en final de sílaba (*çibdad*; *vibda*).

- Son innovadores el seseo, el yeísmo, la neutralización de las vibrantes múltiple /r/ y simple /ɾ/, el tratamiento de la nasal palatal [ɲ] como [nj] (*espaniol*), el refuerzo del diptongo /ue/ en posición inicial o precedido de consonante ([lwéɣo] > [el-ɣwéɣo]), la tendencia a la metátesis de grupos consonánticos (/ɾd/ > /dɾ/: *vedri* 'verde') y la palatalización de la -s ante la velar /k/ (/móʃka/).
- Otros rasgos fónicos extendidos son la vacilación del timbre de vocales átonas (*sigún*; *absuluta*), la epéntesis consonántica (*muncho*; *alconteser*), y la lexicalización de formas hipo o hiperdiptongadas (*quen*; *grego*; *buendad*).

2.3.2. Gramática

- Son conservadoras las formas de primera persona del presente *so, estó, vo, do*; las terminaciones de imperfecto en -*iva* (*partiva*; *queriva*; *creíva*), las formas de tratamiento de segunda persona (*vos*) como pronombre tónico y como enclítico (*benívos*), la forma verbal en -*ra* con valor condicional de irrealidad, los arcaísmos adverbiales como *agora* y *ansí*.
- Son innovadoras las formas analógicas del paradigma verbal: indefinido en -*stes* (*salistes*; *alcansastes*), terminaciones en -*í* en el pretérito perfecto (*pensí*; *truxí*), participio *tuvido*, futuro *viendrá*, la pérdida de la /d/ final del imperativo (*salí, tené*).
- Otros usos gramaticales: construcciones perifrásticas *ir (a)/ venir de/ dever de/ tener de/ tener que/ ser menester de* + infinitivo; *estar* + gerundio; uso subordinante de *ser* (*siendo tu...*); hipercaracterización de género en adjetivos (*granda*; *inferiora*), sustantivos (*vozas* 'voces') y pronombres (*cuala*); leísmo y laísmo; concordancia de *haber* impersonal (*hubieron tres antorchas*); prefijo -*a* (*aresponder*; *asperar*) y sufijo -*ico* (*güevezico*; *guzanico*); empleo de *tener* como auxiliar (*tengo caminado*).

2.3.3. Léxico

- Arcaísmos castellanos: *afeitar* ('acicalar'), *aldiquera* ('bolsillo'), *amatar* ('apagar'), *avagarozo* ('labio'); y de otras lenguas romances: *anojar* ('enojar'), *embirrarse* ('enfurecerse'), *froña* ('funda' portugués), *lonso* ('oso' aragonés).
- Creaciones léxicas de base hispánica: *aboniguar* ('sanar'), *afermoziguar* ('hermosear'), *aflacar* ('enflaquecer'), *agritante* ('voz alta').
- Cambios semánticos: *aguelo* ('antepasado, ancestro'), *akometer* ('prometer'), *demandar* ('preguntar'), *plazentero* ('ligero de amores'), *soltar* ('divorciar, repudiar').
- Híbridos de romance y otra lengua en contacto: *siqueozo* ('ansioso'< turco *siklet*), *englenearse* ('divertirse'< turco *glenmek*), *desmalazado*

('desgraciado' < hebreo *Mazal*), *khantearse* ('fastidiarse, aburrirse' < árabe *khant*), *laisnear* ('hablar mal de la gente, chismorrear' < hebreo *lasan*).

- Préstamos de origen balcánico y especialmente del turco: *triandafila* ('rosa'), *ciorbá* ('sopa agria'), *chalic* ('estúpido'), *charší* ('mercado'), *chibuc* ('pipa'), *taván* ('tejado'), *kutí* ('caja'); galicismos: *avantaje* ('ventaja'), *budgeto* ('presupuesto'), *entrepriza* ('empresa'), *establir* ('establecer'), *favorizar* ('favorecer'), *imoble* ('edificio'), *jugar* ('representar'); italianismos: *bravo* ('bueno'), *capachitá* ('capacidad'), *caro* ('querido'), *escopo* ('objetivo'), *ezempio* ('ejemplo'); hebraísmos: *aftaxá* ('esperanza'), *mispaxá* ('familia'), *xerém* ('anatema'); arabismos, más frecuentes en la región occidental: *adbear* ('castigar'), *ganzear* ('guiñar el ojo'), *xaurear* ('aconsejar').

3. Aplicación e integración

3.1. Comparación de acentos

Para la práctica de las variedades del **judeoespañol,** seleccionamos algunos pasajes de varios textos (Alvar 1977). Identifique los rasgos fónicos que diferencian el judeoespañol de Alcazarquivir (1) de las variedades de Constantinopla (2) y Salónica (3):

(1) a. Uno dixo: "Yo la cazaré a la hiža del rey".
 b. Se cazó, la levó su novio, cuando le levó su novio la metió debaxo del suelo.
 c. Eya yorando dixó: "En vez de cazar con un ombre cazati con un perro".

(2) a. Este gato yamó a la famiya, les dixo: yo ya só biežo, me quero ir a la kabé ('Caaba').
 b. Si pequí con alguno, le bo a tomar perdon y despues me b'a ir.
 c. Le dixo: "Munchas grásias, siñor gato. A bista, fin una ora benibos al baño derrocado, yá están todos prontos".

(3) a. La fama buena de la vos que tenía lo yevó fin a Stambol. Er rey mandó ŷente suya a buxcarlo.
 b. A la fin, vino un vaporr de ande er rey, lo subieron y lo yevaron a Stambol.
 c. Una coza que yo no buxquí. Ar rey viene escuzarr: me yamaron. ¿Que qué faga? ¿Qué pueda fazer?

Compare ahora los pronombres personales de los ejemplos del **chabacano** de Cavite (4) y de la Bahía de Manila (5) (Quilis y Casado-Fresnillo 2008):

(4)   Siguru ustedes sabi qui entre nisos paisano /ta usa su dialecto cuando
        ilos ta platica, /y ansina debi nisos usa el chabacano /cun nisos
        compoblano mas qui dondi encuntra.
        ('A lo mejor ustedes saben que, entre nuestros paisanos usan su
        dialecto cuando hablan, y así, nosotros debemos usar el chabacano
        con nuestros compoblanos donde quiera que los encontremos').
(5)   a. Mas mejor ya larga kumigo para bien de vos. Yo jende con vos ta
        engaña.
        ('Mucho mejor es dejarme libre para vuestro bien. Yo no le engaño').
      b. Ay pri yo con vos para come, kay mi barriga no puede mas espera
        que ay queda pa vos mas grande.
        ('Te freiré para comerte, porque mi estómago no puede esperar que
        te hagas más grande').

3.2. Identificación de rasgos gramaticales

Identifique algunos rasgos gramaticales del chabacano de Zamboanga (Quilis
y Casado-Fresnillo 2008):

(6)   Cay este un celebracion del cultura de Zamboanga, pabor permiti
        conmigo conversa con ustedes en Chabacano, el lenguaje nativo
        del pueblo. Alegre yo que taqui ya tamen el tiempo del Fiesta de
        Zamboanga Hermosa y el Fiesta Pilar.
        ('Porque esta es una celebración de la cultura de Zamboanga,
        por favor permítanme conversar con ustedes en Chabacano, el
        lenguaje nativo del pueblo. Estoy contenta de estar aquí también,
        en el tiempo de la Fiesta de Zamboanga Hermosa y de la Fiesta del
        Pilar').

Identifique los pronombres personales en el siguiente ejemplo de judeoespañol de Constantinopla (Alvar 1977). Indique cuáles de ellos se diferencian del
español general.

(7)   a. Oy áy un presente para bozotros, con esto bení detrás de mí al baño
        y escondébos.
      b. Mozotros somos gatos, bozotros sox ratones y mozotros mos
        yebámos cozas de comer y bozotros boz yebáx.

Examine la concordancia de los ejemplos de Malabo (Lipski 1990). Compárela
con el español general. Identifique también los verbos pronominalizados.

(8)   a. a todo los ndowé están integrado por… pequeñas tribus.

b. Encontrarás en unos sectores, que unos señores habla un castelleno.

c. Hay dos emisoras, uno aquí y uno allá en Bata... la onda no sé si una doscientas cincuento no sé cuantos kilocico... por segundo, no me recordo bien bien... la onda no me recordo.

3.3. Análisis del léxico específico

Identifique en el ejemplo (Quilis y Casado-Frensillo 2008) las partículas gramaticales del chabacano ajenas al español.

(9)   –Jende vos ta cre? Ta ri pa vos kumigo? El otro dia un pescador ya cuji con mi hermano mas diutay pa, ya largale otra bes.
('¿No lo cree? ¿Se ríe de mí? El otro día, un pescador cogió a mi hermano más pequeño y lo dejó libre de nuevo').

Busque el significado del léxico de contacto, ajeno al español, en los siguientes ejemplos del judeoespañol de Constantinopla (Alvar 1977).

(10)   a. Ma ariento de todos los ratones abía uno que era muy harif.
b. Con esto se fuyó al tabán, s'escondió.
c. el bakal tiene un saco yeno de arrós.
d. Siñor, mozotros tenemos sabá de mustros papús.

Identifica algunos arcaísmos léxicos en los siguientes ejemplos del judeoespañol de Salónica (Alvar 1977)

(11)   a. Agora el chalqueŷí fizo temenná ('saludo') al rey y gritó: "Viva su grandeza, ansina que sea".
b. La mužer del chalqueŷí se quexó: "Tú, ya comes al konak: la famíya, los fižos stan yorando, que queren comer.
c. le dixe a la mužer, "ya pensí una coza que se te faze más mucho de menester: polvo a masarr para dar a comeer a los fižos que stán yorando".

4.   Preguntas de ampliación y reflexión

1. ¿Qué condiciones son necesarias para que un sistema lingüístico pueda considerarse en vías de extinción? ¿Cumple el judeoespañol esas condiciones?

2. ¿A qué variedades del español peninsular se asemeja más el judeoespañol? ¿En qué rasgos se basa esa semejanza?

3. Compare en términos de vitalidad la situación del español en Guinea Ecuatorial con la del judeoespañol.

4. ¿Qué circunstancias determinaron que el español no llegara a arraigar en Filipinas?

5. ¿Se puede considerar fosilizada la lengua que hablan hoy en día los descendientes de los sefardíes en Israel? ¿Cuál sería el término más adecuado para referirse a esta variedad?

6. ¿Por qué se ha mantenido el español en Guinea Ecuatorial como lengua oficial?

7. ¿Qué perspectivas de difusión social tiene el español en Guinea Ecuatorial? ¿Puede llegar a convertirse en lengua nativa de una parte de la comunidad ecuatoguineana?

8. ¿Por qué ha sobrevivido en Filipinas el chabacano mientras que el español se ha perdido?

9. ¿Es correcto considerar el chabacano una variedad del español?

10. En la bibliografía especializada, el judeoespañol se clasifica como una variedad del español. Teniendo en cuenta su amplia extensión geográfica y la fragmentación que surgió de la falta de contacto entre las comunidades sefardíes en la diáspora, ¿es adecuado considerarlo una variedad unitaria de español?

Bibliografía

Academia Ecuatoguineana de la Lengua Española. 2023. "Mestizaje de la lengua española en Guinea Ecuatorial." En *Crónica de la Lengua Española 2022-2023*, 484–509. Barcelona: Planeta.

Alvar, M. 1977. *Antología dialectal hispánica*. Madrid: UNED.

Fernández, M. 2023. "El español en contacto con otras lenguas en Filipinas". En *Dialectología hispánica. The Routledge Handbook of Spanish Dialectology*, eds. F. Moreno Fernández y R. Caravedo, 422–432. London y New York: Routledge.

Fernández, M. ed., 2001. *Estudios de Sociolingüística* 2 (2). Volumen monográfico: *Shedding Light on the Chabacano Language*.

Frake, C. O. 1971. "Lexical Origins and Semantic Structures in Philippine Creole Spanish". En *Pidginization and Creolization of Languages*, 223–243. Cambridge: Dell Hymes.

Lipski, J. M. 1987. "El español en Filipinas: comentarios sobre un lenguaje vestigial". *Anuario de Lingüística Hispánica* 3: 123–142.

Lipski, J. M. 1990. *El español de Malabo. Procesos fonéticos/fonológicos e implicaciones dialectales*. Malabo: Centro Cultural Hispano-Guineano.

Lipski, J. M. 2001. "Chabacano / Spanish and the Philippine Linguistic Identity". *Estudios de Sociolingüística* 2: 119–163.

Lipski, J. M. 2007. "El español de Guinea Ecuatorial en el contexto del español mundial". En *La situación del español en África, Actas del II congreso Internacional de Hispanistas en África*. 79–117. Madrid: Sial/Casa de África.

Lipski, J. M. 2023. "Los criollos de base lexificadora española". En *Dialectología hispánica. The Routledge Handbook of Spanish Dialectology*, eds. F. Moreno Fernández y R. Caravedo, 496–511. London y New York: Routledge.

Lleal, C. 2005. "El judeo español". En *Historia de la lengua española*, ed. R. Cano, 1139–1167. Barcelona: Ariel.

Louapre, P. 1989. "El idioma español en las islas filipinas en el pasado y en el presente". En *Actas del Segundo Congreso de Hispanistas de Asia*, 279–291. Manila: Asociación Asiática de Hispanistas.

Minervini, L. 2006. "El desarrollo histórico del judeoespañol". *Revista Internacional de Lingüística Iberoamericana* 8: 13–34.

Moreno, F. 2009. *La lengua española en su geografía*, Madrid: Arco/Libros.

Moreno, F. y J. Otero. 2006. *Demografía de la lengua española. Cartografía demolingüística del español en el mundo*. Montevideo: Informe inédito.

Munteanu Colán, D. 2006. "La situación actual del español en Filipinas". *Lingüística Española Actual* 28 (1): 75–90.

Penny, R. 2004. "Variación en judeoespañol". En *Variación y cambio en español*, 264–290. Madrid: Gredos.

Quilis, A. 1992. *La lengua española en cuatro mundos*. Madrid: Mapfre.

Quilis, A. 1996. "La lengua española en Filipinas". En *Manual de dialectología hispánica: el español de América*, ed. M. Alvar, 233–243. Barcelona: Ariel.

Quilis, A. y C. Casado-Fresnillo. 2008. *La lengua española en Filipinas. Historia. Situación actual. El chabacano. Antología de textos*. Madrid: CSIC.

Quintana, A. 2006. *Geografía lingüística del judeoespañol*. Bern: Peter Lang.

Quintana. A. 2023. "El judeoespañol". En *Dialectología hispánica. The Routledge Handbook of Spanish Dialectology*, eds. F. Moreno Fernández y R. Caravedo, 481–495. London y New York: Routledge.

Schlumpf, S. 2016. "Hacia el reconocimiento del español en Guinea Ecuatorial". *Estudios de Lingüística del Español* 37: 217–233.

Whinnom, K. 1956. *Spanish Contact Vernaculars in the Philippines*. Hong Kong: Honk Kong University Press.

9

EL ESPAÑOL EN CONTACTO CON OTRAS LENGUAS

Ana Isabel García Tesoro y Jorge Agulló

Resumen

El español entra en contacto con lenguas genéticamente próximas, como el gallego, el catalán o el asturiano; con lenguas genéticamente distantes, como el náhuatl, el maya, el quechua, el aimara y el ikun; y con lenguas sin adscripción genética clara, como el euskera, el nasa yuwe y el mapudungun. La riqueza y diversidad de los escenarios de contacto aguarda aún una revisión de conjunto. El capítulo presenta una taxonomía de los fenómenos de variación que pueden encontrarse en las variedades del español en contacto con todas estas lenguas. La revisión de los fenómenos permite formular algunas vías de integración y reflexión y, tras ello, unas preguntas de ampliación.

Palabras clave

contacto de lenguas, América, España, pronunciación, gramática, léxico, cambio inducido por contacto

Abstract

Spanish encounters closely related languages, such as Galician, Catalan, or Asturian; genetically distant languages, such as Nahuatl, Mayan, Quechua, Aimara, or Ikun; and linguistic isolates, like Basque, Nasa Yuwe, or Mapudungun. The richness and diversity of these contact scenarios still await a comprehensive overview. This chapter brings a detailed classification of variation phenomena to be found in varieties of Spanish in contact with other languages. After reviewing them, some further reflections and some questions are proposed.

DOI: 10.4324/9781003474722-11

Keywords

language contact, America, Spain, pronunciation, grammar, lexis, contact-induced linguistic change.

1. Introducción

El **contacto lingüístico** se define como la situación en la que dos o más lenguas experimentan cambios en su repertorio fonético-fonológico, morfológico, léxico o sintáctico como resultado de la influencia de una lengua sobre otra con la que comparte un escenario geográfico y un contexto social. El contacto de lenguas implica siempre el contacto entre grupos de hablantes, en una dimensión individual o social, y desde el punto de vista lingüístico o extralingüístico.

Existen numerosos panoramas sobre los estudios de contacto, desde textos fundacionales (Weinreich 1968; Haugen 1950) o propuestas basadas en la revisión de trabajos empíricos (Thomason 2001) hasta revisiones más actuales (Hickey 2020). Aunque el contacto lingüístico involucra situaciones de complejidad, varias propiedades definen el fenómeno:

1. Pueden clasificarse en función de la intensidad del contacto (Thomason 2001; Trudgill 2002; Hickey 2020). El contacto de **baja intensidad** involucra comunidades monolingües en las que las lenguas en cuestión permanecen inalteradas. El contacto de **alta intensidad**, por el contrario, implica comunidades bilingües o políglotas y, con ello, lenguas que mutuamente dejan permear algunas de sus características. Los resultados pueden consolidarse, simplificarse o complejizarse cuando los niños adquieren la(s) nueva(s) variedad(es). En este proceso resultan fundamentales factores extralingüísticos como la intensidad del contacto, el aprendizaje imperfecto o las actitudes lingüísticas de los hablantes hacia los cambios, que pueden determinar la extensión y mantenimiento de los mismos.
2. El contacto puede dar lugar a la sustitución o extinción de una lengua, la mezcla extrema de lenguas (lenguas *pidgin* o mixtas, y lenguas *criollas* de una comunidad), procesos de cambio de código (*code-switching*) y cambios lingüísticos inducidos por contacto (cambios que pueden atribuirse al contacto).
3. Los cambios lingüísticos pueden caracterizarse según qué puede prestarse y bajo qué principios. Es una idea más o menos consensuada que "all aspects of language structure are subject to transfer from one language to another" (Thomason 2001, 11) siempre que se den las condiciones necesarias, pero muchos autores creen que la sintaxis es menos accesible al contacto y la variación. Otros han propuesto que los ítems

léxicos se prestan con mayor facilidad que los gramaticales. Los principios que determinan las características del cambio inducido por contacto son varios: la proximidad genética de las lenguas (mayor o menor distancia genealógica), la congruencia tipológica (mayor o menor similitud de las lenguas con independencia de su adscripción genética) y las similitudes percibidas por los hablantes bilingües entre elementos de las dos lenguas (Jarvis y Pavlenko 2008) o la copia de código, que permite a los hablantes insertar elementos de una lengua a otra.

En este capítulo se presenta una visión de conjunto sobre el contacto lingüístico, se ofrece una aplicación e integración del contenido teórico, y unas preguntas de ampliación y reflexión finales.

2. Características del español en contacto con otras lenguas

Atribuir explicaciones basadas en el contacto a fenómenos que, en realidad, se explican por razones independientes no es infrecuente (Blas Arroyo 2021). La dificultad es mayor porque el contacto lingüístico suele concebirse como un *continuum* de fenómenos con dos extremos: la *transferencia directa* de ítems o significados, que se puede determinar con relativa facilidad, y el *cambio indirecto inducido por contacto*, que es más abstracto.

En la **transferencia directa**, la lengua 'meta' muestra material lingüístico proveniente de la lengua 'fuente'. Algunos tipos son los siguientes: 1) préstamos léxicos simples (*chafardear* 'cotillear', del catalán; o *choclo* 'mazorca tierna', del quechua) o expresiones complejas (*a más a más* 'además', del catalán); 2) calcos semánticos con importación del significado (*plegar* 'acabar el trabajo', del catalán); y 3) préstamos gramaticales con importación de un elemento gramatical o funcional (*El supuesto secuestro de un bebé'i*, con el sufijo apreciativo *'i* del guaraní).

El **cambio indirecto inducido por contacto** supone, en la lengua 'meta', la reorganización de rasgos y paradigmas gramaticales, la adopción de nuevos usos, variaciones en la frecuencia de uso o la ampliación o disminución de restricciones (Palacios 2011). La razón de base es que "structural features are transferred without morphemes" (Thomason 2006, 341). Por ejemplo, el contacto español-quechua permite secuencias como *Dicen que en Pomacanchis habían bailado los ukukus*, donde el pluscuamperfecto indica valor evidencial ('lo sé porque me lo han contado, no lo he presenciado', del sufijo evidencial de pasado quechua *-sqa*).

La **lingüística de contacto** ha experimentado un gran desarrollo en los últimos veinte años (véase la bibliografía final). El objetivo de los trabajos más recientes se enfoca en la descripción de los procesos y resultados de los cambios lingüísticos inducidos por contacto, y no tanto en las restricciones lingüísticas, como ocurría en estudios anteriores.

2.1. El contacto en América

El español se encuentra en varias situaciones de contacto lingüístico en América. Se distinguen dos tipos:

1. Áreas de contacto histórico intenso y prolongado en el tiempo, como ocurre en el área andina con el quechua (sur de Colombia, Ecuador, Perú, Bolivia y noroeste de Argentina), en Paraguay con el guaraní y en Yucatán con el maya. Las influencias se dan en la morfosintaxis, el léxico o la fonética, y son reconocibles en hablantes bilingües y también en monolingües de español en el registro coloquial.
2. Áreas donde la situación de contacto es más reciente, como las zonas bilingües de México, Guatemala o Centroamérica, o áreas de contacto venezolanas, colombianas, amazónicas o mapuches, entre otras. Las variaciones se documentan entre la población regional bilingüe.

En ambos casos se constatan procesos generales de cambio en el español local que son similares en áreas diversas y que se manifiestan en fenómenos como la reorganización del sistema pronominal átono de tercera persona, concordancias alternativas de género y número, cambios en el uso de las preposiciones o la adquisición de valores evidenciales en los tiempos de pasado, entre otros (Klee y Lynch 2005; Palacios 2013, 2021).

También encontramos variedades de contacto con lenguas africanas en Centroamérica y países como Colombia, Ecuador o Bolivia (Klee y Lynch 2005; Lipski 1994). El español se encuentra así mismo en situación de contacto con el portugués en la frontera con Brasil (Klee y Lynch 2005; Ribeiro do Amaral 2009), dando lugar a situaciones de mezcla de lenguas y cambio de código que, en algunos casos, se complejizan en áreas de contacto con lenguas amazónicas.

A continuación, se presentan las variedades de contacto con las lenguas indígenas más estudiadas.

2.1.1. El español en contacto con el náhuatl

La lengua náhuatl es hablada por cerca de dos millones de personas en México.

- Indistinción de los fonemas /o/ y /u/ (*jodicial, butella*).
- Conservación de la africada lateral sorda, ortográficamente *tl*, en préstamos (*Atitlán*) y otras palabras (*atlas*).
- Pronunciación de /ʃ/ en préstamos (*xolo* 'pavo').
- Reorganización del sistema pronominal átono, con doblado o no del OD (*Lo hace tortillas*). Este fenómeno se verá, con más detalle, en la aplicación e integración.

- Omisión del pronombre reflexivo con valor posesivo (Ø *lo vas a ir poniendo [las botas]*).
- Concordancias alternativas de género y número (*Tres personas comisiona-d__os__*; *¿Es__e__ qué son?*).

2.1.2. El español en contacto con el tepehuano

El tepehuano (o o'dam) es hablado por unas diecisiete mil personas en Chihuahua y Durango (México).

- Reorganización del sistema pronominal átono (*La masa, l__o__ echas ahí*; *La masa [...] Ø__i__ ponemos a cocer*).
- Concordancias alternativas de género y número (*U__n__ maquinita*; *Lo__s__ tomate*).

2.1.3. El español en contacto con el otomí

El otomí es hablado por más de trescientas mil personas en el centro de México.

- Aféresis de sílabas con estructura V o VC ([repentí] *arrepentí*).
- Corte glótico al final de palabras que terminan o empiezan con vocal ([no"ʔúβo] *no hubo*).
- Omisión de las consonantes a final de palabra ([nosótro] *nosotros*).
- Reorganización del sistema pronominal átono (*Esos __animalitos,__ pus l__o__ vendía*).
- Concordancias alternativas de número (*Los hij__o__*).

2.1.4. El español en contacto con lenguas mayas

Las 30 lenguas mayas son habladas por unos cinco millones de personas en México y Guatemala.

- Debilitamiento de las vocales átonas postónicas ([párkə] *parque*).
- Fuerte consonantismo y mantenimiento de grupos consonánticos como /k+s/ (*taxi*), /k+t/ (*acto*), /p+s/ (*cápsula*), /p+t/ (*captar*).
- Pronunciación oclusiva de /b, d, g/ en posición intervocálica ([habón] *jabón*) y aspiración de /p, t, k/ ([ˈhérko] *terco*).
- Pronunciación del sonido fricativo apicoalveolar sordo del maya /ɕ/, escrito *tz*, en préstamos (*quetzal*).
- Pronunciación de /š/ (también /č/ o /s/), escrito *x* (también *sh*), en préstamos, topónimos (*Xenacoj*), antropónimos (*Ixcotec*) y sustantivos (*pixtón* 'tortilla gruesa').

- Sustitución de la labiodental fricativa sorda /f/ por la oclusiva /p/ ([pamília] *familia*).
- Labialización de /n/ en posición final ([pam] *pan*).
- Uso de oclusiva glotal ante vocal tónica ([meʔíba] *me iba*).
- Reorganización del sistema pronominal átono (*No lo quería soltar a mi mamá*).
- Concordancias alternativas de género y número (*No se debería de avergonzar por hablar el lengua*).
- Omisión del artículo definido (*Aquí hasta ni podemos tomar Ø camioneta*).
- Ausencia de *a* (*No voy Ø cambiar mi identidad*).
- Uso de la preposición *en* con verbos de movimiento (*Voy en la escuela*).

2.1.5. El español en contacto con el ikun

El ikun (o arhuaco) es una lengua de la familia chibcha hablada por unas catorce mil personas en la Sierra Nevada de Santa Marta (Colombia).

- Omisión de las consonantes a final de palabra, especialmente /s/ ([lo mámo] *los mamos*).
- Reorganización del sistema pronominal átono (*Alguna piedra que lo daño*).
- Concordancias alternativas de género y número (*Estuve cinco año en el colegio; Ahí sí aprende los dos lenguas*).
- Omisión del artículo definido (*Ingresar allá en Ø Instituto Agrícola*).
- Uso de la preposición *en* con verbos de movimiento (*Voy en Valledupar*).

2.1.6. El español en contacto con el nasa yuwe

El nasa-yuwe (o páez) es una lengua hablada en los departamentos andinos de Cauca y Huila (Colombia) y cuenta con cien mil hablantes.

- Tendencia a elidir la vocal inicial ([nɖáβamos], *andábamos*).
- Realización de /f/ como fricativa bilabial sorda [ɸ] o aspirada ([proɸesóres]/[prohesóres] *profesores*).
- Realización de /u/ como [o], porque no posee /u/ ([kartolína] *cartulina*; [apontáo] *apuntado*).
- Posposición del verbo (*Un material yo tenía*).
- Reorganización del sistema pronominal átono (*Comprar remesa y lo trajimos*).
- Concordancias alternativas de género y número (*Se mandó un comisión; Los muchachos joven*).
- Omisión del artículo definido (*No enseñaban todas Ø semanas*).
- Omisión del pronombre reflexivo (*Nosotros Ø comprometimos*).
- Ausencia de preposiciones (*Llego Ø madrugada; Venís Ø noviembre para Zumbico*).

2.1.7. El español en contacto con el quechua/kichwa

La lengua quechua/kichwa es hablada en el área andina de Ecuador, Perú y Bolivia por unos ocho millones de personas.

- Debilitamiento de las vocales átonas en posición postónica ([losapáts] *los zapatos*).
- Cerramiento de las vocales medias ([kusítʃa] *cosecha*).
- Fuerte consonantismo y ensordecimiento de oclusivas sonoras ([puskándo] *buscando*).
- Realización asibilada de la vibrante múltiple ([kář̝o] *carro*).
- Realización de /f/ como fricativa bilabial sorda [ɸ] ([diɸikultáđes] *dificultades*).
- Distinción de la lateral palatal sonora /ʎ/ y la fricativa palatal sonora /j/ ([ʎáβe] *llave*).
- Reorganización del sistema pronominal átono (*Le conocí a la mamá de María Inés*; *Lo preparan la chicha*; *El pan₍ᵢ₎ Ø₍ᵢ₎ vendían a un real*).
- Concordancias alternativas de género y número (*Tenemos nuestros artesanías*; *Los turista*).
- Omisión del artículo definido (*En Ø mes de julio*).
- Gerundio de anterioridad (*No te olvides bajar cerrando la puerta de la terraza* 'Cierra la puerta de la terraza antes de bajar').
- Perífrasis *dar* + gerundio con valor de orden o petición atenuada (*Hágame el favor de darle pasando la leche*).
- Uso del futuro como imperativo atenuado (*Esta revista está muy buena, papitos, mamitas, comprarán*).
- Uso de los tiempos verbales de pasado con valor evidencial (*Anoche [...] me contó que la Vero se ha casado* 'me contó que se casó, la información es veraz').
- Uso de *dice* con valor evidencial (*Y había dice templos, casas*).
- Posposición del verbo (*En cuanto a mí pan quiero*).
- Construcciones causativas con *hacer* + infinitivo con valor de implicación y responsabilidad (*Hago comer a los animales* 'soy responsable de alimentar a los animales').
- Doble posesivo (*Fuimos con su hermano de Fredy*).
- Uso de *ya* con valor afirmativo y de veracidad (*¿Tomamos un café? –Ya.*) y repetición de *ya... ya* con valor de veracidad (*A las siete de la mañana ya están bajando ya*).
- Uso de *pero* al final de la oración como marcador discursivo con valor enfático (*¿Se ha visto Love is in the air? [...] Buenísima pero*), atenuador (*Ayúdame pero*) e interaccional para cambiar de tema (*¿Cómo te va pero?*).

- Uso de *ya también* como marcador discursivo para orientar la atención del interlocutor sobre una información nueva o que contrasta con otra anterior (*[...] y entonces ahora ya también nos hemos recuperado bastante nuestro cultura*).

2.1.8. El español en contacto con el aimara

Esta lengua es hablada por unos ocho millones de personas en Bolivia, el área andina del sur de Perú, noroeste de Argentina y norte de Chile.

- Debilitamiento de las vocales átonas en posición postónica ([lóβs] *lobos*).
- Cerramiento de vocales medias ([lwantraído] *lo han traído*).
- Fuerte consonantismo y ensordecimiento de oclusivas sonoras ([tumínku] *domingo*).
- Realización asibilada de la vibrante múltiple ([ɹáto] *rato*).
- Doble posesivo (*No pudimos encontrar a su mujer de Pedro*).
- Reorganización del sistema pronominal átono (*Esos juguetes lo venderán a buen precio; A los dos$_i$ siempre Ø$_i$ están buscando*).
- Concordancias alternativas de género y número (*Por ese razón; Familia numerosas*).
- Omisión del artículo definido (*Quiero ver Ø cuarto*).
- Posposición del verbo (*A veces todo llegábamos*).
- Uso de *dice* (o *diciendo*) con valor evidencial (*Le había amenazado dice*).
- Uso frecuente de diminutivos (*agüita; biencito*).
- Doble negación (*Nunca no me ha pasado a mí*). Este rasgo será ampliado en la parte de aplicación e integración.

2.1.9. El español en contacto con el guaraní

El guaraní es hablado por unos cuatro millones de personas en Paraguay, Argentina y Brasil.

- Pronunciación de vocal central no redondeada, alta y cerrada /ɨ/ del guaraní ([perféito] *perfecto*).
- Realización de /b/ como labiodental sonora [v] ([víða]).
- Pronunciación africada de la fricativa palatal sonora /ʝ/ (mayo [máǰo]).
- Reorganización del sistema pronominal átono (*Le vi a la niña*).
- Préstamos gramaticales: *voi* con valor aseverativo, *katu* con valor enfático, *ndaje* con valor evidencial, *pa* y *piko* de refuerzo interrogativo (*¿De dónde vienes piko?*).
- Uso del pretérito pluscuamperfecto con valor evidencial y mirativo, combinado con otro verbo (*El trabajador del volante había sido* ['estuvo'] *laburando toda la noche*).

- Cambios en el uso de las preposiciones (*La puerta cayó por mi pie* 'me pillé el pie con la puerta'; *Mi amigo soltó de su caballo* 'mi amigo soltó a su caballo').
- Uso de *todo* invariable que indica aspecto perfectivo, completo (*Le pegó todo mal* 'le pegó muchísimo').
- Doble negación (*Nunca no vino*).
- Uso de la preposición *en* con verbos de movimiento (*Voy en Asunción*).

2.1.10. El español en contacto con el mapudungun

Esta lengua es hablada por unas cien mil personas en el sur de Chile y la Patagonia argentina.

- Reorganización del sistema pronominal átono de tercera persona (*Lo pelan la papa*).
- Concordancias alternativas de género y número (*La idioma*; *Cinco hermanito*).
- Posposición del verbo (*Poco agua tenemos*).
- Omisión del artículo definido (*Está cerca a Ø estación*).
- Omisión del pronombre reflexivo (*Y ahora Ø portó mal*).
- Ausencia de *a* (*Ø los chico(s) ya antes que nazcan le(s) tienen su ropita*).

2.2. El contacto en España

En España, el español entra en contacto con lenguas genéticamente cercanas, como el catalán en Cataluña, Islas Baleares y País Valenciano, el gallego en Galicia y el asturiano en Asturias, y con lenguas aisladas genéticamente, como el euskera en País Vasco y el norte de Navarra (Fernández-Ordóñez 2016).

2.2.1. El castellano en contacto con el catalán

- Articulación velar de la *-l* ([máɫ] *mal*) y ensordecimiento de *-d* ([eðát] *edad*).
- Uso de modalidad negativa en construcciones comparativas, interrogativas y prótasis condicionales (*Este libro sirve más que no perjudica*; *No sé si viene nadie*; *¿Hay ninguna carta para mí?*; *Si nunca te acercas a Barcelona, me llamas*).
- Anteposición de *no* con conservación del inductor (*Tampoco no lo sé*; *Nadie no lo diría*).
- Término de polaridad negativa *pas* con valor enfático (*No hacíamos pas nada de malo*).
- Uso de *que* como partícula de modalidad interrogativa (*¿Que me entiendes?*).

- Futuro de indicativo con oraciones relativas (*Quien acabará primero saldrá antes*).
- Perífrasis *haber de* con valor deóntico, de obligación (*Aún no sabían lo que habían de hacer*).
- Artículo definido con antropónimos (*la Anna*; *el Jordi*).
- Oposición binaria en los demostrativos: se evitan *ese* y *ahí* a favor de *este* y *aquí* (*¿Dónde has comprado esta* ('esa') *corbata?*; *¿Está aquí* ('ahí') *Luis?*).
- Concordancia con *haber* en oraciones locativo-existenciales (*Habían muchas personas*).
- Pronombre implícito en oraciones existenciales con *haber* (*Habían Ø que no tenían casa*).
- Sustantivos definidos y específicos con *haber* existencial (*No se podía hablar español cuando había Franco*).
- Ausencia de marcado diferencial de objeto (*a*) con nombres propios (*¿Ves Ø la Marta?*) y con otros definidos (*Veo Ø mi hijo a los cuarenta años*).
- Preposición *de* con valor partitivo con cuantificador implícito (*Hay de más anchas, pero no mucho*) o explícito (*Había varias de clínicas*).
- Preposición *a* con valor locativo en predicados sin movimiento (*¿No te mareaste al barco?*; *Las ponía a un saco*).
- Preposición *en* con valor de meta o final de desplazamiento (*Ibas en casa de Torva*).
- Preposición *de* con infinitivos o *deísmo* (*Esto ya no me gusta de leer*) y perífrasis verbales (*No se puede de cambiar*).
- Preposición locativa usada como adverbio locativo (*Aquí riba*; *Aquí bajo*).

2.2.2. El castellano en contacto con el euskera

- Rechazo del diptongo (*díez* 'diez'), monoptongación (*corda* 'cuerda'), apertura vocálica (*agoa* 'agua') o epéntesis (*liriyo* 'lirio').
- Ensordecimiento de consonantes oclusivas sonoras, sobre todo labiales (*polsillo* 'bolsillo').
- Confusión de consonantes labiales oclusivas y nasales (*bercancía* 'mercancía').
- Seseo vasco (*entonses*; *haser*), con varias realizaciones (apical, predorsal).
- Leísmo con objetos directos animados con independencia de su género: con anteposición (*A la mujer, le ponían de rodillas*) y sin anteposición (*Le, acompañabas a una chica,*).
- Pronombre implícito o nulo con objetos directos inanimados (*El carrito,, ¿cuándo Ø, perdiste?*).
- Doblado de clítico con objeto directo postverbal (*Le, llevan a los pobres chavales, a la escuela*).
- Anteposición de *no* con conservación del inductor (*Ahora ya tampoco no se hace nada*).

- Perífrasis *soler* + infinitivo ('conocimiento inferido de los hechos') (*¿Sabes quién suele cocinar muy bien?* 'cocina, al parecer').
- *Ya* como partícula de afirmación enfática para confirmar una idea previa (*La tentación ya tengo* 'verdaderamente la tengo'), como calco de la partícula afirmativa *ba-* del euskera.
- Recesión del modo subjuntivo (*Le gustaba que iríamos a verle*).
- *Pues* como partícula pospuesta en interrogativas (*¿Qué pasa, pues?*).
- Repetición como procedimiento intensificador (*Se le quedó mirando, mirando* 'mirando fijamente, mucho').
- Anteposición de la información no conocida (*¿Qué tal el tiempo?* –*Frío hace*).

2.2.3. El castellano en contacto con el gallego

- Asimilación de consonantes velares y labiales en grupos cultos ([ko.rú.to] *corrupto*).
- Ausencia de tiempos compuestos: uso del pretérito simple con valor de perfecto compuesto (*Llegaron hoy* 'han llegado'); uso del pretérito imperfecto de subjuntivo con valor pluscuamperfecto de indicativo (*Un habanero que viniera de Cuba*) o de perfecto simple (*Volvíamos y fuéramos a un sanatorio privado*).
- Perífrasis aspectuales: *hube / hubiera de* + infinitivo con significado de inminencia (*En aquel accidente hubieran de morir todos* 'estuvieron a punto de morir'), *dar* + participio como terminativa (*El pulpo, si no lo mazas, no lo das tragado* 'no consigues tragarlo') y *tener/ llevar* + participio como iterativa (*Me tienen dicho que murió mucha gente* 'me han dicho repetidamente').
- Conjunción subordinante *desque* con valor de 'desde que' (*Desque me jubilé, viajé mucho*) y 'cuando, en cuanto' (*La orquesta también toca desque sale de misa*).
- Baja frecuencia de pronombre reflexivo con *quedar* (*Quedo más tranquilo*), *marchar* (*Marché de ahí el veintidós de junio*) y otros verbos.
- Uso adjetival de *medio* (*fruta media madura; zapatos medios rotos*).
- Repetición del verbo para expresar énfasis en la respuesta (*¿Fueron suficientes?* –*Fueron*).
- Clítico propredicativo concordado en número (*Veintipico sí que los somos*) y género (*Es una parte de mí como yo la soy de él*).
- Preferencia por el diminutivo *-iño* (*guapiño*).

2.2.4. El castellano en contacto con el asturiano

- Asimilación de consonantes velares y labiales en grupos cultos ([ko.rú.to] *corrupto*).

- Neutro *de materia* en el sistema de pronombres átonos: se emplea *lu* para entidades discontinuas (*El tarro, no tenía importancia que lu cerrases mucho*) y *lo* para entidades no continuas con independencia del género (*A veces pues la nata se lo quitan*).
- Posición enclítica del pronombre átono en formas verbales finitas en oraciones principales (*Estos árboles, llámense fresnos*; *Dábanos por donde más nos dolía*).
- Posición proclítica del pronombre átono con infinitivos (*Tengo que lo comprar*).
- Artículo seguido de posesivo tónico (*El mí hermano*).
- Pretérito imperfecto de la segunda y tercera conjugación en *-íen* (*Veníen y recogíen*), en el asturiano central.
- Plural en *-es* (*Estaba ahí les hores enteres hilando*), en el asturiano central.
- Demostrativos *esti* y *esi* (*Se hicieron en esti pueblo*).
- Dativo *y* (singular) y *yos* (plural) (*Quitó-y el libru* 'le quitó el libro').
- Formas diptongadas de segunda y tercera persona del verbo *ser* (*A lo mejor ya ye tarde* 'ya es tarde'). En el imperfecto es posible también con primera persona (*Yéramos tres*).
- Preferencia por el diminutivo *-ín* (*guapín*).

3. Aplicación e integración

3.1. Comparación de acentos

La vibrante múltiple /r/ se puede realizar como asibilada o rehilada, con debilitamiento de las vibraciones del sonido que lo convierten en fricativo (no vibrante) sonoro o sordo, moviéndose la lengua hacia los incisivos inferiores (*perro* [péẓo], [péɕo]). Puedes escuchar varios ejemplos en la web. Este fenómeno se documenta en el centro y la meseta de México, Costa Rica, Guatemala, Honduras, Panamá, áreas andinas del sur de Colombia, Ecuador, Perú y Bolivia, Paraguay, la Patagonia y norte de Argentina, Uruguay y Chile. Las consideraciones sociales son diversas. Mientras que en Perú está estigmatizado y se identifica con el habla de bilingües quechua-español, en Ciudad de México es prestigioso, especialmente entre las mujeres de clase alta, lo que muestra que la valoración positiva o negativa de un fenómeno lingüístico depende de cada comunidad de habla.

3.2. Identificación de rasgos gramaticales

3.2.1. Reestructuración del sistema pronominal átono

Los cambios inducidos por contacto pueden presentar resultados paralelos aun cuando las lenguas sean tipológica y genéticamente distantes. Un ejemplo lo vemos en el sistema de pronombres átonos del español en contacto con el quechua y el aimara (1-3), el guaraní (4) y el euskera (5). La animacidad del referente es esencial en estas variedades, porque sus sistemas pronominales distinguen entre animados e inanimados: los ejemplos de (a) involucran referentes inanimados y los de (b) animados. En los ejemplos se ofrece la identificación del rasgo mediante el subrayado:

(1) *Ecuador*
  a. Las elecciones$_i$ yo nunca $\emptyset_i$ entendí.
  b. Le$_i$ conoció a mamá$_i$.
(2) *Perú, Bolivia y noroeste de Argentina*
  a. El corredor$_i$ tenemos que barrer $\emptyset_i$ todos los días.
  b. Al maestro$_i$ $\emptyset_i$ saludó en la plaza.
(3) *Andes centrales y meridionales*
  a. Fui a ver la carretera$_i$. Ya lo$_i$ habían arreglado.
  b. No lo$_i$ traje a sus primitas$_i$.
(4) *Paraguay y región guaranítica argentina*
  a. Tomé los platos$_i$ y $\emptyset_i$ puse en la cocina.
  b. Le$_i$ vi a una$_i$ de ellas, muy sofocada.
(5) *País Vasco*
  a. El carrito$_i$, ¿cuándo $\emptyset_i$ perdiste?
  b. Le$_i$ acompañabas a una chica$_i$.

Estos casos muestran algunos de los principios del cambio gramatical. En primer lugar, el uso del vacío ($\emptyset$) o pronombre implícito para objetos inanimados se registra en Ecuador, Perú, Bolivia y parte de Argentina, Paraguay y País Vasco (ejemplos de a). Este pronombre implícito se extiende a referentes animados en Perú, Bolivia y Argentina. En cuanto a la reestructuración del caso (ejemplos de b), el pronombre *le* se emplea como acusativo para referentes humanos y animados en Ecuador, Paraguay y la región guaranítica, y País Vasco. En la región andina central y meridional, en cambio, se usa la forma *lo* invariable en cuanto al género y el número.

Otra similitud es que cuando se emplea un clítico para un referente humano (los ejemplos de b), la distinción de género desaparece, esto es, el clítico *le* no distingue entre referentes masculinos o femeninos (1b, 4b, 5b), tal y como ocurre con *lo* en (3b). La indistinción de género es, pues, una característica de los clíticos de objeto directo de estas variedades de contacto, a pesar de las diferencias lingüísticas y sociales de los escenarios en los que se verifica el contacto.

3.2.2. Variación gramatical en la negación

La variación gramatical en las oraciones negativas es provechosa para identificar rasgos convergentes en situaciones de contacto dispares. En español general, la expresión de la negación sigue la pauta de (6), donde la posición antepuesta de *nadie* impide la presencia de *no* (6b):

(6)   a. *No* viene *nadie*.
      b. *Nadie* viene.

Esta pauta presenta gran variación dialectal. Los ejemplos de (7) muestran que la posición antepuesta del inductor o doble negación preverbal (*nunca* y *tampoco*) no conlleva la omisión de *no* en variedades de contacto muy dispares (7a catalán, 7b euskera, 7c kichwa, 7d quechua, 7e otomí y 7f guaraní). De nuevo, la identificación del rasgo se hace mediante el subrayado:

(7)   a. Aquí casi *nunca no* viene (Lérida, España).
      b. *Nunca no* íbamos (Vizcaya, España).
      c. *Tampoco no* puedo estar de manos cruzadas (Quito, Ecuador).
      d. Entonces *tampoco no* me comprometí muy rápido con él (Cuzco, Perú).
      e. *Tampoco no* sabía hacer el vestido (Santiago Mexquititlán, México).
      f. Por eso yo *tampoco no* hablo (Siete Palmas, Argentina).

Esta solución puede interpretarse como un caso de *convergencia tipológica*, esto es, la adopción de soluciones lingüísticas comunes que replican el modelo de la lengua base y permiten al hablante explotar los recursos de ambas lenguas con coherencia gramatical. De hecho, los casos de (7) se acercan a la negación expletiva (*No trabajo hasta que (no) vengas*). Puede localizar en internet algunos ejemplos de este uso.

3.3. Análisis del léxico específico

La palabra *guagua* (del quechua *wawa*) se emplea en Argentina, Bolivia, Chile, Colombia, Ecuador y Perú para referirse a un bebé o a un niño muy pequeño. En Canarias, se usa para referirse a un autobús. Consulte los diccionarios adecuados e indique cómo llega a tener ese significado en Canarias.

3.4. Revisión de mapas dialectales

La tendencia de *tampoco* a coaparecer con el adverbio *no* en posición preverbal (*Usted tampoco no tome*) es un fenómeno relacionado con el contacto de lenguas, pero se da también en variedades monolingües de español. Las interpretaciones se pueden resumir en: a) cambio inducido por el contacto con lenguas como el quechua o el guaraní; b) cambio inducido por contacto que hace que aumente su frecuencia de uso o que se retenga como construcción arcaica del español; c) cambio interno de la lengua española. El mapa 1 (véase la web) señala los puntos donde se ha documentado este fenómeno. ¿Cuál de las tres interpretaciones parece más plausible?

3.5. Uso de corpus lingüísticos

El *Corpus de Referencia del Español en Contacto* (COREC) y el *Corpus Oral y Sonoro del Español Rural* (COSER) son fuentes para ejemplificar numerosos cambios lingüísticos inducidos por contacto.

4. Preguntas de ampliación y reflexión

1. ¿Hay algún fenómeno común en las variedades de contacto en España y América? ¿Por qué cree que se han producido resultados similares en variedades de español en contacto con lenguas diferentes?

2. Indique algunos fenómenos atribuibles al contacto entre el español y el maya quiché en el habla de Rigoberta Menchú (https://www.youtube. com/watch?v=A8dM2NU8i_k).

3. Escuche la canción "Avisarás" de Lucio Feuillet y Briela Ojeda (Pasto, Colombia) (https://www.youtube.com/watch?v=vXNfke9MEzA). ¿Qué fenómenos propios del español andino puede reconocer?

4. Las variedades de contacto con lenguas indígenas en América normalmente son identificables en sus regiones o países, y en muchos casos reciben actitudes lingüísticas negativas. Eso repercute en el sistema educativo y, en ocasiones, los niños bilingües no son bien entendidos, por lo que tienen mayor tasa de fracaso y abandono escolar. ¿Qué medidas cree que se podrían tomar ante esta situación?

5. ¿Conoce fenómenos de contacto, en español o en otras lenguas, que reciben actitudes lingüísticas negativas y positivas? ¿Por qué cree que ocurre?

6. Las variedades del español en contacto con el catalán emplean la partícula *de* con valor partitivo (*Hay de rojas*). El análisis habitual supone que el cuantificador puede omitirse en estas variedades (*Hay Ø de rojas*), por ello estas estructuras se denominan 'pseudopartitivas sin cuantificador explícito'. Sin embargo, hay casos con cuantificador explícito (*Había varias de clínicas*; *Siempre hay mucho de ruido*). ¿Cree que el primer análisis puede sostenerse?

7. La negación postverbal con *pas* puede importarse a las variedades del español en contacto (*No hay pas nada de malo*). Esta 'nueva' pieza gramatical es un refuerzo negativo que necesita el inductor *no*, por lo que

parece haber cierta dependencia entre ambos. ¿Se trata de una transferencia directa de material gramatical o hay otros principios estructurales involucrados?

8. La posición pospuesta del verbo se describe para el español en contacto con nasa yuwe, quechua, aimara, mapudungun y euskera. La tipología lingüística distingue varias clases de lenguas en función del orden no marcado de constituyentes sintácticos (sujeto (S), verbo (V) y objeto (O)). Consulte cuál es el orden en estas lenguas en el *World Atlas of Language Structures* (*WALS*) y proponga algunas razones para justificar esta tendencia a posponer el verbo (SOV).

9. Muchos de los fenómenos de contacto descritos, como la reestructuración de los sistemas pronominales átonos y las concordancias atípicas de género o de número, involucran cambios en los rasgos de concordancia: [número], [género], [persona] y [caso]. Repase la lista de fenómenos de contacto e identifique qué rasgo no está sometido a variación. ¿Se deben estas diferencias a que los rasgos están jerarquizados? ¿Por qué el número, frente a la persona, presenta variación?

10. La omisión del artículo definido en secuencias como *Tomo camioneta* se ha descrito en las variedades del español en contacto con lenguas mayas, mapudungun, aimara, quechua, nasa yuwe e ikun. La omisión del artículo, ¿se debe a que la lengua 'fuente' carece de artículo o a que la lengua 'fuente' dispone de artículos, pero expresa otros rasgos, o son de otro tipo?

Bibliografía

Aikhenvald, A. 2007. "Grammars in Contact: A Cross-Linguistic Perspective". En *Grammars in Contact: A Cross-Linguistic Typology*, ed. A. Y. Aikhenvald y R. M. W. Dixon, 1–66. Oxford: Oxford University Press.

Avelino Sierra, R. 2017. *Contacto lingüístico entre el español y el otomí en San Andrés Cuexcontitlán*. Ciudad de México: Universidad Nacional Autónoma de México.

Besters-Dilger, J., C. Dermarkar, S. Pfänder y A. Rabus, eds. 2014. *Congruence in Contact-Induced Language Change. Language Families, Typological Resemblance, and Perceived Similarity*. Berlin: De Gruyter.

Blas Arroyo, J. L. 2021. "When Language Contact Says Nothing: A Contrastive Analysis of queísta Structures in two Varieties of Peninsular Spanish". *Journal of Language Contact* 14: 403–437.

Blestel, E. y A. Palacios, eds. 2021. *Variedades del español en contacto con otras lenguas*. Bern: Peter Lang.

Bullock, B. E. y A. J. Toribio, eds., 2009. *The Cambridge Handbook of Linguistic Code Switching*. Cambridge: Cambridge University Press.

Clyne, M. 2003. *Dynamics of Language Contact*. Cambridge: Cambridge University Press.

Fernández-Ordóñez, I. 2016. "Dialectos del español peninsular". En *Enciclopedia lingüística hispánica*, ed. J. Gutiérrez Rexach, 387–404. London y New York: Routledge.

García Tesoro, A. I., M. Sánchez Paraíso y A. Palacios, eds. 2022. Marcadores discursivos en situaciones de contacto de lenguas. Monográfico *Boletín de Filología de la Universidad de Chile* 57 (1).

Gómez Seibane, S., M. Sánchez Paraíso y A. Palacios, eds. 2021. *Traspasando lo lingüístico: factores esenciales en el contacto de lenguas*. Madrid y Frankfurt: Iberoamericana/Vervuert.

Haugen, E. 1950. "The Analysis of Linguistic Borrowing". *Language* 26 (2): 210–231.

Heine, B. y T. Kuteva. 2005. *Language Contact and Grammatical Change*. Cambridge: Cambridge University Press.

Hickey, R., ed. 2013. *The Handbook of Language Contact*. Oxford: Wiley-Blackwell.

Hickey, R. 2020. "Language Contact and Linguistic Research". En *The Handbook of Language Contact*, ed. R. Hickey, 1–29. Oxford: Wiley Blackwell.

Jarvis S. y A. Pavlenko A. 2008. *Crosslinguistic Influence in Language and Cognition*. London y New York: Routledge.

Klee, A. y A. Lynch. 2005. *El español en contacto con otras lenguas*. Washington: Georgetown University Press.

Lipski, J. 1994. *Latin American Spanish*. London: Longman.

Martínez, A. y A. Palacios, eds. 2010. *El español en contacto con otras lenguas en Hispanoamérica*. Volumen monográfico de *Revista Internacional de Lingüística Iberoamericana* VIII (15).

Matras, Y. y J. Sakel, eds. 2007. *Grammatical Borrowing in Cross-Linguistic Perspective*. Berlin: De Gruyter.

Matras, Y. 2011. "Grammaticalization and language contact". En *The Oxford Handbook of Grammaticalization*, ed. H. Narrog y B. Heine, 279–290. Oxford: Oxford University Press.

Palacios, A. 2011. "Nuevas perspectivas en el estudio del cambio inducido por contacto: hacia un modelo dinámico del contacto de lenguas". *Revista de Lenguas Modernas* 38: 17–36.

Palacios, A. 2013. "Contact-Induced Change and Internal Evolution: Spanish in Contact with Amerindian Languages". En *The Interplay of Variation and Change in Contact Settings. Morphosyntactic Studies*, ed. Léglise, I. y C. Chamoreau, 165–198. Amsterdam: John Benjamins.

Palacios, A., ed. 2017. *Variación y cambio lingüístico en situaciones de contacto*. Madrid y Frankfurt: Iberoamericana/Vervuert.

Palacios, A. 2021. "Sobre el contacto y los contactos: algunas reflexiones a partir del análisis de los sistemas pronominales átonos de zonas de contacto lingüístico". En *Dinámicas lingüísticas de las situaciones de contacto*, eds. A. Palacios y M. Sánchez Paraíso, 47–76. Berlin: De Gruyter.

Palacios, A. y M. Sánchez Paraíso, eds. 2021. *Dinámicas lingüísticas de las situaciones de contacto*. Berlin: De Gruyter.

Ribeiro do Amaral, T. 2009. *El portuñol en la frontera brasileño-uruguaya: prácticas lingüísticas y construcción de la identidad*. PhD diss., Universidade Federal de Pelotas.

Sala, M. 1998. *Lenguas en contacto*. Madrid: Gredos.

Sánchez, L. 2003. *Quechua-Spanish Bilingualism: Interference and Convergence in Functional Categories*. Amsterdam: John Benjamins.

Sánchez Moreano, S. y E. Blestel, eds. 2021. *Prácticas lingüísticas heterogéneas: Nuevas perspectivas para el estudio del español en contacto con lenguas amerindias*. Berlin: Language Science Press.

Sessarego, S. y M. González-Rivera, eds. 2015. *New Perspectives on Hispanic Contact Linguistics in the Americas*. Madrid y Frankfurt: Iberoamericana/Vervuert.

Siemund, P. y N. Kintana. 2008. *Language Contact and Contact Languages*. Amsterdam: John Benjamins.

Silva-Corvalán, C. 2008. "The Limits of Convergence in Language Contact". *Journal of Language Contact* 2 (1): 213–224.

Thomason, S. G. 2001. *Language Contact: An Introduction*. Washington: Georgetown University Press.

Thomason, S. G. 2006. "Language Change and Language Contact". En *Encyclopedia of Language and Linguistics*, ed. K. Brown, 339–346. Cambridge: Elsevier.

Torres Sánchez, N. 2018. *Aquí hablamos tepehuano y allá español. Un estudio de la situación de bilingüismo incipiente entre español y tepehuano del sureste (o'dam) en Santa María de Ocotán y Durango*. PhD diss., El Colegio de México.

Trudgill, P. 2002. *Sociolinguistic Variation and Change*. Edinburgh: Edinburgh University Press.

Weinreich, U. 1968. *Languages in Contact*. The Hague: Mouton.

Winford, D. 2005. "Contact Induced Changes. Classification and Processes". *Diachronica* 22 (2): 373–427.

PARTE 2
La enseñanza de la variación

10

LA ENSEÑANZA DE LA FONÉTICA DIALECTAL

Jorge Méndez Seijas

Resumen

Este capítulo se enfoca en la descripción y enseñanza de algunas características dialectales de la pronunciación del español, con especial énfasis en variables sociolingüísticas como la región geográfica o la clase social. Asimismo, proporciona trasfondo teórico y herramientas didácticas concretas que invitan a reflexionar sobre cuál es el rol del profesorado en la definición y desarrollo de la "buena pronunciación". Al analizar la variación fonética en función de contextos geográficos y sociales, también se quiere fomentar la inclusión de aspectos fonéticos rara vez mencionados en manuales de enseñanza para, a través de ellos, promover una mayor conciencia crítica de la lengua. Este acercamiento permite hacer un repaso breve de la variación fonética del español sin minimizar la complejidad y riqueza que conlleva el análisis de sus usos en contextos comunicativos, culturales y sociales específicos.

Palabras clave

pronunciación, dialectos, sociolingüística, enseñanza, conciencia crítica

Abstract

This chapter focuses on the description and teaching of a small yet significant set of dialectal features of Spanish pronunciation. Emphasis is placed on phonetic variation related to geographical and social variables. Additionally, we provide some theoretical background and concrete didactic tools that invite the reader to reflect upon the role of educators in defining and developing learners' "good pronunciation." By analyzing pronunciation in geographical and social contexts, this chapter also aims to encourage teachers to include phonetic variants rarely mentioned in teaching materials and, through them, promote greater critical language awareness. The approach we have

DOI: 10.4324/9781003474722-13

adopted allows us to conduct a relatively brief overview of phonetic variation in Spanish without minimizing the complexity and richness involved in analyzing its uses across specific communicative, cultural, and social contexts.

Keywords

pronunciation, dialects, sociolinguistics, teaching, critical consciousness

1. Introducción

El español es primera lengua (L1) para casi 500 millones de hablantes en 21 países y lengua adicional (L2) para más de 23 millones de aprendices en todo el mundo (Fernández Vítores 2023). Dadas estas dimensiones demográficas y geográficas, la variación es naturalmente una de las características más prominentes y constantes de la lengua española. Por eso, el estudio formal de la **fonética dialectal** constituye una valiosa herramienta para indagar con mayor detalle en la vasta diversidad lingüística con que contamos en español, a la vez que enriquecemos y hacemos potencialmente más efectiva la enseñanza de la pronunciación en clases de español como L2. En este sentido, con la intención de avanzar y expandir nuestras posibilidades de instrucción fonética, las perspectivas variacionista y sociolingüística de este capítulo pretenden complementar la contribución de manuales enfocados en un dialecto en particular (Navarro Tomás 1977) o aquellos que describen principalmente variantes geográficas, en su mayoría estándar (Gil Fernández 2007; Hualde 2014).

Al estudiar la **variación fonética** en función de variables sociolingüísticas como la clase social, tal como proponemos, este capítulo también tiene como objetivo fomentar la inclusión de formas rara vez mencionadas en manuales de enseñanza para, a través de ellas, promover una mayor conciencia crítica de la lengua (Fairclough 1992). Este acercamiento nos permite dar una visión panorámica, aunque limitada, de la variación fonética del español sin minimizar la complejidad y riqueza que conlleva su análisis en diversas manifestaciones comunicativas, culturales y sociopolíticas.

Para cumplir con estos objetivos, se presenta un recorrido histórico de la enseñanza de la fonética y de la pronunciación en los modelos didáctico-pedagógicos más influyentes, tras lo cual se ofrecen herramientas de aplicación e integración específicas para clases de español. Posteriormente, algunas preguntas de ampliación nos ayudan a reflexionar sobre el rol del profesorado en la enseñanza de la fonética dialectal.

2. La enseñanza de la fonética dialectal

2.1. La fonética y su inclusión en la enseñanza de lenguas

En términos generales, la **fonética** es una rama de la lingüística entre cuyos propósitos está analizar cómo se articulan, transmiten y perciben los sonidos del habla. De esta tríada, la articulación y la percepción son de principal importancia en este capítulo, ya que se encargan, respectivamente, de describir cómo los órganos del aparato fonador (los labios, el paladar) se pueden manipular para pronunciar los diferentes sonidos de la lengua y cómo estos sonidos son percibidos e interpretados por el oído y el cerebro humanos. Aunque estén muy relacionadas, es importante no confundir la reflexión explícita del sistema fónico de una lengua (fonética) con la instrucción de la pronunciación, entendida esta como una destreza que forma parte de la adquisición de una L2 (Llisterri 2003). Asimismo, cabe señalar que, en textos académicos, el término *pronunciación* abarca tanto aspectos segmentales como suprasegmentales. Los primeros (segmentales) se refieren a los sonidos individuales de la lengua: las vocales y las consonantes. Los segundos (suprasegmentales) incluyen características lingüísticas que van más allá de los segmentos, como la entonación o el acento prosódico.

La lingüística y la fonética son campos con una tradición muy rica de investigación. En el ámbito teórico, contamos con propuestas que buscan explicar la relativa facilidad o dificultad que podrían enfrentar los aprendices al tratar de pronunciar los sonidos de una L2. Por ejemplo, a mediados del siglo pasado, Lado (1957) propone el **análisis contrastivo** (AC), acercamiento según el cual la raíz de los errores en una L2 puede predecirse exclusivamente a partir de comparaciones con la L1. Siguiendo esta lógica, una vez identificados todos los contrastes fonémicos entre dos lenguas, deben resultar más fáciles los segmentos y suprasegmentos presentes en ambas que los que solo existen en la L2. A pesar de que el AC supone un importante primer paso, este acercamiento no considera todos los posibles contrastes ni puede explicar diferencias distribucionales entre sonidos compartidos por las dos lenguas. Por esta razón, aproximaciones posteriores plantean análisis más complejos, con un entendimiento más sutil de las posibles interacciones entre lenguas. Flege (1987, 1996), por ejemplo, formula el *Speech Learning Model* (SLM), modelo que sugiere que las diferencias interlingüísticas pueden clasificarse en tres tipos:

1. Sonidos iguales y, por eso, potencialmente más fáciles de producir para un aprendiz.
2. Sonidos diferentes en una L2, para los cuales es posible una aproximación a la forma nativa, aunque probablemente no una pronunciación exacta.
3. Sonidos parecidos pero no idénticos, que pueden generar mayores problemas por resultar perceptualmente indistinguibles.

Aunque en el siglo XXI han surgido otros modelos, el SLM ha tenido un impacto más duradero, y su influencia está muy presente en interpretaciones sobre la dificultad en la producción y percepción de los sonidos de una L2 y, como veremos más adelante, en estrategias específicas a tener en cuenta al diseñar materiales para la enseñanza de la fonética dialectal o de la pronunciación.

A pesar de los avances teóricos mencionados, tanto la enseñanza explícita de la fonética como la atención a la pronunciación han estado y siguen estando, en general, relegadas a un segundo plano en el campo de la enseñanza del español como L2, salvo en cursos especializados de lingüística (Gurzynski-Weiss, Long y Solon 2017). La explicación, en parte, puede encontrarse en la evolución y prioridades que han dominado este campo: hasta principios del siglo XX, por ejemplo, el método gramática-traducción excluye por completo la oralidad, razón por la cual la atención a la pronunciación es simplemente irrelevante. Esto cambia con la irrupción del audiolingüismo en la década de los cincuenta, modelo cuyo enfoque se basa en secuencias de presentación, práctica y producción de palabras y frases memorizadas, seguidas de retroalimentación y corrección gramatical y fonética. Ya desde los años 60, aproximaciones de corte comunicativo han desviado la atención de los profesores de lengua hacia la comunicación, restándole algo de importancia a actividades centradas en la corrección lingüística descontextualizada propia del audiolingüismo. En propuestas como el enfoque por tareas, sin embargo, se ha puesto algo más de énfasis en desarrollar no solo las capacidades comunicativas de los aprendices, sino también la precisión de la pronunciación, entre otros factores (Mora y Levkina 2017; Consejo de Europa 2002; Instituto Cervantes 2006). En la actualidad, hay opciones tecnopedagógicas que facilitan la exposición a la variación fonética y el trabajo de la pronunciación (con *podcasts*, redes sociales o aplicaciones).

2.2. *La fonética dialectal: una perspectiva crítica*

Entre las subdisciplinas de la fonética encontramos la **fonética dialectal**, que se ocupa de variaciones en la pronunciación asociadas con contextos geográficos, sociales y situacionales, entre otros. Su estudio ha recibido considerable atención en los campos de la lingüística descriptiva (Hansen Edwards 2008; Hualde 2014; Tuten, Tejedo-Herrero, Rao y Clarke 2022) y la adquisición del español como L2 (Geeslin y Gudmestad 2008; Méndez-Seijas 2018; Zárate-Sández 2019). Es necesario destacar, sin embargo, que el énfasis en la mayoría de estos trabajos ha estado en la descripción de la variación geográfica, una perspectiva que esperamos expandir en este capítulo al presentar también variables sociales e ideológicas. Al incluir estas variables, podemos hacer aún más evidente que la manera como pronunciamos las palabras o los enunciados no es solamente inseparable del lugar donde vivimos o crecemos, sino también de los contextos sociopolíticos e ideológicos en los que la lengua toma forma y adquiere o pierde valor simbólico.

En la tabla 10.1 transcribimos una pequeña muestra de la variación que existe en español actual, para lo cual usamos solo algunos sonidos consonánticos. La mayoría de las variantes incluidas están bastante extendidas en la población de alguna región o país, y se consideran dentro del estándar.

Otras, marcadas con una almohadilla (#), corresponden con realizaciones tildadas de "informales", "descuidadas", "rurales", "populares", entre otros adjetivos peyorativos. Más adelante volveremos sobre este hecho. Por ahora, y para entender las características fónicas de estas variantes, se incluye la representación fonológica o mental de los sonidos (el fonema), las grafías que se usan para representarlos en la escritura, las variantes fonéticas más comunes y algunos ejemplos de variación fonética. Las transcripciones están hechas con la simbología del Alfabeto Fonético Internacional (AFI), herramienta que proporciona una serie de símbolos que denotan de forma regularizada las pronunciaciones de los sonidos consonánticos según su modo de articulación (fricativo, oclusivo), lugar de articulación (alveolar, bilabial) y sonoridad (sonoro o sordo); y de los sonidos vocálicos según la posición de la lengua (anterior, central y posterior), la apertura del tracto vocal (bajo, medio, alto) y el redondeamiento de los labios.

La variación dialectal en español, como puede verse en la tabla, se logra a través de diferentes procesos fonológicos, entre los cuales encontramos la sonorización, la elisión, la asibilación o la aspiración, entre otros. Desde una perspectiva puramente lingüística y variacionista, ninguna de las formas resultantes tras la aplicación de estos procesos es "mejor" o "peor", ninguna produce automáticamente formas "estándares" o "coloquiales". Es más, hay casos en los que una misma pronunciación se percibe como "prestigiosa" en una región y "coloquial" en otra. Por ejemplo, la realización asibilada de la /r/ está estigmatizada en Ecuador, Perú, Bolivia, Chile, Paraguay y Centroamérica, pero se consideraba de prestigio en Ciudad de México en la segunda mitad del siglo XX (Perissinotto 1972). También hay ocasiones en las que la percepción de una variante cambia por razones extralingüísticas: el atractivo turístico de Cancún ha hecho que pronunciaciones típicas de la región, como la realización bilabial de /n/ a final de palabra, hayan ganado reputación como marcadores de orgullo local (Lipski 2011). Por último, tampoco hay nada intrínsecamente "deficiente" o "descuidado" en el lambdacismo o en la pronunciación de la secuencia /bue-/ como [gwe-], fenómenos muy extendidos y criticados en el mundo hispanohablante.

Todos estos casos de variación que mencionamos en la tabla y que discutimos arriba nos pueden llevar a la conclusión de que el valor social de estas formas no está determinado por sus características lingüísticas, sino por el poder simbólico que tienen los hablantes que las usan y por **ideologías** que perpetúan jerarquizaciones sociales a través de la lengua (Woolard 2020). Así, las formas estándar o normativas no están consideradas como tal porque sean neutrales o porque su uso sea propio de la mayoría de los hablantes de una región, sino porque representan la manera de hablar de las comunidades con mayor poder económico y social (Lippi-Green 2012). Por esta razón, el etiquetar ciertas variedades como "inferiores", "malas" o "incorrectas" no es una posición inocente: la estigmatización de la pronunciación de estas

TABLA 10.1 Muestra de la variación que existe en el mundo hispanohablante

Fonema	Grafía(s)	Variantes	Variación geográfica y social
Consonantes oclusivas			
/p/	"p"	*pozo*, [p]ozo	# En Cuba puede haber sonorización en posición intervocálica. La /p-/ se puede realizar como oclusiva sonora (*pozo*, [b]ozo) o como aproximante sonora (*pozo*, [β] oso).
/b/	"b, v"	*vaca*, [b]aca *cabe*, ca[β]e La distribución de estas variables es complementaria, es decir, depende del contexto fónico, por lo que donde ocurre una no puede generalmente ocurrir la otra.	En algunos dialectos en Chile, España, México y Estados Unidos, independientemente de la grafía (*b*, *v*), los hablantes producen el sonido labiodental [v] (*boca*, [v]oca).
/d/	"d"	*dice*, [d]ice *cada*, ca[ð]a Variantes de distribución complementaria.	# De forma generalizada en el Caribe, Chile, la costa peruana y Andalucía, el fonema /-d-/ se elide en posición intervocálica, especialmente en participios terminados en -ado/a (*ha llamado*, ha lla[mao]).
/g/	"g"	*gana*, [g]ana *paga*, pa[ɣ]e Variantes de distribución complementaria.	# De forma extendida en el mundo hispanohablante, hay una tendencia a pronunciar la secuencia /bue-/ como [gwe-] (*bueno*, [gwe]no; *abuela*, a[gwe]la).
Consonante africada			
/tʃ/	"ch"	*cacho*, ca[tʃ]o	# En Andalucía, Panamá, el noroeste de México y el suroeste de los Estados Unidos, se reporta el sonido [ʃ] (*muchacha*, mu[ʃa.ʃa]).
Consonantes fricativas			
/f/	"f"	*familia*, [f]amilia	# En algunas zonas rurales de España y América se utiliza con frecuencia una articulación bilabial [ɸ]. También se registra en zonas de contacto español-quechua.

(Continuado)

TABLA 10.1 (Continuado)

Fonema	Grafía(s)	Variantes	Variación geográfica y social
/s/	"s, c(e, i), x"	*casa*, ca[s]a	En principio de sílaba o posición intervocálica, en el español peninsular /s/ suele realizarse de manera ápico-alveolar, mientras que en buena parte de Hispanoamérica es predorso-alveolar. A final de sílaba, en muchas regiones del Caribe y partes de Andalucía, Murcia, La Mancha y Extremadura es común su aspiración o incluso su elisión.
Consonante nasal			
/n/	"n"	*llaman*, llama[n]	En algunos dialectos caribeños es común que el punto de articulación en finales de sílaba sea velar [ŋ], independientemente de cuál sea la consonante siguiente. En Yucatán (México), la /n/ final de palabra suele articularse con punto de articulación bilabial (Yucatán, Yukata[m]).
Consonante líquida: vibrante múltiple			
/r/	"rr, r"	*rápido*, [ř]ápido	# En algunas zonas andinas de Perú, Ecuador, Bolivia y Chile, así como en partes de Paraguay, México y Centroamérica, encontramos una pronunciación asibilada [ř] de este fonema. # En Puerto Rico, el fonema /r/ presenta gran variación, siendo posibles [ʁ], [χ], [h] y [l]. En posición inicial (*rico*, [ʁ]ico, [χ]ico o [h]ico). Y en posición final (*puerto*, pue[l]to), fenómeno llamado lambdacismo.

comunidades, generalmente de estatus socioeconómico bajo o miembros de grupos raciales o étnicos minoritarios, puede llevar a creencias erróneas sobre la superioridad de una variante sobre otra, y de una comunidad sobre otra. Este tipo de ideologías afecta no solo a los hablantes de los dialectos estigmatizados, sino también a los estudiantes de español, quienes podrían terminar creyendo que efectivamente hay ciertas formas de hablar menos válidas que otras. La fonética dialectal nos enseña que todas las variantes tienen un sistema coherente y una lógica interna que debe ser entendida y respetada.

3. Aplicación e integración

Tradicionalmente, la instrucción de la pronunciación ha estado dirigida hacia la imitación, o al menos la aproximación, de formas consideradas nativas, monolingües y estándares. Por ejemplo, hasta hace pocas décadas el modelo de pronunciación que dominaba las clases de español en Europa y Estados Unidos era el del dialecto castellano del norte de España (Zárate-Sández 2019). Hoy en día, cuando reconocemos y valoramos la diversidad dialectal, la enseñanza de una L2 debe replantearse para que lo primordial sea que los estudiantes identifiquen y comprendan las diferencias entre pronunciaciones, así como también las fuerzas sociales e ideológicas que les dan o restan valor. Luego, dadas las distintas preferencias e identidades de los aprendices, es posible que algunos opten por mantener un acento que refleje su L1, mientras que otros podrían preferir adoptar una pronunciación dialectal específica del español. Este respeto por la identidad lingüística de cada persona es indispensable porque fomenta un ambiente de aprendizaje inclusivo y motivador.

Independientemente de qué forma de hablar quieran desarrollar los aprendices, como profesores debemos reconocer que el proceso de adquisición de una lengua es complejo, prolongado y gradual. Cada estudiante, además, avanza a su propio ritmo con diferentes grados de competencia lingüística, intereses y motivaciones. Esto no significa que no debamos intervenir de ninguna forma. Todo lo contrario, solo que debemos estar informados en todo momento de los avances teóricos y prácticos como los que hemos descrito en este capítulo, pues así podemos potenciar las capacidades individuales de cada uno de nuestros estudiantes. A continuación, presentamos algunas consideraciones.

3.1. *La percepción de los sonidos es fundamental para su adquisición*

Las aproximaciones teóricas que describimos en este capítulo tienen en común la afirmación de que no todos los sonidos son igualmente fáciles de percibir o de producir. Es esencial, por ello, que nos enfoquemos en el desarrollo de la percepción de sonidos con diferentes grados de dificultad y que no esperemos mejoras significativas en la pronunciación hasta que los aprendices hayan demostrado que pueden diferenciar sonidos específicos.

Hay gran variedad de técnicas que buscan sensibilizar las capacidades perceptivas de los aprendices, entre ellas las que se basan en:

1. La audición y repetición de palabra cuya única diferencia son los sonidos que presentan dificultad para nuestros estudiantes (pares mínimos como *cana / caña* para ayudar con la percepción y producción de /ŋ/).
2. Repetición de un modelo exagerado para intensificar las características acústicas o articulatorias de sonidos similares y, así, mejorar su percepción (pausas y una entonación marcada para hacer énfasis en cómo la variación también se encuentra en procesos como el silabeo de grupos consonánticos: -tl- en *Atlántico* puede ser [at.lán]tico o [a.tlán]tico).
3. Ejercicios de discriminación de sonidos con respuestas físicas por parte de los estudiantes (el profesor pronuncia pares mínimos y los estudiantes tienen que indicar, con una respuesta física, con qué fonema se corresponde cada pronunciación).

3.2. El desarrollo de la conciencia fonética no es solo un ejercicio teórico

Muchas veces, nos enfocamos principalmente en dar a nuestros estudiantes conocimiento explícito de la lengua. En términos de la fonética dialectal, por ejemplo, les enseñamos puntos y modos de articulación y los ayudamos a descifrar y transcribir sonidos con el AFI. Aunque esta información es útil, y es posible que los ayude a describir con mayor precisión pronunciaciones asociadas con distintas regiones o estratos socioeconómicos, estos detalles no siempre son útiles para afinar su capacidad de percibir diferencias contrastivas o dialectales entre sonidos (como la diferencia entre /p/ y /b/, que puede resultar difícil para anglohablantes de competencia comunicativa baja), o a pronunciar mejor características fónicas, que quizá ni siquiera pueden percibir (como el hecho de que, a diferencia del inglés, la /-o/ a final de palabra (*tengo*) no diptonga [-ow]). Debemos, por esta razón, complementar nuestras explicaciones con material auditivo y audiovisual que les permita escuchar ejemplos de variación lingüística en contextos comunicativos reales, como diálogos de programas de televisión, música, *podcasts*, textos breves leídos en voz alta, entre otros.

3.3. El desarrollo de la pronunciación debe tener como meta la comunicación

Los ejercicios descontextualizados propios del audiolingüismo aún se emplean en la enseñanza tradicional. Sabemos, sin embargo, que es más probable que adquiramos conocimiento implícito de una L2 cuando la usamos repetidamente en contextos comunicativos reales o, al menos, realistas. En el marco del enfoque por tareas, por ejemplo, podríamos imaginar una interacción en la que sea crucial usar patrones entonativos típicos de preguntas o de expresiones de cortesía con un fin comunicativo específico (por ejemplo, una tarea con un vacío de conocimiento en la que los participantes tengan que hacer preguntas específicas para dar con una respuesta). En secuencias didácticas anteriores o posteriores, podemos reflexionar sobre la entonación u otros aspectos segmentales o suprasegmentales de la variedad de español que usamos en clase. Cuando el objetivo de la pronunciación, y su instrucción o corrección, es la comunicación efectiva, es importante destacar que la meta no puede ni debe ser que nuestros estudiantes suenen como hablantes nativos. Es quizá mejor pensar que la inteligibilidad y la comprensibilidad (especialmente en los niveles iniciales) son las mejores características de una buena pronunciación.

3.4. Conciencia crítica de la lengua

La fonética dialectal constituye una herramienta fundamental para mejorar la conciencia crítica de la lengua (Fairclough 1992; Leeman y Fuller 2022). Así, por ejemplo, podemos crear tareas o actividades que dejen claro que la variación es natural y que la idea de que hay variantes "mejores" o personas que hablan "mal" no tiene ninguna justificación lingüística. Estas ideologías que crean falsas jerarquías entre dialectos o variantes fonéticas no hacen más que producir o reproducir jerarquizaciones sociales perjudiciales para grupos lingüística y socialmente marginados. Debemos tener conversaciones abiertas y sinceras con nuestros estudiantes y discutir por qué algunas variantes tienen más prestigio social que otras, y darles la libertad de escoger qué variedades de español les gustaría adquirir o practicar. Reflexiones críticas como estas no solo enriquecen el conocimiento que puedan desarrollar los aprendices sobre la L2, sino que también combaten prejuicios lingüísticos y sociales que pasan desapercibidos en nuestras aulas y que rara vez son cuestionados directamente en la sociedad.

Al incluir reflexiones críticas sobre la variación fonética, también podemos demostrar que nuestro cometido es promover respeto hacia todas las formas de hablar, y animar a nuestros estudiantes a que aprecien la riqueza que aporta la diversidad dialectal al español. En última instancia, queremos que puedan describir y analizar las diferencias lingüísticas desde una perspectiva científica y didáctica, y no desde estereotipos sociales o ideologías perniciosas. Al fomentar la apreciación de la diversidad y la reflexión crítica, también estamos contribuyendo a que nuestros estudiantes sean más conscientes de su papel, y de su poder, en el avance de la justicia social y lingüística en un mundo que es cada vez más multilingüe, multicultural e intercultural.

4. Preguntas de ampliación y reflexión

1. ¿De qué manera la corrección de la pronunciación puede ser un proceso sensible y respetuoso hacia las variaciones geográficas y sociales?
2. ¿Cómo puede usarse el estudio de la variación fonética para fomentar la conciencia crítica de la lengua en las clases de español?
3. ¿Qué se entiende por "pronunciación correcta" y quién lo determina?
4. ¿De qué forma podemos combinar la instrucción y la corrección de la pronunciación con modelos de enseñanza actuales cuyo fin principal es la comunicación?
5. En su opinión, ¿cuál es el objetivo de la enseñanza y corrección de la pronunciación?
6. ¿Qué sonidos del español pueden resultar más difíciles a un aprendiz anglohablante? Justifique su respuesta.
7. ¿Qué sonidos del español pueden resultar más fáciles a un aprendiz anglohablante? Justifique su respuesta.
8. ¿Qué tipo de tareas cree que son adecuadas para desarrollar aspectos suprasegmentales, como la entonación o el acento prosódico en estudiantes de español?
9. ¿Sabe, en algún país o alguna de las áreas lingüísticas del mundo hispano, qué variantes fonéticas están estigmatizas? Explique la razón de esa estigmatización.
10. Además de las mencionadas en este capítulo, ¿qué tipo de tareas o actividades podemos diseñar para incluir más ejemplos de variación dialectal en nuestras clases?

Bibliografía

Consejo de Europa. 2002. *Marco común europeo de referencia para las lenguas: aprendizaje, enseñanza, evaluación.* Madrid: Ministerio de Educación, Cultura y Deporte/Anaya.

D'Introno, F., E. del Teso y R. Weston. 1995. *Fonética y fonología actual del español.* Madrid: Cátedra.

Fairclough, N. 1992. *Critical Language Awareness.* London: Longman.

Fernández Vítores, D. 2023. "El español: una lengua viva". *Informe 2023.* Madrid: Instituto Cervantes.

Flege, J. E. 1987. "The Production of 'New' and 'Similar' Phones in a Foreign Language: Evidence for the Effect of Equivalence Classification". *Journal of Phonetics* 15: 47–65.

Flege, J. E. 1996. English vowel productions by Dutch talkers: more evidence for the "similar" vs "new" distinction". En *Second Language Speech. Structure and Process*, eds. A. James y J. Leather, 11–52. Berlin: De Gruyter.

Geeslin, K. L. y A. Gudmestad. 2008. "Comparing interview and written elicitation tasks in native and non-native data: Do speakers do what we think they do?". En

Selected Proceedings of the 10th Hispanic Linguistics Symposium, eds. J. Bruhn de Garavito y E. Valenzuela, 64–77. Somerville: Cascadilla.

Gil Fernández, J. 2007. *Fonética para profesores de español: de la teoría a la práctica.* Madrid: Arco/Libros.

Guitart, J. 1978. "Aspectos del consonantismo habanero: reexamen descriptivo". *Boletín de la Academia Puertorriqueña de la Lengua Española* 6: 95–114.

Gurzynski-Weiss, L., A. Long y M. Solon. 2017. "TBLT and L2 Pronunciation: Do the Benefits of Tasks Extend beyond Grammar and Lexis?". *Studies in Second Language Acquisition* 39 (2): 213–224.

Hansen Edwards, J. G. 2008. "Social Factors and Variation in Production in L2 Phonology". En *Phonology and Second Language Acquisition*, eds. J. G. Hansen Edwards y M. L. Zampini, 251–279. Philadelphia: John Benjamins.

Hualde J. I. 2014. *Los sonidos del español.* Cambridge: Cambridge University Press.

Instituto Cervantes. 2006. *Plan curricular del Instituto Cervantes. Niveles de referencia para el español.* Madrid: Biblioteca Nueva.

Lado, R. 1957. *Linguistics across Cultures: Applied Linguistics and Language Teachers.* Ann Arbor: University of Michigan Press.

Leeman, J. y J. Fuller. 2022. *Hablar español en Estados Unidos: La sociopolítica del lenguaje.* Bristol: Multilingual Matters.

Lippi-Green, R. 2012. *English with an Accent: Language, Ideology, and Discrimination in the United States.* London y New York: Routledge.

Lipski, J. 2008. *Varieties of Spanish in the United States.* Washington: Georgetown University Press.

Lipski, J. 2011. "Socio-Phonological Variation in Latin American Spanish". En *The Handbook of Hispanic Sociolinguistics*, ed. M. Díaz-Campos, 72–97. Oxford: Wiley-Blackwell.

Llisterri, J. 2003. "La enseñanza de la pronunciación". *Revista del Instituto Cervantes en Italia* 4 (1): 91–114.

Méndez Seijas, J. 2018. "L2 Spanish Intonation in a Short-Term SA Program". En *The Routledge Handbook of Study Abroad Research and Practice*, eds. C. Sanz y A. Morales-Front, 86–100. London y New York: Routledge.

Mora, J. C., y M. Levkina. 2017. "Task-Based Pronunciation Teaching and Research: Key Issues and Future Directions". *Studies in Second Language Acquisition* 39 (2): 381–399.

Navarro Tomás, T. 1977. *Manual de pronunciación española.* Madrid: Consejo Superior de Investigaciones Científicas.

Perissinotto, G. 1972. "Distribución demográfica de la asibilación de vibrantes en el habla de la ciudad de México". *Nueva Revista de Filología Hispánica* 21 (1): 71–79.

Tuten, D. N., F. Tejedo-Herrero, R. Rao y H. R. Clarke. 2022. *Pronunciaciones del español.* London y New York: Routledge.

Woolard, K. A. 2020. "Language Ideology". En *The International Encyclopedia of Linguistic Anthropology*, ed. J. Stanlaw, 1–20. Oxford: Wiley-Blackwell.

Zárate-Sández, G. 2019. "Spanish Pronunciation and Teaching Dialectal Variation". En *Key Issues in the Teaching of Spanish Pronunciation: From Description to Pedagogy*, ed. R. Rao, 201–217. London y New York: Routledge.

11

LA ENSEÑANZA DE LA GRAMÁTICA DIALECTAL

Enrique Pato

Resumen

En la actualidad, instituciones, editoriales, creadores de materiales, profesores y alumnos son conscientes de la necesidad de incluir el conocimiento dialectal y de la variación del español en clase y en la educación formal. Tras una introducción general, el capítulo presenta una visión de conjunto sobre la enseñanza de la gramática dialectal, con un repaso crítico de los enfoques teóricos más relevantes, su problematización y los modelos de explicación gramatical. Después ofrece una aplicación e integración del contenido teórico previo, con la revisión del diseño y tipo de actividades, algunos modelos concretos de ejercicios y una nota sobre la evaluación. Por último, propone una serie de preguntas de ampliación y de reflexión para asentar y desarrollar algunos de los contenidos tratados, abriendo el camino a otras cuestiones de interés para futuros profesores y alumnos.

Palabras clave

español, gramática, variación, dialectos, enseñanza

Abstract

Nowadays, institutions, publishers, creators of materials, teachers and students are aware of the need to include dialectal knowledge and variation of Spanish in classroom and formal education. After a general introduction, the chapter presents an overview of the teaching of dialectal grammar, with a critical review of the most relevant theoretical approaches, their problematisation and models of grammatical explanation. Then, it offers an application and integration of the

DOI: 10.4324/9781003474722-14

previous theoretical content, with a review of the design and type of activities, some concrete models of exercises and a note on evaluation. Finally, it proposes a series of questions for extension and reflection to consolidate and further develop some of the content covered, opening the way to other issues of interest to future teachers and students.

Keywords

Spanish, grammar, variation, dialects, teaching

1. Introducción

La **gramática** se ocupa del estudio de los elementos de una lengua, cómo se organizan y cómo se combinan entre sí. La **gramática dialectal** y la variación, por su parte, se centran en el estudio de las propiedades particulares de una variedad lingüística de un país o de un área determinada. Por ello, lo *dialectal* se entiende como aquello que forma parte del subsistema de una lengua general y es propio de un espacio geográfico y social. Dado que todas las lenguas presentan variación, no es de extrañar que no sea sencillo completar su aprendizaje o dominar su uso. Además, aunque hablar una lengua no es hablar solo una variedad dialectal, para obtener una competencia "nativa" se debe dominar una variedad específica. En cualquier caso, hay que recordar que la diversidad no impide el mutuo entendimiento entre los hablantes, y que el uso particular de una variedad o dialecto no limita la intercomprensión con las demás variedades.

El hecho de que haya varios centros regionales (**pluricentrismo normativo**) y de que exista también una **norma panhispánica** que representa un sistema común y de prestigio compartido por la comunidad hispanohablante (el estándar o español general), no frena el uso habitual y la variación. De hecho, lo normativo no necesariamente es lo más habitual (como el *leísmo* de persona: *Le vi [a Luis]*, que varía dentro de una misma zona dialectal), y lo más habitual no necesariamente es normativo (*Habían muchas personas*, en algunos casos influido por el contacto con otras lenguas; *Se los dije*).

Desde el punto de vista didáctico (Alonso 2012), lo primero que debemos recordar es la distinción entre el **conocimiento activo**, para expresarse en una lengua (de manera oral y escrita), y el **conocimiento pasivo**, para comprender rasgos que uno no emplea, pero que ayudan a tener una comunicación más fluida (no hay que olvidar que todo hablante está expuesto a muy diverso *input*). Asimismo, el lenguaje no es algo externo, está en la mente de los hablantes. En segundo lugar, podemos seleccionar una variedad concreta, teniendo presente el contexto en que se va a desarrollar el aprendizaje y su conveniencia, para responder a las expectativas de los aprendices, pero no imponer que los estudiantes adopten una variedad determinada (preferente) y produzcan siempre en ella (Liceras *et al.* 1994–1995). En este sentido, se puede enseñar el modelo más cercano o el modelo general y estándar (caribeño; mexicano-centroamericano; andino; rioplatense; chileno; castellano; andaluz; canario) (Moreno Fernández 2023). La unidad del español está justo en ese sistema estandarizado, válido para las normas cultas del mundo hispánico, que se enriquece con la variación de cada una de las áreas y países donde se habla el español (Soler Montes 2024).

La fórmula «ELE/EL2 = español estándar + variedad preferente (principal) + variedades periféricas» (Andión Herrero 2007; Andión Herrero 2013) sigue siendo válida, pero en muchos casos el profesor solo puede seleccionar algunos de los rasgos que quiere enseñar, ya que el manual y el plan de curso suelen estar impuestos por el centro educativo. Además, bajo esa fórmula las variedades periféricas solo se enseñan por necesidades específicas –siguiendo el principio de rentabilidad (distribución amplia) y si el rasgo se emplea en el nivel sociocultural alto, y no como algo propio a la geografía de lengua española: continentes, países, regiones– para cubrir vacíos de información, no siempre mediante la comparación entre unas variedades y otras, ofreciendo la falsa idea de que la variación geográfica es aquello que viene a complicarnos la enseñanza –basada muchas veces en el uso correcto y su evaluación– y suponiendo hipotéticas dificultades para el alumno. A este respecto, solo hay que comprobar que los usos no normativos y de variación (como el *laísmo*, el *dequeísmo* y muchos otros fenómenos) se dejan para los niveles avanzados (*MCER*; *PCIC*).

Con todo, creemos que lo ideal sería enseñar la lengua urbana (general y coloquial), escolarizada, de uso cotidiano y del nivel culto al popular, presentando los grados de formalidad según el contexto y la situación. Por otro lado, la aclaración de un rasgo estará siempre justificada si aparece en el contexto de aprendizaje y si el alumno tiene preguntas o dudas. Es un hecho que en todas las clases y cursos hay personas más curiosas o sensibles a la variación que otras.

En este capítulo se presenta una visión de conjunto sobre la enseñanza de la gramática dialectal, se ofrece una aplicación e integración del contenido teórico, así como unas preguntas de ampliación y reflexión finales.

2. La enseñanza de la gramática dialectal

Para que la enseñanza de la **gramática dialectal** sea eficaz, el estudiante debe contar con un conocimiento previo de la **norma estándar** (variante que se considera preferible), según su nivel. Además, lo dialectal tiene que ser relevante y motivador, y contar con un objetivo más allá de lo puramente lingüístico, para que se involucre personalmente al observar, razonar y analizar los contenidos. La importancia de conocer y respetar las distintas maneras de hablar español es clave para comunicarse y saber adaptarse a la situación comunicativa, tanto en contextos formales como informales.

El aula de lengua extranjera es un **espacio polifónico**, entendido como una realidad híbrida y dinámica (Muñoz-Basols y Hernández Muñoz 2019), por lo que resulta primordial que el profesor sepa qué lenguas y variedades están presentes en ella. También, las actitudes lingüísticas que transmita sobre la diversidad dialectal, sin deslegitimar usos, servirán de guía a sus alumnos. Esa diversidad debe ser entendida como fuente de riqueza y parte integrante para la construcción de la identidad de las personas. Al igual que los nativos, los estudiantes asumen como propia alguna de las diferentes variedades, aunque también puedan ser hablantes multidialectales.

Investigaciones previas han señalado que el conocimiento gramatical que posee un hablante es un conglomerado e incluye un saber memorizado, otro personal y otro intuitivo. Sin embargo, el procedimiento no es estable, ya que depende de la forma, el significado y el lugar que ocupa una palabra en la frase o en un paradigma. Y, cuando no está consolidado, hay dificultad para recuperarlo en situaciones distintas a las aprendidas. Asimismo, parece que algunos alumnos no interiorizan reglas gramaticales, sino ejemplos concretos, por lo que el desarrollo de la conciencia gramatical solo se puede lograr mediante una reflexión consciente, para ayudar a comprender e interiorizar las formas en estudio (Ellis 1992; VanPatten 2004; Llopis García *et al.* 2012, entre otros). El objetivo, entonces, será ayudar a procesar el *input* y centrar la atención en los rasgos lingüísticos para que se lleguen a interiorizar. El camino para lograrlo incluye el descubrimiento, la reformulación, la interpretación, la reflexión y la producción, si bien el uso del conocimiento explícito de manera implícita y automática depende de cada alumno. En este proceso, el docente juega un papel importante, ya que la enseñanza implícita genera un aprendizaje más inductivo, con mayor espacio para el descubrimiento y la reflexión.

Por otro lado, aunque la enseñanza y el estudio gramatical se suele llevar a cabo desde el análisis de los ejemplos a las reglas, la información teórica que se recibe en clase no es la única que contribuye a construir un conocimiento organizado sobre la lengua. A este respecto, la interacción en clase es fundamental para producir comentarios e ideas sobre los fenómenos dialectales. De este modo, se promueve la **actividad metalingüística**: qué es, cómo funciona, qué relación tiene con otras palabras. Como defienden varios autores, debemos huir de la transmisión de definiciones y reglas, y potenciar **cómo problematizar** los datos lingüísticos, plantearse interrogantes y conocer el funcionamiento de elementos lingüísticos en distintos contextos (Bosque 2023; Pato 2024).

Todo lo anterior no significa que el conocimiento que el estudiante tiene como hablante no sea útil. Parece que la instrucción explícita es más eficaz, especialmente en adultos mayores. Sin embargo, la mera presentación y práctica de una regla no garantiza su adquisición (Swan 2006; Martí Contreras

2015). Los alumnos identifican mejor los rasgos tras ver la teoría, pero el nivel de dificultad siempre es individual, así como la distancia con respecto a la variación. La idea es que se beneficie de la instrucción y presentación explícita, para facilitar el proceso de internalización (comprensión y uso). Para ello, el **contraste interlingüístico** es fundamental.

Como ideal, todo hablante debería conocer la unidad y la diversidad del idioma, recordando que su conocimiento no conlleva el uso espontáneo del mismo, sino que nos sirve para ayudar a procesar adecuadamente el *input* recibido. En relación con esto, parece que los aprendices procesan la información del *input* gracias al significado antes que por la forma, y primero las palabras con contenido (elementos léxicos) que los elementos gramaticales (VanPatten 2004). Cuando un hablante advierte una forma diferente, ya sea porque no la ha escuchado o leído anteriormente, o porque no conoce su significado, la aísla y la etiqueta como "nueva". Si se atiende a determinado elemento gramatical al tiempo que se procesa su significado, sin producir el elemento en cuestión, solo procesarlo, se puede establecer una correspondencia entre forma y significado (x→ 'y'). En este caso se daría información sobre el elemento lingüístico y se explicaría la relación entre forma y significado, de la palabra a la oración, y luego al contexto de aparición y uso.

El saber gramatical resulta operativo cuando incide en los usos lingüísticos y contribuye a su control. Todo estudiante desea alcanzar un dominio en el uso de la lengua que aprende, pero para ello es necesario un conocimiento declarativo sobre la naturaleza y el funcionamiento de los elementos lingüísticos, normativos o no. Podemos ayudar a los alumnos para que sepan cómo combinar elementos lingüísticos y darse cuenta de algunos de los problemas en el uso del lenguaje, propio y ajeno. Con preguntas básicas (*¿Qué notas en estos ejemplos? ¿Cómo lo dirías tú? ¿Conoces otros casos similares?*) y rasgos contextualizados y significativos, podemos convertir el problema gramatical en dato concreto; de este modo resulta más sencilla su presentación, análisis y comprensión, y se fomenta el desarrollo de una *competencia variacional* (entendida como la habilidad para detectar la existencia de variantes dentro de un sistema), para poder comunicarse adecuadamente en diferentes circunstancias sociales, además de mostrar una imagen acorde con la diversidad del español actual.

Si bien es cierto que hay mayor interés por las cuestiones dialectales en los niveles más avanzados, su enseñanza debe estar presente desde el nivel inicial, para luego abordar y distinguirla con más detalle desde el nivel B (Soler Montes 2008; Pato 2024). En realidad, los rasgos dialectales se pueden trabajar **en todos los niveles**. Para ello, los ejemplos deben mostrarse dentro de un contexto definido, que permita detectar significados, registros y usos sociales ligados a los rasgos dialectales (Vila Puyol 2009, entre otros). La lengua es uso, y la práctica de estrategias para describir, pedir aclaraciones y confirmar significados son acciones que conllevan una negociación discursiva exitosa; sin olvidar la distinción entre el **conocimiento activo** de una variedad (dominio para producir) y el **conocimiento pasivo** de otras (para comprender). En definitiva, podemos vincular la dimensión dialectal con numerosas estrategias comunicativas.

La enseñanza suele estar condicionada por la elección del manual y los materiales complementarios, la variedad que tenga el profesor (especialmente en los niveles iniciales) y el lugar donde se aprende (variedad preferente). Asimismo, no se debe exigir que el alumno adopte una variedad determinada –algunas resultan más lejanas que otras–, simplemente que se identifique con una, y recordarle la necesidad de coherencia y constancia al momento de usarla.

Los **modelos de explicación gramatical** son diversos (Llopis García *et al.* 2012; De Santiago Guervós y Fernández González 2023). Se puede partir de la regla e ir al ejemplo (deducción), o partir del ejemplo y crear una regla (inducción). En ambos casos la enseñanza gramatical es directa, con presentación explícita, y el alumno puede tomar conciencia de la forma en cuestión. En la enseñanza de inferencia inconsciente, mediante la exposición al *input* lingüístico y su asimilación implícita, se practican las formas lingüísticas aisladas del contexto comunicativo, o se da énfasis a la dimensión comunicativa y a ciertos aspectos gramaticales relevantes (atención a la forma). En todos los casos, la presentación explícita del rasgo dialectal será sintética y su descripción clara y al alcance del alumno; no se trata nunca de potenciar un aprendizaje memorístico. Además, se deberá practicar en contextos significativos para que pueda automatizarse, según el nivel y el conocimiento de la gramática de la L1, especialmente aquellos usos que pueden facilitar el aprendizaje de la L2. En esa aplicación debe haber un componente centrado en la comunicación y otro en la estructura.

Como veremos en el siguiente apartado, podemos proponer ejemplos para ver la diferencia en el uso de dos formas. Si el aprendizaje es significativo y cíclico, suele haber una relación entre un uso y otro. Otras preguntas sirven para crear conexiones entre la forma y el significado; también se puede ofrecer un ejemplo y esperar una explicación de ese uso. El grado de concreción dependerá del nivel de conocimiento, y mostrará si el alumno posee conocimiento explícito y metalingüístico de la estructura gramatical. En suma, la idea es que descubra y organice los elementos de las construcciones sintácticas propuestas desde el contenido y en contexto amplio, y que identifique, complete, clasifique o establezca correspondencias adecuadas. Su *output* ha de ser tanto oral como escrito.

Por último, sabemos que el español es una lengua con un índice de comunicatividad elevado (los hablantes se comprenden fácilmente entre sí), por lo que se ha asumido que el nivel gramatical es el que menor variación presenta. Sin embargo, como vimos en los capítulos previos (capítulos 1–9), hay toda una serie de diferencias (geográficas, sociales y contextuales), cuyo conocimiento resulta muy útil para alcanzar un aprendizaje y dominio más completo. A este respecto, el *PCIC* (2006) incluye los usos que están generalizados, como las formas de tratamiento (*ustedes*, *vos*), los demostrativos (relación con el hablante y punto de lejanía), el uso del imperfecto de subjuntivo por el presente de subjuntivo o el orden sujeto-verbo en las oraciones interrogativas. Pero hay muchos más. Entre los fenómenos dialectales que más se han señalado en la bibliografía previa figuran: 1) el contraste entre el pretérito perfecto simple (*canté*) y el compuesto (*he cantado*), 2) el voseo, 3) el leísmo, laísmo y loísmo, 4) *muy* seguido de un adjetivo con el sufijo superlativo -*ísimo* (*muy guapísimo*), 5) el prefijo *re-* como superlativo (*reloco/re loco*), y 6) el diminutivo con nombres, adjetivos y otras categorías (Moreno Fernández y Caravedo 2022). Otros rasgos incluyen el tiempo, aspecto y modo de las formas verbales (alternancia entre formas de indicativo y subjuntivo), la pluralización de algunos verbos (*habían*), la omisión de preposiciones (*a* con rasgo animado del objeto) o el dequeísmo (*de que*) (Pato 2024).

3. Aplicación e integración

Con el objetivo de establecer una relación directa entre la teoría y la práctica, que sea útil para profesores y alumnos, en este apartado veremos algunas posibles aplicaciones para abordar las diferencias dialectales, en el nivel gramatical, gracias a ejercicios sencillos y concretos.

Hemos señalado que la enseñanza del español normativo es necesaria e importante, pero en las clases se debe ir más allá de lo "correcto" e "incorrecto". Esto se puede lograr con muestras reales de la lengua –con contenido situacional y pragmático– que fomenten la atención y motivación, y puedan servir para mejorar el nivel de conocimiento, la competencia variacional y sociolingüística, y refuercen el modelo de lengua que se recibe. No importa la variedad que el alumno tenga (la que está adquiriendo o la que ya ha adquirido), ya que en los niveles intermedio y avanzado podrá deducir las diferencias de uso que haya entre su variedad y las otras.

El **diseño de actividades** básico para la práctica de la variación gramatical suele constar de cuatro fases para rentabilizar lo dialectal:

1. Motivación e interés del alumno por la información nueva, así como la proximidad geográfica y las necesidades.
2. Presentación del *input* y explicación del contenido.
3. Práctica de reconocimiento e identificación (comprensión del significado y percepción de la nueva estructura).
4. Transferencia y aplicación o uso activo (lectura o audio, comprobación, resolución de nuevos problemas).

Los **tipos de actividades** que se planean se articulan en una de estas tres modalidades (Martín Peris 2001; Llopis García *et al.* 2012; Rodius 2017; Martínez Gila 2018, entre otros):

1. Una actividad de presentación, en la que se ofrece una forma o rasgo dialectal (leísmo, deísmo, uso de *recién*) que el alumno descubre y sobre la que reflexiona (**método inductivo**), o una actividad de presentación en la que se ofrece una breve explicación previa del fenómeno antes de realizar el ejercicio (**método deductivo**).
2. Una actividad de práctica para automatizar las formas nuevas mediante la producción oral o escrita, y la interpretación gramatical y semántica.
3. Una actividad de revisión, generalmente de práctica libre, siempre en función del ritmo de aprendizaje del grupo de estudiantes y según el nivel, así como sus necesidades (para hablar o escribir), intereses y motivaciones, sin olvidar el disfrute y gozo intelectual (el "ahora entiendo esto"). En cada caso las exigencias serán distintas.

A pesar de la planificación, la práctica gramatical no suele ser todo lo efectiva que se piensa, y sus frutos solo se pueden comprobar a largo plazo (Ellis 1992), cuando el alumno vaya incorporando las diferencias. Sin embargo, el profesor puede ayudar al estudiante y guiar su aprendizaje mediante una serie de preguntas, con ejemplos concretos de los fenómenos y rasgos dialectales de interés y contextualizando siempre las diferencias para interpretar y ver la relación que hay entre forma y significado, o deducir el significado a partir de la forma. Todo esto solo se puede hacer sobre una base gramatical previa (tanto de su L1 como de la L2). Por ello, hay que empezar preguntando para saber en qué punto está cada alumno. Siempre resulta útil saber lo que los estudiantes conocen y piensan de las variedades, y si los estudiantes asumen como suya (más cercana) alguna de las normas del español, como parte integral de su identidad multilingüe y multidialectal. Esto se puede lograr con un breve cuestionario.

En los ejemplos que se proporcionen todas las palabras deben ser accesibles y transparentes para el estudiante, siempre según su nivel (véase el capítulo 12). Por ofrecer un simple ejemplo, se puede usar el sustantivo *piscina*, frente a *pileta* (empleado en República Dominicana, Bolivia, Paraguay, Argentina y Uruguay) o *alberca* (de uso en México, Guatemala, Honduras, Nicaragua, Panamá). También habrá que complementar con recursos orales y escritos en los que aparezcan los rasgos gramaticales, especialmente para la comprensión y para lograr una mayor eficacia comunicativa y un intercambio natural (Gómez Medina 2017; Soler Montes 2024).

En cuanto a las **actividades**, los manuales contienen abundantes ejercicios para escuchar un audio o leer un texto y contestar unas preguntas, o reescribir frases sustituyendo alguna palabra subrayada. Otras actividades posibles, para el caso de la variación que nos ocupa, se centran en la atención al rasgo en estudio. En este caso, como quedó indicado anteriormente, lo que interesa es que el alumno establezca una relación entre la forma y el significado. Nuestra experiencia nos ha mostrado que los ejercicios de selección de ítem (se ofrecen cuatro o cinco y el alumno debe elegir uno), así como los de selección de la forma adecuada (entre dos o más oraciones), son los que mejor funcionan a largo plazo.

El modelo general de actividad es sencillo. En un primer momento, se presenta el rasgo determinado para que los alumnos sean conscientes de que existe, lo comparen con lo que ellos saben (conocimiento adquirido) y lo puedan reconocer en el futuro (conocimiento pasivo). El rasgo se puede resaltar tipográficamente de alguna manera (Fernández 2016). Después, se formulan algunas preguntas directas para ayudar a comprender el fenómeno, como: *¿Entiendes el significado de la frase? ¿Cómo crees que funciona este rasgo?* Para saber cómo valida diferentes normas se requiere la comparación, con toda la información extra que cada uno necesite. Y para fomentar la competencia variacional se debe enmarcar la comunicación en una situación concreta (con ayuda de imágenes mejor), para poder inferir significados y usos.

Dos informaciones deben presentarse siempre para contextualizar la variación: dónde se dice y quién lo dice. Si se trata de un uso rural, generalmente será un rasgo propio de personas mayores; si el uso ha penetrado en el estándar, su empleo será más general en el mundo hispanohablante.

En lo que sigue ofrecemos algunos **modelos concretos de ejercicios** (Pato 2024). En primer lugar, tenemos los **ejercicios de detección e identificación** de rasgos gramaticales, útiles para reconocer y descubrir la gramática que no conocen, pero también para identificar semejanzas y diferencias. Se ofrece una serie de fenómenos y los alumnos deben ser capaces de percibirlos.

(1) a. Juan me comentó de que   (dequeísmo: de que)
         vendrían tarde.
      b. María está media cansada.   (adjetivización del
                                         adverbio: medio~media)
      c. Arregla las cosas bonito.   (adverbialización del
                                         adjetivo: bonito)
      d. ¡Adiosito! Nos vemos pronto. (diminutivo afectivo: -ito)

Después tenemos los ejercicios de ejecución y aplicación, para explicar el significado.

(2)   a. La tienda abre hasta las 4.   (preposición: *hasta*)
      b. No hay más nada que decir.   (orden de los elementos: *más nada*)
      c. La dije que no se preocupara.   (pronombre personal: *la*)
      d. La casa de nosotros está lejos.   (posesión: *de nosotros*)

Así como ejercicios de comparación de usos.

(3)   b. Tú cantas.
      b. Vos cantás (voseo) | Vos cantas (voseo pronominal) | Tú cantás (voseo verbal).

Algunos de estos ejercicios sirven también para sensibilizar sobre la diversidad de la lengua, especialmente cuando el alumno no siente una identificación con la variedad que usa. En definitiva, se trata de ejercicios para desarrollar la capacidad de observación, detectar rasgos y proponer posibles explicaciones, siempre según el nivel. De este modo, la variación se puede abordar mediante el uso real, la explicación teórica y el contraste/paralelismo entre variedades. El alumno sabrá cómo se usan las palabras, en qué tipo de construcciones sintácticas y qué distinciones semánticas presentan.

Tras ofrecer algunos modelos de ejercicios conviene detenerse ahora, de manera breve, en la **evaluación** general, entendida como objetivos de aprendizaje (conocimientos y capacidad de uso). A este respecto, los descriptores empleados en los exámenes internacionales pueden ofrecernos una primera idea (*PCIC*; Eguiluz Pacheco y Eguiluz Pacheco 1998; Soler Montes 2008). En los niveles iniciales, se evalúa si el alumno comprende y utiliza expresiones de uso muy frecuente en cualquier lugar del mundo hispanohablante. En los intermedios, si comprende los puntos principales en variedades normalizadas no excesivamente localizadas, y en diversas variedades. Y en los avanzados, si se desenvuelve con soltura en cualquier variante de la lengua, y comprende prácticamente todo con independencia de la variedad. Después, los descriptores específicos para cada prueba (oral y escrita) nos ayudarán a medir la capacidad del alumno para reconocer y entender la variación dialectal (si sabe detectar nuevas variantes, si conoce su distribución geográfica, etc.), y para valorar la coherencia de su producción en torno a una variedad determinada, según siempre su nivel. En cualquier caso, a la hora de evaluar deberíamos considerar la variante que el alumno ha aprendido antes de estudiar con nosotros, e intentar ofrecer una evaluación personalizada del conocimiento lingüístico y de la recepción (*input*, en sus destrezas auditiva, lectora y audiovisual) y no tanto de las productivas (*output*).

4. Preguntas de ampliación y reflexión

1. ¿Cree que los alumnos son conscientes de la variedad de usos y de la dimensión social, si se les explica que el paralelismo «español europeo/ español americano» se da también en su lengua materna (inglés, francés)?
2. ¿Considera que la enseñanza de *vosotros* y de *vos* debe estar presente desde el nivel A1? Justifique su respuesta.
3. ¿Sabía que la distinción *canté/he cantado* puede ser tempo-aspectual (centro y sur de España), aspectual (norte de España, Canarias y la mayor parte de América) o estar neutralizada (Galicia, Perú, Bolivia y noroeste de Argentina), y que puede entenderse como acción acabada o no, y cercana al presente o no? ¿Cómo presentaría toda esta información (*Siempre te quiso/ha querido*; *Ahora ha cambiado/cambió mucho*; *Hoy comí/he comido con ella*; *Ayer vi/he visto a tu ex*) a sus alumnos?
4. Entre las competencias clave del profesorado está la organización de situaciones de aprendizaje y, específicamente, promover la reflexión para saber cómo funciona la lengua. ¿Piensa que el profesor debe ser "consciente de las variedades de uso de la lengua que enseña, y hace[r] consciente al alumno de esa realidad mediante muestras de lengua variadas" (IC 2018, 13)?
5. La cantidad de usos dialectales que enseñemos dependerá de su pertinencia para la clase. En este caso, ¿los rasgos se deberían seleccionar para incluir o para excluir formas de hablar?
6. ¿Cree que la evaluación de la producción y la comprensión debe servir para identificar usos significativos y recurrentes, es decir, solo para reconocer y distinguir usos, y no para reproducirlos?
7. ¿Está de acuerdo con la idea de que el español estándar no es otra cosa que la selección de un conjunto de rasgos de la lengua general? Justifique su respuesta.
8. ¿Le parece adecuado saber dónde han aprendido el español y qué variedad emplean sus alumnos para poder planificar mejor la integración de la variación? ¿Cómo lo haría?
9. ¿Se le ocurre una manera concreta de vincular la dimensión dialectal con algunas estrategias comunicativas? Proponga un modelo.
10. ¿Cree que es necesario implicar a los alumnos en la selección de los materiales que se usan en clase: películas, canciones, *podcast*, corpus lingüísticos? Justifique su respuesta.

Bibliografía

Alonso, E. 2012. *Soy profesor/a. Aprender a enseñar 2*. Madrid: Edelsa.
Andión Herrero, M. A. 2007. "Las variedades y su complejidad conceptual en el diseño de un modelo lingüístico para el español L2/LE". *Estudios de Lingüística. Universidad de Alicante* 21: 1–13.

Andión Herrero, M. A. 2013. "Los profesores de español segunda/lengua extranjera y las variedades: Identidad dialectal, actitudes y prácticas docentes". *Revista Signos* 46: 155–189.

Bosque, I. 2023. "Aspectos didácticos de la variación gramatical". *Asterisco* 1: 7–29.

Consejo de Europa. 2002. *Marco común europeo de referencia para las lenguas: aprendizaje, enseñanza, evaluación.* Madrid: Ministerio de Educación, Cultura y Deporte/Anaya.

Consejo de Europa. 2020. *Marco común europeo de referencia. Volumen complementario.* Estrasburgo: Consejo de Europa.

De Santiago Guervós, J. y J. Fernández González. 2023. "La enseñanza de la gramática en ELE". En *Sintaxis del español: The Routledge Handbook of Spanish Syntax*, eds. G. Rojo, V. Vázquez y R. Torres Cacoullos, 564–576. London y New York: Routledge.

Eguiluz Pacheco, J. y Á. Eguiluz Pacheco. 1998. "La evaluación del componente gramatical". *Carabela* 43: 109–125.

Ellis, R. 1992. *Second Language Acquisition and Language Pedagogy.* Clevedon: Multilingual Matters.

Fernández, C. R. 2016. *Input destacado y adquisición de la gramática.* Madrid: Arco/Libros.

Gómez Medina, J. 2017. "Hacia un modelo para la inclusión y el tratamiento de variedades de lengua en ELE". En *Panhispanismo y variedades en la enseñanza del español L2-LE*, eds. E. Balmaseda Maestu, F. García Andreva y M. Martínez López, 411–442. San Millán: ASELE y Fundación San Millán de la Cogolla.

Instituto Cervantes. 2006. *Plan curricular del Instituto Cervantes. Niveles de referencia para el español.* Madrid: Biblioteca Nueva.

Instituto Cervantes. 2018. *Las competencias clave del profesorado de lenguas segundas y extranjeras.* Madrid: Instituto Cervantes.

Liceras, J. M., A. Carballo y S. Droege. 1994-1995. "El tema de las variedades del español en los programas del español como lengua extranjera". *Revista de Filología Románica* 11-12: 291–308.

Llopis García, R., J. M. Real Espinosa y J. P. Ruiz Campillo. 2012. *Qué gramática enseñar, qué gramática aprender.* Madrid: Edinumen.

Martí Contreras, J. 2015. "¿Gramática implícita o gramática explícita en enseñanza de segundas lenguas?: estudio de campo". *Normas* 5: 171–195.

Martín Peris, E. 2001. "Textos, variedades lingüísticas y modelos de lengua en la enseñanza del español como lengua extranjera". *Carabela* 50: 103–137.

Martínez Gila, P. 2018. "Criterios de selección y tipología de actividades para la enseñanza de la gramática". En *Enseñar gramática en el aula de español: nuevas perspectivas y propuestas*, eds. L. Miquel, F. Herrera y N. Sans, 79–93. Barcelona: Difusión.

Moreno Fernández, F. 2023. *Las variedades de la lengua española y su enseñanza.* 3ª. ed. Madrid: Arco/Libros.

Moreno Fernández, F. y R. Caravedo, eds. 2022. *Dialectología hispánica. The Routledge Handbook of Spanish Dialectology.* London y New York: Routledge.

Muñoz-Basols, J. y N. Hernández Muñoz. 2019. "El español en la era global: agentes y voces de la polifonía panhispánica". *Journal of Spanish Language Teaching* 6 (2): 79–95.

Pato, E. 2024. "La enseñanza de la variación gramatical". En *Variación lingüística en el aula de español. La diversidad de la lengua*, eds. F. Herrera y C. Soler Montes, 108–120. Barcelona: Difusión.

Rodius, M. 2017. "La variación morfosintáctica en los manuales de E/LE: Situación y propuestas para su enseñanza". En *Panhispanismo y variedades en la enseñanza del español L2-LE*, eds. E. Balmaseda Maestu, F. García Andreva y M. Martínez López, 609–619. San Millán: ASELE y Fundación San Millán de la Cogolla.

Soler Montes, C. 2008. "Evaluación y variación lingüística: La dimensión diatópica de la lengua en la certificación de la competencia en español / lengua extranjera". *marcoELE* 7: 122–136.

Soler Montes, C. 2024. "Las áreas dialectales del español y su integración pedagógica". En *Variación lingüística en el aula de español. La diversidad de la lengua*, eds. F. Herrera y C. Soler Montes, 46–63. Barcelona: Difusión.

Swan, M. 2006. "Teaching Grammar: Does Teaching Grammar Work?". *Modern English Teacher* 15 (2): 5–13.

VanPatten, B. 2004. *Processing Instruction: Theory, Research and Commentary*. Mahwah (NJ): L. Earlbaum.

Vila Puyol, M. R. 2009. "Dialectos, niveles, estilos y registros en la enseñanza del español como lengua extranjera". *marcoELE* 8: 205–216.

12

LA ENSEÑANZA DEL LÉXICO DIALECTAL

Anthony Rancourt

Resumen

Entre los desafíos que presenta la enseñanza de léxico destaca la integración efectiva de las variedades diatópicas. Ello se debe a la imposibilidad de abarcar todos los dialectos existentes, lo cual requiere adaptar el tratamiento del componente léxico en función de las necesidades e intereses de los aprendientes. En este capítulo se abordan aspectos teóricos y metodológicos fundamentales en la enseñanza del léxico y la variedad lingüística del español actual. También se presentan diversos recursos, materiales y estrategias destinados a profundizar en la competencia sociolingüística y la conciencia léxica. Finalmente, se plantean algunas preguntas para reflexionar sobre cómo fomentar una enseñanza más inclusiva y adaptable, aprovechando los recursos disponibles.

Palabras clave

variación, léxico, enseñanza del español, conciencia léxica, competencia sociolingüística

Abstract

Among the challenges posed by teaching vocabulary, effective integration of diatopic varieties stands out. This is primarily due to the impossibility of including all existing dialects, which requires adapting the treatment of the lexical component according to the needs and interests of the learners. Therefore, this chapter addresses fundamental theoretical and methodological aspects involved in teaching vocabulary and the linguistic variation of current Spanish. Additionally, it presents various resources, materials, and strategies

DOI: 10.4324/9781003474722-15

aimed at deepening sociolinguistic competence and lexical awareness. Finally, some questions are raised to invite reflection on how to promote a more inclusive and adaptable teaching approach, utilising available resources.

Keywords

variation, lexicon, Spanish as a foreign language, lexical awareness, sociolinguistic competence

1. Introducción

En las últimas décadas, el léxico ha cobrado más importancia en la enseñanza de ELE dado su papel crucial en el desarrollo de las competencias comunicativas de los aprendientes. Uno de los desafíos más destacados en la didáctica de este componente es la integración de las variedades diatópicas en el aula. Si bien los dialectos han recibido poca atención en los métodos tradicionales, en la actualidad se reconoce su relevancia para profundizar en la competencia sociolingüística, entre otras. Por tanto, resulta esencial plantearse qué variación léxica incluir en la práctica y cómo enseñarla con eficacia.

Este capítulo muestra algunas pautas concretas para integrar la variación léxica en el aula mediante diversos recursos y estrategias. Con este objetivo, primero se presenta una visión de conjunto de la enseñanza del léxico dialectal. Después, se ofrecen varias propuestas de aplicación e integración de los conceptos planteados. En concreto, estas propuestas consisten en actividades destinadas a profundizar en la conciencia léxica de los aprendientes, aprovechando las posibilidades que brinda la tecnología para adaptar la práctica docente a la importancia de la variación en el desarrollo de las competencias comunicativas. Por último, se plantean unas preguntas de ampliación y reflexión sobre los temas abordados.

2. La enseñanza del léxico dialectal

2.1. El léxico y su enseñanza

El **léxico** hace referencia al conjunto de vocablos, lexemas, voces o palabras, de unidades léxicas y fraseológicas que integran el sistema de una lengua. Según el *Diccionario de la lengua española* (DLE), es el 'diccionario de una lengua' y el 'vocabulario, conjunto de las palabras de un idioma, o de las que pertenecen al uso de una región, a una actividad determinada, a un campo semántico dado'. Por su carácter abierto, ilimitado y por los factores de variabilidad que se manifiestan en él, de índole diatópica, diafásica, diastrática y diacrónica (Fernández Leyva 2015), se trata de un componente lingüístico que presenta cierta complejidad.

El **léxico dialectal**, por su parte, se refiere al conjunto de palabras y expresiones específicas que son características de una región geográfica o de un grupo social particular dentro de una comunidad lingüística. Estas variaciones pueden surgir debido a diversos factores, como la influencia histórica, las interacciones culturales, la migración o la geografía. Como es sabido, el español se habla oficialmente en 21 países. Esta vasta extensión geográfica, entre otros factores, provoca que la lengua española presente una variación dialectal importante en el nivel léxico-semántico. Dicha variación léxica no solo se manifiesta entre diferentes países, sino también dentro de cada uno de ellos (Matias Miranda y Monhaler 2017). Por ejemplo, en España, existen diferencias léxicas significativas entre el español de Andalucía y el de Cataluña, donde algunas palabras y expresiones pueden tener significados distintos (la voz *partido* se refiere al conjunto de personas que defienden una misma opinión en ambas variedades, pero en Andalucía se refiere también a un piso o un cuarto de una casa) o ser desconocidas en una región en comparación con la otra (*picar a la puerta* solo se emplea en Cataluña y algunas zonas de la Comunidad Valenciana). Lo mismo sucede en América. Esta diversidad léxica refleja la riqueza y complejidad del español. Comprender estas diferencias es fundamental para lograr una comunicación efectiva y una comprensión más profunda de la diversidad lingüística y cultural del mundo hispanohablante.

Desde la didáctica, y ante la imposibilidad de abarcar todas las variedades en la enseñanza de ELE, se opta por una variedad que sirva de modelo y referencia del curso. Varios autores (Ávila Muñoz 2017; Rufat y Jiménez Calderón 2017, entre otros) recuerdan que la tendencia general ha consistido en optar por una **variedad estándar** que permita comunicarse con hablantes nativos en diversos registros, es decir, que contenga **unidades léxicas** de uso común entre las variedades. Ahora bien, por la dificultad que presenta determinar con precisión en qué consiste dicha variedad estándar, otros autores (Andión Herrero 2007; Cortijo Delgado 2015; Contreras Izquierdo 2017) abogan por la selección de una **variedad diatópica** que coincida con la zona donde se aprende el español, o donde los aprendientes van a entrar en contacto con hablantes nativos. En este caso, conviene enseñar la norma culta por presentar menos variación entre las zonas de habla hispana.

Pese a seleccionar un dialecto como modelo lingüístico, se debe ofrecer una visión amplia de la realidad sociolingüística y cultural de la lengua meta (Barros Lorenzo 2015), para desarrollar la conciencia léxica en los aprendientes. A este propósito, la enseñanza de variedades lingüísticas en países no hispanohablantes debería incorporar de manera integrada otras variedades que no coincidan con el modelo seleccionado. Esta integración concuerda con los objetivos del *MCER*. En efecto, entre otras capacidades que abarca la competencia sociolingüística, se destaca la capacidad de reconocer los marcadores lingüísticos de procedencia nacional y regional.

Para facilitar la integración de la variación léxica en la práctica, diversos materiales, recursos y ejercicios específicos están a disposición de los docentes. Ahora bien, para usarlos con eficacia, es esencial considerar ciertos principios metodológicos de la enseñanza de léxico, principalmente basados en el **enfoque léxico** (Lewis 1993) y sus actualizaciones (Thornbury 2019; Boers y Lindstromberg 2009; Higueras García 2017, Rancourt 2025, entre otros). Según estos autores, una enseñanza efectiva de léxico implica contextualizarlo y crear oportunidades para usarlo en todas las destrezas. Abogan también por una enseñanza cualitativa de **unidades léxicas** (UL) pluriverbales, como son las colocaciones (*cometer un error ~ una infracción*) y los modismos (*ser pan comido*, *meter la pata*), para favorecer el desarrollo del **lexicón mental**. Asimismo, sostienen que el proceso de aprendizaje de léxico debe ser gradual y cíclico, prestando atención a las diversas formas y usos contextuales de las UL.

Otro factor es la **selección léxica** y su impacto en la motivación de los aprendientes. A este propósito, se aconseja limitar las UL primordiales a 5 o 6 por lección, para fomentar la sensación de éxito en los aprendientes, posibilitar el reencuentro y trabajarlas en cada destreza (Méndez Santos 2020). Al cumplir con estas exigencias mínimas en términos léxicos, hay que prever un tiempo y un espacio para que los aprendientes busquen vocabulario que corresponda a sus necesidades e intereses personales; los objetivos razonables provocan la sensación de logro y favorecen un aprendizaje individualizado. Por otro lado, se ha señalado que las colocaciones más frecuentes se componen de un sustantivo combinado con un adjetivo o un verbo (Koike 2000); de ahí que se proponga centrarse en colocaciones cuya base consiste en un sustantivo (la voz *ejemplo* se combina con adjetivos como *concreto*, *claro* o *ilustrativo*). Además, varios estudios sobre disponibilidad léxica (Bartol Hernández 2010; Chacón García y Andión Herrero 2017, entre otros) han tomado los campos de la vestimenta y la alimentación como punto de partida, por presentar una fuerte variación léxica en español. Esta variación, como mencionamos anteriormente, es reflejo de la realidad sociolingüística y cultural (Serfati 2016), lo cual los convierte en centros de interés adaptados para la enseñanza del léxico dialectal. Es más, es posible aprovechar la variación de los mismos en la lengua de los aprendientes, ya que permite establecer puentes entre culturas y profundizar en la competencia intercultural (Consejo de Europa 2002).

Puesto que la variación dialectal recibe poca atención en los manuales (Cruz y Sarachao 2016; Cazorla Vivas 2017), numerosos autores han propuesto diversas estrategias y actividades complementarias para fomentar un aprendizaje que se extienda fuera del aula. Conviene subrayar que el manual consiste en una de las herramientas más usadas en la enseñanza de lenguas, en particular en los niveles iniciales (Blanco Escoda 2024), de ahí la importancia de suplir las carencias que presenta en cuanto al desarrollo de la conciencia léxica y la competencia sociolingüística.

2.2. Actividades y recursos

La integración de actividades que permiten cumplir con los objetivos señalados debe satisfacer ciertos criterios para asegurar su eficacia y coherencia en la programación del curso. De entrada, se sugiere planificar **secuencias de tipo P-P-P** (presentación-práctica-producción), lo cual respeta las etapas de aprendizaje de léxico, es decir, pasar de una fase pasiva a un uso productivo (Contreras Izquierdo 2017), y la selección de actividades de una secuencia didáctica debe basarse en objetivos específicos y materiales auténticos (Núñez Delgado 2002). Asimismo, deben estructurarse según un orden de dificultad y ser flexibles para asegurar el respeto de los distintos ritmos de aprendizaje. Por último, se aconseja realizar actividades colaborativas que impliquen a los alumnos en el proceso de aprendizaje, principalmente en tareas productivas, aspecto que se logra mediante la investigación y experiencia directa con los materiales.

Dicho todo lo anterior, a continuación, se ofrecen algunos **tipos de actividades** para llevar a cabo una secuencia P-P-P. Las primeras, las **actividades de presentación**, introducen el tema de la secuencia, contextualizan el aprendizaje y activan los conocimientos previos. Este tipo de actividad consiste en proporcionar muestras reales de la lengua y la variación dialectal, guiando a los alumnos en la lectura, escucha o visionado del contenido. Los materiales audiovisuales son la mejor fuente de *input*, en particular cuando cuentan con subtítulos (González Ortega y Mañas Navarrete 2020). En efecto, contextualizan el vocabulario, y lo relacionan con una imagen, su pronunciación y la forma escrita, solicitando así tanto la comprensión auditiva como la escrita. Para enriquecer aún más este tipo de visionado, la extensión *Language Reactor* traduce cualquier palabra sin necesidad de abrir otra página, y se pueden consultar diccionarios como *WordReference* para comprobar la precisión de la traducción proporcionada. La descripción de cada uno de estos recursos, y los demás que se mencionarán, puede consultarse en la web del libro y en Rancourt (2025).

Para facilitar la búsqueda de vídeos sobre un tema de interés, entre la cantidad casi infinita de contenidos disponibles en plataformas como *YouTube*, asegurar su adecuación o centrarse en una variedad determinada, los docentes pueden realizar búsquedas efectivas en sitios como *VideoEle*, *aprenderespanol.org* o *Voces hispánicas* del Instituto Cervantes. Al seleccionar un vídeo, se pueden analizar los recursos léxicos que contiene, pedir a los aprendientes que se fijen en determinadas UL clave y que busquen su significado o equivalente en su lengua materna. En el caso de que se opte por un *input* textual o auditivo, es posible realizar búsquedas mediante palabras clave de un centro de interés en plataformas como *PodBean*, que ofrecen *podcast* variados; *LyricsTraining*, que ayudan a aprender vocabulario de manera lúdica con canciones del mundo hispanohablante; o la prensa de acceso libre, como *El País*, *El Universal* o *La Nación*, por nombrar solo algunos.

Tras haber expuesto a los aprendientes, por primera vez, a unidades léxicas procedentes de un dialecto en concreto, conviene realizar **actividades de práctica** que permitan asociarlas con los equivalentes de otras variedades. Para ello, una buena estrategia, en particular en niveles iniciales, consiste en enseñar el concepto de *léxico dialectal*, así como el funcionamiento de algunos diccionarios en cuanto a las informaciones diatópicas que proporcionan (Contreras Izquierdo 2014). De este modo, es posible pedir a los aprendientes que realicen búsquedas de UL clave en determinados diccionarios para extraer información relevante en cuanto a su variación. Otra posibilidad es aprovechar la inteligencia artificial generativa, como *ChatGPT*, para facilitar la búsqueda de información. Sin embargo, es esencial que los estudiantes validen los datos en diccionarios especializados para asegurar su precisión.

Entre los **diccionarios** que incluyen datos diatópicos, destacan el *Diccionario de americanismos* (DA), el *Diccionario de variantes del español*, la plataforma *Forvo* para escuchar la pronunciación de nativos, además del *DLE*, entre otros. Asimismo, los **corpus lingüísticos** como el *CORPES* o el *Corpus del español* son herramientas útiles en este sentido, ya que proporcionan ejemplos reales y facilitan el aprendizaje de UL pluriverbales (Castillo Carballo y García Platero 2017). Existen también corpus orales de particular interés para ELE, como *Youglish en español*, que permite la escucha de UL en contexto en el catálogo de *YouTube*.

Por su parte, la herramienta digital *GEOLEXI* también se destaca como un recurso valioso en este contexto (Criado de Diego 2024). Se ha diseñado para facilitar la consulta de léxico panhispánico y geosinonímico y se basa en las nociones específicas del *PCIC*. El número de palabras llega a 1329, ya que incluye únicamente aquellas que presentan variación léxica notable. Cada entrada ofrece información relevante sobre las UL: usos, ejemplos textuales, audiovisuales y auditivos, así como enlaces sobre la procedencia de los términos y sus geosinónimos. Además, presenta una interfaz interactiva y permite realizar búsquedas por país, lo cual lo convierte en un recurso ideal para enseñar el concepto de variación léxica.

Otros autores han propuesto diferentes tipos de actividades como el emparejamiento de palabras (Cruz y Sarachao 2016), que puede beneficiarse de herramientas interactivas como *H5P*, *Quizlet* o *Mentimeter* para incrementar la participación, o la identificación de rasgos léxicos en textos, que luego deben ser reemplazados por términos que pertenecen a otras variedades (Matias Miranda y Monhaler 2017). También es posible realizar actividades de comparación entre textos que contengan formas diatópicas para observar las diferencias y analizar cómo estas variaciones afectan la comprensión global del mensaje. Asimismo, se puede solicitar a los aprendientes que reflexionen sobre la importancia de entender estas diferencias para una comunicación efectiva en otros contextos hispanohablantes.

En cuanto a las **actividades de producción**, para impulsar el uso de ciertas voces dialectales, las posibilidades son numerosas. De entrada, se contempla la creación de mapas mentales para invitar a investigar sobre las nuevas UL que se aprenden y memorizarlas con eficacia, ya que permiten profundizar en distintos niveles de conocimiento (Shi y Tsai 2024). La creación puede realizarse con recursos como *Genially*, que posibilita agregar la información encontrada en la red directamente en la pantalla, integrar enlaces hacia fuentes de interés y pueden ser colaborativas, lo cual es interesante en cursos a distancia. Otra herramienta de particular interés es el mapa colaborativo de *Padlet*, que facilita crear entradas localizadas sobre las UL. Por ejemplo, pedir a los aprendientes que escriban una entrada sobre las numerosas acepciones de la voz *palomitas*, según distintos países, ayuda a situar las UL y sirve de ejemplo para enseñar la variación léxica que presenta el español.

Por último, para conectar el aprendizaje con el mundo real, existen plataformas como *HelloTalk* y *Tandem* donde los estudiantes pueden interactuar directamente con hablantes nativos de diferentes regiones. A través de ellas, los aprendientes pueden hacer preguntas sobre la variación léxica en tiempo real y practicar el uso del léxico dialectal en contextos auténticos, lo que resulta ser una fuente de *input* rica y auténtica (Bárcena 2020; Torres Ríos y Aristu Ollero 2021).

3. Aplicación e integración

A la luz de lo expuesto previamente, en este apartado se detalla una secuencia didáctica que respeta los conceptos planteados. Para permitir su integración lógica en la programación de un curso, además de determinar el tema central, el nivel lingüístico de los aprendientes y la variedad de referencia, se ha seleccionado una unidad didáctica de un manual (*Aula Internacional Plus 1*).

Se opta por el nivel A1 para alcanzar a un público más extenso y asegurar el desarrollo de la competencia sociolingüística en la fase inicial del aprendizaje del español. Seleccionamos la unidad 7 de dicho manual por su centro de interés principal, la ropa, que ofrece una destacada variación léxica. La selección de las 6 UL clave de procedencia peninsular objeto de estudio son las siguientes: *bañador, calcetín, camiseta, chaqueta, suéter* y *tejano*. Estas figuran en el glosario de la unidad y se encuentran también en los materiales elegidos para iniciar la secuencia.

Para la primera actividad, se ha tomado como punto de partida las dos versiones del vídeo "La ropa" de *VideoEle*, que cuenta con una narración en la variante peninsular (del centro-norte) y otra en la mexicana. Para empezar, se pide a los alumnos que instalen *Language Reactor* para poder acceder a la traducción de las siguientes palabras: *camiseta* (*T-shirt, maillot, tee-shirt*), *chaqueta, suéter* y *tejano*, subrayando la importancia de averiguar la precisión en otros sitios como *WordReference*.

Para introducir el léxico dialectal en la secuencia, la próxima actividad consiste en comparar las transcripciones de los vídeos que proporciona la plataforma, y solicitar a los alumnos que encuentren sus equivalencias, mediante una actividad de emparejamiento. Para ello, se podría facilitar la información siguiente, sin incluir las correspondencias de la variante mexicana. Conviene subrayar que se han empleado las distintas formas usadas para referirse a *suéter* en la variante peninsular. Este tipo de actividad podría hacerse también con las actividades de tipo 'arrastrar y soltar' del programa de autor *H5P*.

Variante peninsular	Variante mexicana
chaqueta	cazadora
camiseta	playera
tejano	pantalón de mezclilla
suéter	suéter
rebeca	suéter
jersey	suéter

Tras haber encontrado los equivalentes, se aprovecha para pedir a los alumnos que realicen búsquedas en los diccionarios previamente mencionados y hacer hipótesis sobre la procedencia de las narradoras. Por ejemplo, en el *DA* la voz *playera* figura para México y Nicaragua con el significado de 'camiseta de algodón, de manga corta y sin cuello', y para Guatemala y Honduras como 'camiseta sin mangas, que se usa bajo la camisa en la ciudad y sola en lugares calurosos'. Esta actividad representa además una oportunidad para enseñar cómo interpretar las abreviaciones en cuanto a la procedencia de las formas.

Para profundizar en la variación, la competencia intercultural y la sociolingüística, se ha tomado el sustantivo *bañador* para preguntar qué acepciones tiene en los idiomas que hablan los aprendices. En la práctica, se podría enseñar la imagen de la prenda para llevar a cabo esta actividad. A modo de ejemplo, en francés tiene las formas *maillot de bain* o *costume de bain* (el segundo se usa en Canadá y Suiza), y el inglés cuenta con una mayor cantidad de acepciones, como *swimsuit*, *bathing suit*, *swim trunk* o *bathers*.

También es posible profundizar en las distintas acepciones de la palabra *bañador* en diferentes países hispanohablantes empleando *ChatGPT* como herramienta de apoyo. Los estudiantes pueden utilizar la IA para generar una lista inicial de variantes dialectales y luego verificarlas en diccionarios especializados, como el *DA* o el *DLE*. Es importante recordar a los estudiantes que ambos diccionarios no siempre proporcionan la misma información sobre la procedencia de los términos, por lo que deben contrastar los datos para obtener una visión completa y precisa. Es más, la imposibilidad de realizar búsquedas de UL pluriverbales en algunos diccionarios puede aprovecharse para introducir el uso de los corpus lingüísticos. En efecto, se puede preguntar cómo buscarían la procedencia de 'vestido de baño' para fomentar el uso de una herramienta alternativa. Esta actividad podría también presentarse con la procedencia de los equivalentes de *bañador*, para dar cuenta de la variación y plantear el problema de la búsqueda de UL pluriverbales.

Equivalentes de *bañador*	Procedencia geográfica
pantaloneta	Costa Rica, Colombia, Argentina, Honduras.
malla	Bolivia, Paraguay, Uruguay, Argentina, Chile.
calzoneta	Guatemala, El Salvador, Honduras, Nicaragua, Costa Rica, Panamá, Perú.
traje de baño	¿?
vestido de baño	¿?

Para realizar esta actividad y emplear el *CORPES*, se puede enseñar cómo realizar una búsqueda de estadísticas con base en una UL pluriverbal. Por ejemplo, para buscar 'vestido de baño' seleccionamos "Palabras ortográficas", tecleamos *vestido de baño*, y en "Tipo de resultado" marcamos "Estadísticas". Luego damos a "Buscar" (véase la web del libro para mayor detalle). Este corpus proporciona distintas formas de consultar los datos; la opción del mapa limita la cantidad de resultados, y puede ayudar a los usuarios.

La idea sería mostrar este simple ejemplo y pedir que repitan la experiencia con 'traje de baño' para comparar los resultados. Como podrán comprobar, el uso de *traje de baño* es más extenso, mientras que *vestido de baño* se usa principalmente en Colombia. Además, se podría fomentar la reflexión final con algunas preguntas:

- ¿Qué ventajas tiene emplear una forma y no la otra?
- ¿Qué efecto puede tener en un hablante el uso de formas propias de su dialecto (menos frecuentes)?
- Al buscar en línea imágenes de estas palabras, ¿qué tipos de prendas aparecen?

Finalmente, para impulsar un aprendizaje más activo y contextualizado, se puede realizar un mapa colaborativo en *Padlet* en el que todos los alumnos incluyan el nombre de estas prendas según los países. Es más, para que las entradas sean lo más ricas posible, se puede pedir que redacten frases dirigidas prestando atención a los colocativos, o que creen un mapa mental en *Genially* y que lo compartan directamente en el mismo mapa. Conviene subrayar que *Padlet* cuenta con funcionalidades de IA generativa, y que se ha creado automáticamente un mapa de variación léxica basada en el título del proyecto "Mapa de la variación léxica: La ropa en el mundo hispanohablante" y el objetivo principal ("enseñar la variación léxica").

4. Preguntas de ampliación y reflexión

1. Como se ha mencionado en el capítulo, la variación léxica puede afectar la motivación de los estudiantes a la hora de aprender español. ¿Cree que la exposición a diferentes variedades puede enriquecer el aprendizaje o, por el contrario, generar confusión y desmotivación?
2. ¿Cómo cree que las tecnologías pueden convertir el aprendizaje del léxico dialectal en una experiencia más divertida y efectiva?
3. ¿Qué papel podría desempeñar la inteligencia artificial en el futuro de la enseñanza del léxico dialectal en ELE?
4. En su opinión, ¿qué impacto puede tener la inclusión de dialectos menos representados en los materiales didácticos?
5. ¿Se le ocurren otras maneras de aprovechar las redes sociales para practicar y aprender léxico dialectal en un contexto real?
6. ¿Considera que el uso de contenido audiovisual humorístico podría facilitar la enseñanza de dialectismos o, al revés, presentar desafíos en su aplicación didáctica?
7. ¿Los aprendientes que profundizan en la variación léxica pueden desenvolverse mejor en situaciones comunicativas reales? Justifique su respuesta.
8. ¿Qué tipo de actividades le parecen más adecuadas en el nivel inicial? ¿Y en niveles más avanzados?
9. ¿Le parece una buena estrategia aprovechar la música para enseñar la variación léxica? Justifique su respuesta.
10. ¿Cómo podrían aprender los estudiantes a diferenciar entre la norma estándar y la variación coloquial en diferentes dialectos del español?

Bibliografía

Andión Herrero, M. A. 2007. "Las variedades y su complejidad conceptual en el diseño de un modelo lingüístico para el español L2/LE". *Estudios de Lingüística. Universidad de Alicante* 21: 21–33.

Ávila Muñoz, A. M. 2017. "La utilidad del vocabulario dialectal en el aula de lenguas extranjeras. Propuesta de selección léxica basada en coronas concéntricas". *marcoELE* 25: 1–21.

Bárcena, E. 2020. "Hacia un nuevo paradigma de aprendizaje de segundas lenguas móvil, abierto y social". *Propósitos y Representaciones* 8 (1): 1–23.

Barros Lorenzo, R. 2015. "Variedades de la lengua, léxico y aula de español como lengua extranjera". *Biblioteca virtual redELE* n. especial: 1–9.

Bartol Hernández, J. A. 2010. "Disponibilidad léxica y selección del vocabulario". En *De moneda nunca usada: Estudios dedicados a José Mª Enguita Utrilla*, eds.

R. M. Castañer Martín y V. Lagüéns García, 85–107. Zaragoza: Instituto Fernando el Católico.

Blanco Escoda, X. 2024. "Léxico mejorado del español para los niveles del *MCER* A1, A2 y B1, y nociones metalingüísticas de base". *Onomázein* 14: 150–167.

Boers, F. y S. Lindstromberg. 2009. *Optimizing a Lexical Approach to Instructed Second Language Acquisition*. London: Palgrave Macmillan.

Castillo Carballo, M. A. y J. M. García Platero. 2017. "La enseñanza de la variación léxica a través de corpus orales". En *Panhispanismo y variedades en la enseñanza del español L2-LE*, eds. E. Balmaseda Maestu, F. García Andreva y M. Martínez-López, 183–192. Madrid: ASELE.

Cazorla Vivas, C. 2017. "Manuales ELE A1 y variedades del español: presencia, ausencia y didáctica". En *Panhispanismo y variedades en la enseñanza del español L2-LE*, eds. E. Balmaseda Maestu, F. García Andreva y M. Martínez-López, 193–204. Madrid: ASELE.

Chacón García, C. y M. A. Andión Herrero. 2017. "Consideraciones geolectales en torno a las "Nociones específicas" del *Plan curricular del Instituto Cervantes*: La marca "españolismo" y los panhispanismos". En *Panhispanismo y variedades en la enseñanza del español L2-LE*, eds. E. Balmaseda Maestu, F. García Andreva y M. Martínez-López, 217–228. Madrid: ASELE.

Consejo de Europa. 2021. *Marco común europeo de referencia para las lenguas: aprendizaje, enseñanza, evaluación. Volumen complementario*. Madrid: Ministerio de Educación y Formación Profesional e Instituto Cervantes.

Contreras Izquierdo, N. 2014. "¿Usamos el diccionario? (III): Las variedades del español en la enseñanza de ELE". En *La enseñanza del español como LE/L2 en el siglo XXI*, ed. N. Contreras Izquierdo, 221–232. Madrid: ASELE.

Contreras Izquierdo, N. 2017. "Variedades lingüísticas y ELE. La variación diatópica en el léxico coloquial del español: formación del profesor, recursos, orientaciones metodológicas e implicaciones didácticas". En *La formación del profesorado de español como lengua extranjera. Necesidades y tendencias*, ed. D. G. Níkleva, 283–310. Berna: Peter Lang.

Corpas, J., E. García y A. Garmendia. 2022. *Aula Internacional Plus 1*. Barcelona: Difusión.

Cortijo Delgado, M. I. 2015. "La influencia de la variedad lingüística del profesor: del input a la acción". *Biblioteca virtual redELE* n. especial: 1–10.

Criado de Diego, C. 2024. "La enseñanza de la variación léxica". En *Variación lingüística en el aula de español. La diversidad de la lengua*, eds. F. Herrera y C. Soler Montes, 94–107. Barcelona: Difusión.

Cruz, M. y M. Sarachao. 2017. "Materiales para la enseñanza-aprendizaje de las variedades lingüísticas y culturales de Hispanoamérica en la clase de ELE". En *Panhispanismo y variedades en la enseñanza del español L2-LE*, eds. E. Balmaseda Maestu, F. García Andreva y M. Martínez-López, 273–284. Madrid: ASELE.

Fernández Leyva, H. 2015. "Posible aplicación del índice de disponibilidad léxica a la selección del vocabulario de manuales de ELE". *marcoELE* 20: 1–13.

González Ortega, B. e I. Mañas Navarrete. 2020. "Efectos de los subtítulos intralingüísticos y los subtítulos bilingües aumentados sobre el aprendizaje incidental de vocabulario en español como lengua extranjera". *RILEX. Revista sobre investigaciones léxicas* 3 (2): 125–163.

Higueras García, M. 2017. "Logros y retos de la enseñanza del léxico". En *Enseñar léxico en el aula de español. El poder de las palabras*, ed. F. Herrera, 13–23. Barcelona: Difusión.

Koike, K. 2000. "Colocaciones léxicas en el español actual: análisis formal y léxico-semántico". PhD. diss., Universidad Nacional de Educación a Distancia.

Lewis, M. 1993. *The Lexical Approach: The State of ELT and a Way Forward*. Sydney: Cengage Learning EMEA.

Matias Miranda, A. F. y E. M. Monhaler. 2017. "La diversidad lingüística del español en el mundo contemporáneo: propuestas de actividades didácticas". En *Investigación e innovación en ELE. Evaluación y variedad lingüística del español*, 1–10. Madrid: Instituto Cervantes.

Méndez Santos, M. C. 2020. "Acercamiento a la desmotivación experimentada por parte de alumnado adulto durante el aprendizaje formal de léxico de español como lengua extranjera". *RILEX. Revista sobre investigaciones léxicas* 3 (2): 102–124.

Núñez Delgado, M. P. 2002. "Cuestiones teóricas y metodológicas sobre la elección y diseño de actividades para la educación lingüística". *Revista Electrónica de Lingüística Aplicada* 1 (1): 113–136.

Rancourt, A. 2025. "Enseñar a aprender léxico en la era digital: una cuestión de selección y uso estratégico de las TIC". PhD. diss., Université de Montréal.

Rufat, A. y F. Jiménez Calderón. 2017. "Aplicaciones de enfoques léxicos a la enseñanza comunicativa". En *Enseñar léxico en el aula de español. El poder de las palabras*, ed. F. Herrera, 60–73. Barcelona: Difusión.

Serfati, M. 2016. "La ropa, alimentos y bebidas en el léxico disponible de estudiantes marroquíes de nivel universitario". En *Actas del L Congreso Internacional de la AEPE (Asociación Europea de Profesores de Español)*, eds. M. P. Celma Valero, M. J. Gómez del Castillo y C. Morán Rodríguez, 490–501. Burgos: Aglice Digital.

Shi, Y. y C. Tsai. 2024. "Fostering Vocabulary Learning: Mind Mapping App Enhances Performances of EFL Learners". *Computer Assisted Language Learning* 37 (4): 634–686.

Thornbury, S. 2019. *Learning Language in Chunks*. Cambridge: Cambridge University Press.

Torres Ríos, L. y A. Aristu Ollero. 2021. "La dimensión personal en el aprendizaje del léxico en la red". *marcoELE* 32: 1–16.

13

LA ENSEÑANZA DE LA PRAGMÁTICA DIALECTAL

Montserrat Mir

Resumen

Este capítulo ofrece un resumen de los conceptos clave de la pragmática del lenguaje y examina las diferencias dialectales en el español desde una perspectiva pragmática. A pesar de que el español es hablado por millones de personas, presenta variaciones pragmáticas significativas según la región geográfica y factores socioculturales como la relación de poder, la familiaridad entre interlocutores, la edad, el sexo y el contexto de la interacción. Además, se aborda el desarrollo de la competencia pragmática en aprendices de español como lengua adicional y se sugieren estrategias para la enseñanza de la pragmática en el aula. Se hace hincapié en la importancia de fomentar la conciencia pragmática para sensibilizar a los aprendices sobre los elementos pragmáticos que influyen en la producción y comprensión de la conversación.

Palabras clave

competencia pragmática, variación pragmática, instrucción pragmática, enunciado

Abstract

This chapter provides an overview of the key concepts of language pragmatics and examines dialectal differences in Spanish from a pragmatic perspective. Although Spanish is spoken by millions of people, it shows significant pragmatic variations according to geographic region and sociocultural factors such as power relationship, interlocutor familiarity, age, gender, and context of interaction. In addition, the development of pragmatic competence in

DOI: 10.4324/9781003474722-16

learners of Spanish as an additional language is addressed and strategies for teaching pragmatics in the classroom are suggested. Emphasis is placed on the importance of fostering pragmatic awareness to sensitize learners to the pragmatic elements that influence conversational production and comprehension.

Keywords

pragmatic competence, pragmatic variation, pragmatic instruction, utterance

1. Introducción

El **pragmatismo**, como corriente filosófica, se originó en Estados Unidos a finales del siglo XIX y explora la relación entre pensamiento y acción en contextos sociales. Pensar sin signos es imposible y, por eso, el lenguaje es el instrumento que nos permite manifestar nuestras ideas y sus consecuencias en nuestros interlocutores. La **pragmática**, como disciplina del lenguaje, nos permite comprender cómo la comunicación cotidiana tiene éxito al considerar las diferencias individuales y culturales en la manera de expresar, entender y negociar significados. De este modo, aprender un idioma implica adquirir la habilidad de expresar e inferir más allá de lo explícito, teniendo en cuenta el contexto social y cultural.

Este capítulo presenta una visión de conjunto de la enseñanza de la pragmática dialectal del español y para ello, se exploran las relaciones entre la pragmática y la dialectología y, su aplicación didáctica en la enseñanza del español como lengua adicional. Para terminar, ofrecemos algunas preguntas de ampliación y reflexión.

2. La enseñanza de la pragmática dialectal

2.1. ¿Qué es la pragmática?

La **pragmática** se define como el área de la lingüística que estudia cómo el lenguaje se relaciona con quienes lo usan y su contexto. Muchas veces, lo que decimos no coincide con lo que realmente queremos expresar, lo que requiere inferir la intención del hablante. Por ejemplo, la frase *Te veo luego* puede entenderse como un compromiso para encontrarse más tarde o como una manera educada de cerrar la conversación sin intención real de verse. La interpretación depende del contexto compartido, las experiencias y conocimientos previos de los interlocutores, sus relaciones sociales y la intención comunicativa del hablante. En suma, la correcta comprensión de un mensaje se basa en la información pragmática disponible a los interlocutores como el lugar, el momento, la cultura, la sociedad y las señales lingüísticas utilizadas.

En pragmática hay que distinguir entre el **significado lingüístico** (proposición derivada de unidades léxicas y relaciones sintácticas) y el **significado contextual** o intención comunicativa que depende de factores situacionales. Por ello, se habla de **enunciado** como una unidad comunicativa de un hablante específico en una situación concreta, mientras que la **oración** es una unidad sintáctica con al menos un verbo conjugado. El significado de enunciados como *¡Basta!*; *No te creo*; *Buenos días* depende de la intención del hablante, el contexto de la interacción y el conocimiento previo compartido. Además, la lengua usa elementos deícticos (como *vos*, *nosotros*, *aquí*, *mañana*) para señalar aspectos del contexto, como los interlocutores, el espacio y el tiempo en los que ocurre el acto comunicativo. Estos signos lingüísticos ayudan a contextualizar y precisar la comunicación entre los hablantes.

La pragmática se basa en diversas corrientes, especialmente las **máximas conversacionales** de Grice (1975): proporcionar información adecuada, ser veraz, relevante y claro. Estas no son reglas estrictas, sino guías cooperativas que facilitan la comunicación. Cuando se incumplen, surgen implicaturas que los interlocutores deben resolver mediante el contexto. Según Sperber y Wilson (1995), los hablantes buscamos información relevante que tenga un impacto contextual con el menor esfuerzo cognitivo, lo que favorece la comunicación. Así, el humor verbal, como la ironía o el sarcasmo, se comprende dentro de la pragmática, al violar intencionalmente estos principios para generar un efecto humorístico. De este modo, decir a alguien *Eres un fenómeno* cuando en realidad es bastante torpe solo puede entenderse si inferimos que la afirmación es totalmente opuesta a la realidad y, por tanto, la infracción de esta máxima conversacional es evidencia del tono humorístico del enunciado.

Las **teorías de actos de habla** de Austin (1962) y Searle (1969) analizan cómo las palabras no solo transmiten información, sino también realizan acciones. Se distinguen tres tipos: 1) **acto locutivo,** que es la producción de sonidos, palabras o frases con significado; 2) **acto ilocutivo,** la intención detrás del enunciado, como prometer, preguntar u ordenar; y 3) **acto perlocutivo,** el efecto del enunciado en el oyente. Searle desarrolló un marco sistemático con categorías como actos asertivos (afirman algo: *La tienda está cerrada*), directivos (buscan que el oyente actúe: *Un té, por favor*), comisivos (comprometen al hablante: *Mañana paso a verte*), expresivos (expresan emociones: *Siento mucho lo ocurrido*) y declarativos (cambian el estado de las cosas al enunciarse: *Declaro oficialmente inaugurado el festival*). Estas teorías demuestran que al hablar no solo describimos el mundo, sino que también lo modificamos.

Por su parte, el concepto de **cortesía verbal** analiza las estrategias lingüísticas que usamos para evitar conflictos y gestionar interacciones sociales. Según Lakoff (1973), el lenguaje cortés respeta la autonomía, permite opciones y mantiene un tono amable. Por otro lado, Brown y Levinson (1987) añaden que la cortesía protege la imagen social, es decir, la percepción pública del hablante. Por ejemplo, en actos impositivos, se usan estrategias mitigadoras como modales, eufemismos y frases condicionales (*¿Podrías pasarme la sal?*; *Si no te importa, ¿me llevas al aeropuerto mañana?*), para suavizar el impacto del enunciado y respetar al interlocutor.

En la **pragmática interaccional** nos encontramos con elementos diferenciadores a nivel social y cultural en la toma y organización de turnos en la conversación. Aunque en la conversación hay un sistema dual de toma de turno, puede haber turnos sin intervención, como es el caso de los turnos continuadores (o marcadores fáticos) que ratifican la contribución del interlocutor ofreciendo señales de atención como *mmm, sí, ajá*, etc. En algunos casos, los turnos usan marcadores discursivos que no solo sirven para añadir coherencia y cohesión al discurso (*pues, entonces, ahora bien*, etc.), sino que también son enunciados ilocutivos con intención comunicativa independiente sintácticamente del resto de la oración. Marcadores como *y nada, y eso, vale, y tal* se utilizan para rechazar la posesión de la palabra, especialmente en secuencias de cierre.

2.2. La pragmática dialectal

El español, hablado por cerca de 500 millones de personas, presenta variaciones pragmáticas influenciadas por contextos sociales y culturales en distintas regiones. Por **variación pragmática** se entiende la variación en cómo el uso del lenguaje cambia según factores contextuales, sociales y culturales, reflejando identidades de diferentes grupos (García y Placencia 2011). Por ejemplo, factores como la región, la clase social, la etnia, el género y la edad explican diferencias en el uso del voseo en Hispanoamérica. En Argentina, se alternan *tú, vos* y *usted* según la distancia social; en Colombia *usted* puede expresar cercanía; y en Bolivia el uso de *vos* varía según la situación y entonación (Maranhão de Castedo *et al.* 2022; y los capítulos de la primera parte).

La diversidad es fundamental en la historia de España y de Hispanoamérica y, por ende, en su lengua. Más allá del latín, el español ha sido influenciado por numerosas lenguas antiguas (celta, íbero, griego, árabe, euskera, etc.). El español también se enriqueció con los aportes de las lenguas indígenas (quechua, guaraní, aymara, entre otras). Sin embargo, el español de América no es uniforme; incluye variedades nacionales y regionales dentro de un mismo país. También destaca el español en Estados Unidos y la situación de contacto lingüístico con el inglés. De hecho, la idea de una variedad nacional del español es una abstracción porque cada individuo habla una subvariedad de su país (Pinto y de Pablos-Ortega 2014). No existe un español del todo uniforme debido a las variedades dialectales.

La **dialectología moderna** estudia la variación lingüística considerando factores sociales y culturales, utilizando corpus interaccionales (Briz y Uclés

2023). Uno de los proyectos más importantes es el *PRESEEA*, que analiza la variación sociolectal y dialectal en el español hablado, mediante entrevistas y conversaciones. Varios estudios ya han detectado patrones sociopragmáticos y geolectales en sus datos. Por ejemplo, en Madrid la **atenuación** (mitigación de la intensidad o fuerza en mensajes) es común, especialmente entre hombres. En Valencia y Las Palmas, es menos frecuente y se asocia con personas de nivel medio de instrucción y jóvenes, respectivamente. En Santiago de Chile, la atenuación es más frecuente que en Madrid y Las Palmas, pero menos que en Valencia y Puebla (México). En Santiago y Puebla, los hombres atenúan más y la frecuencia disminuye con la edad, sugiriendo cambios sociopragmáticos en curso (Cestero Mancera y Albelda Marco 2020). La atenuación es un proceso pragmático probablemente presente en todas las lenguas, aunque la forma de atenuar varía de una cultura a otra y entre diferentes comunidades de habla; por ello, "la pragmática aplicada tiende a ser más dialectológica y la dialectología, más pragmática" (Briz y Uclés 2023, 182). En suma, la pragmática intercultural o dialectal forma parte del sistema lingüístico de una lengua y sus hablantes, y por ello debe ser investigada sistemáticamente.

2.3. El desarrollo de la conciencia pragmática

La **competencia pragmática** es la habilidad de comprender y producir enunciados adecuados al contexto social y cultural, interpretando significados indirectos y manejando el lenguaje según normas de cortesía y roles sociales. Cuando personas con diferentes lenguas maternas y culturas utilizan un mismo sistema lingüístico, pueden surgir interferencias pragmáticas debido a una falta de competencia **pragmalingüística** (conocimiento de las formas lingüísticas para realizar actos de habla) o **sociopragmática** (conocimiento de las normas pragmáticas en diversos contextos culturales). Este fenómeno también ocurre entre hablantes del mismo idioma, pero de diferentes regiones. Así, un hablante de español ecuatoriano al regatear y negociar en un mercado debe usar rutinas lingüísticas para evitar conflictos, pero en Venezuela, donde el conflicto es más común en estas interacciones, debe manejarse de manera distinta (Placencia y García 2020). Asimismo, en Perú, los cumplidos varían según la región: en Cuzco, hombres y mujeres los hacen de manera similar, mientras que en Lima son más comunes entre hombres (De los Heros 2001). Además, en México, el estilo de compra en tiendas de barrio varía entre la Ciudad de México, donde es común simplemente escoger el producto, y Guanajuato, donde se prefieren peticiones elípticas (*Un café, por favor*). Estos ejemplos ilustran cómo la competencia pragmática varía no solo entre diferentes lenguas, sino también dentro de una misma lengua según el contexto regional.

El contacto con hablantes nativos en diversos contextos es crucial para desarrollar la competencia pragmática, ya que los elementos contextuales y culturales influyen en la comunicación. Estudiar en el extranjero ofrece un entorno ideal, pero algunas investigaciones indican que la simple exposición a situaciones comunicativas es insuficiente, y muchos estudiantes no saben aprovecharlo estratégicamente (Shively 2010). El **aprendizaje incidental** puede mejorar la competencia pragmalingüística, pero limita el desarrollo sociopragmático debido a la falta de oportunidades para practicar en contextos variados (Félix-Brasdefer 2007). En el aula, una **instrucción implícita** ofrece la oportunidad de que los alumnos descubran estrategias y elementos pragmáticos por sí mismos bajo la guía del profesor, quien puede seleccionar formas, funciones y contextos para el análisis. Por ejemplo, al analizar comentarios en redes sociales como Instagram, los aprendices pueden explorar cómo se expresan cumplidos y agradecimientos en diferentes situaciones y géneros.

En contraste, la **instrucción explícita o deductiva** proporciona a los aprendices información pragmática clara y detallada facilitada por el profesor antes de ponerla en práctica en clase. Por ejemplo, para enseñar cómo responder a un cumplido, se pueden presentar diversas estrategias (aceptarlo con un *Gracias*, minimizarlo, devolverlo, etc.) y explicar el uso preferido en español. En el español peninsular, una simple muestra de gratitud como *gracias* puede considerarse insuficiente, prefiriéndose formas que disminuyan el elogio (Mir y Cots 2017). Tras la instrucción explícita, algunos ejercicios de práctica como juegos de roles o reconstrucción de conversaciones son necesarios para poner a prueba la información presentada. Este tipo de instrucción explícita puede además beneficiarse de un enfoque metapragmático utilizando técnicas como el resaltado del *input* (subrayar, repetir o enfatizar elementos claves en el discurso) y la retroalimentación explícita. Este enfoque sistemático en el aula es más eficiente para desarrollar competencias pragmáticas específicas, y se ha demostrado que favorece el desarrollo pragmático en aprendices de lenguas adicionales (Félix-Brasdefer 2008; Martínez-Flor y Usó-Juan 2006).

Desafortunadamente, los libros de texto y otros materiales pedagógicos son frecuentemente defectuosos en la enseñanza de la pragmática, ya que no representan bien el discurso auténtico (De Pablos-Ortega 2011; Mir 2001, 2018). De hecho, en la mayoría de los libros de texto cualquier información pragmática se usa principalmente para apoyar la instrucción gramatical y de vocabulario, sin considerar adecuadamente el papel del oyente en la comunicación. Aunque muchos materiales pedagógicos se centran en el "hablar", no prestan mucha atención a la interpretación del oyente y, además, no abordan los factores socioculturales que influyen en las elecciones lingüísticas (Mir 2018). Mucho menos vemos interés profundo en tratar aspectos pragmáticos a nivel de variación dialectal.

Finalmente, es crucial abordar la **corrección** y **evaluación** en la instrucción pragmática. En un aula comunicativa, las técnicas de corrección incluyen corrección explícita, reformulaciones, solicitudes de clarificación, retroalimentación metalingüística, elicitación y repetición (Lyster y Ranta 1997). La corrección explícita en pragmática solo es adecuada cuando se identifican errores en formas pragmalingüísticas inadecuadas, como el uso de *¿Puedo tener un café, por favor?*, en una cafetería o en un bar. Ahora bien, la retroalimentación metapragmática puede fomentar la conciencia pragmática, ayudando a los aprendices a manejar futuros malentendidos o situaciones incómodas. En la enseñanza de la pragmática dialectal, esta retroalimentación es esencial para entender las variedades regionales del español, más allá de diferencias léxicas o fonético-fonológicas (véase los capítulos 10 y 12). Además, en la enseñanza pragmática, la valoración del conocimiento pragmático debe ser prioritaria sobre el uso adecuado de elementos pragmáticos, dado que la lengua tiene una gran diversidad de pautas y es difícil definir qué es apropiado, incluso a nivel individual. La comunicación está guiada por convenciones culturales y lingüísticas de la comunidad hablante, por lo que evaluar el español desde una perspectiva pragmática requiere considerar estas convenciones y su impacto en la comprensión y producción del lenguaje.

3. Aplicación e integración

Para integrar conocimientos sobre pragmática dialectal en la enseñanza del español, el instructor debe informarse sobre los patrones interaccionales y elementos pragmáticos de las distintas variedades del idioma. Los estudios en variación pragmática son especialmente valiosos, ya que proporcionan el conocimiento necesario para crear lecciones efectivas, además de ofrecer metodologías de recolección y análisis de datos que pueden adaptarse a fines pedagógicos. La observación y grabación de la comunicación natural son esenciales para explorar conceptos pragmáticos en el aula, pero la enseñanza de la pragmática dialectal requiere un **análisis contrastivo**, lo que hace que obtener muestras comparables entre variedades sea un desafío.

3.1. *La integración de la pragmática dialectal en la instrucción del español*

Desarrollar la competencia pragmática implica facilitar al aprendiz la comprensión del uso contextual del lenguaje y la interpretación de la intención comunicativa en los enunciados. Por ello, es crucial integrar información pragmática en la enseñanza de habilidades como la competencia gramatical y léxica. Por ejemplo, al introducir fórmulas de inicio y cierre en la conversación (*Hola, ¿Cómo estás?*) en lugar de usar diálogos ficticios, que no reflejan la realidad, deberíamos emplear presentaciones derivadas de conversaciones cotidianas. El uso de concursos televisivos donde los participantes se presentan al inicio de cada programa puede facilitar la identificación de fórmulas de inicio y cierre, y los elementos pragmáticos que las definen (relación entre interlocutores, edad, sexo, propósito, etc.) e ilustrar diferencias dialectales si se usan concursos de diferentes países hispanos.

Elementos pragmáticos como el estilo directo e indirecto en ciertos actos de habla también pueden ser integrados en lecciones enfocadas en gramática. Por ejemplo, la instrucción de mandatos en español ofrece un contexto perfecto para hablar sobre el estilo directo que caracteriza a gran parte de la población peninsular de España. Ofrecer conversaciones típicas que ocurren en contextos de servicio al cliente en diferentes regiones hispanas puede ayudar al aprendiz a identificar elementos gramaticales y léxicos que caracterizan el estilo directo e indirecto de diferentes variedades.

3.2. Comparación de usos y variedades

La metodología en estudios de variación pragmática incluye técnicas confiables de recolección y análisis de datos, útiles para la instrucción. Siguiendo el enfoque de Sanmartín Sáez (2017), quien analizó respuestas de hoteles a comentarios en TripAdvisor en España y Chile, se pueden diseñar actividades donde los aprendices recojan y analicen respuestas en distintas variedades del español usando el análisis de este autor, como la presencia y función de diversos actos o movimientos en las respuestas de los hoteles (saludo, despedida, agradecimiento, lamento, etc.). Asimismo, los aprendices pueden investigar otros actos de habla dentro de la misma plataforma, como las quejas o peticiones que aparecen en los foros de diferentes países.

Los estudios de pragmática dialectal han mostrado que algunos hispanoamericanos perciben cierta 'brusquedad' en el habla de los españoles en contextos específicos (Placencia y García 2020). Fant (1996) descubrió que, en negociaciones entre mexicanos y españoles, las interrupciones en España reflejaban una actitud más desafiante que en México. Para analizar este fenómeno, se puede estudiar la interrupción y la toma de turnos en conversaciones espontáneas durante los segmentos iniciales de programas televisivos de distintos países hispanohablantes, donde varios anfitriones conversan informalmente antes de presentar la agenda del día. Factores socioculturales como el sexo, la edad y la relación deben incluirse en la discusión metapragmática de los datos, ya que influyen en la variación pragmática dialectal.

El humor es universal en todas las variedades del español, pero lo que nos hace reír y cómo usamos el lenguaje con fines humorísticos varía en cada región. Examinar ironía, sarcasmo, hipérbole, juegos de palabras y referentes culturales en el humor requiere competencia comunicativa. Sin embargo, a través de tareas como el análisis de comentarios irónicos en la literatura, el cine o la televisión, los aprendices pueden identificar factores sociales y culturales que moldean el humor en diferentes variedades del español. Para niveles iniciales, los chistes permiten un análisis comparativo de elementos pragmáticos como vocativos, formas de tratamiento o marcadores conversacionales, ya que son pequeñas historias con diferentes personajes en conversación.

3.3. La pragmática dialectal en la práctica oral y escrita

Los aprendices deben desarrollar habilidades para ajustar su habla según el contexto, por lo que la enseñanza de la pragmática dialectal debe incluir también tareas de producción. Técnicas como juegos de roles, simulaciones o producción de diálogos son útiles en el aula. Los juegos de roles colocan al aprendiz en contextos específicos con rasgos sociolingüísticos relevantes. Aunque criticados por alejarse de la realidad del aprendiz, estos juegos son especialmente valiosos en la enseñanza de la pragmática dialectal, ya que permiten situar a los aprendices en un contexto regional preciso. Esta técnica es particularmente útil después de una instrucción explícita sobre patrones interaccionales entre diferentes variedades.

Las tareas de producción de diálogos a través de la técnica del *dictogloss*, donde los aprendices deben recrear por escrito un diálogo o texto que han escuchado, contribuyen a mejorar tanto la comprensión auditiva como el análisis lingüístico y pragmático. Por ejemplo, al utilizar material del corpus COLA (*Corpus oral de lenguaje adolescente*), que incluye conversaciones espontáneas de jóvenes de Madrid, Buenos Aires y Santiago de Chile, los aprendices pueden reflexionar sobre diferencias pragmáticas entre el español de estas tres regiones mientras reconstruyen diálogos escuchados. Esta tarea productiva, aunque se realiza de forma escrita, facilita la discusión de cuestiones pragmáticas, promoviendo así el desarrollo de la competencia pragmática.

4. Preguntas de aplicación y reflexión

1. Los enunciados, aunque no siempre son oraciones completas, son cruciales en la comunicación diaria. ¿Qué importancia tiene enseñar la distinción entre enunciados y oraciones? ¿Cómo puede esta distinción influir en la comprensión y producción del español en contextos reales? ¿Cómo integraría la enseñanza de ambos en el aula? Justifique sus respuestas.
2. Las reglas gramaticales ofrecen un código para la comunicación, pero son los hablantes los que infieren el mensaje según valores contextuales disponibles. El pretérito imperfecto de indicativo, además de expresar tiempo pasado, también tiene otros usos: i) confirmación de sospecha, para validar una sospecha previa; ii) sorpresa, para expresar asombro sobre lo inesperado; iii) explicación o excusa; iv) cortesía, para suavizar imposiciones; y v) deseo futuro, para expresar un deseo en modalidad exclamativa. Determine el significado pragmático de los

siguientes enunciados y ofrezca un contexto donde pudiera usarse cada uno de ellos.

(1)   a. ¡Qué alegría! ¡Pero si <u>eras</u> tú!
       b. <u>Veníamos</u> a pedirle un favor.
       c. ¡De buena gana me <u>iba</u> mañana al Caribe!
       d. Ya me <u>pensaba</u> que esto no funcionaría.
       e. Perdone. No <u>sabía</u> que <u>había</u> alguien en el baño.

3. Las *muletillas* son palabras o frases repetidas inconscientemente para llenar pausas en la conversación. Aunque no aportan contenido, pueden hacer que el habla parezca más fluida o más informal. Su uso varía entre las variedades del español. Investigue en qué país hispano son más comunes las muletillas *vale, viste, este, tú sabes, ¿cachay?* y *¿entendés?* ¿Deberían enseñarse en el aula de español como lengua adicional? Justifique su respuesta.

4. En ocasiones, el *voseo* se menciona en el aula de español, pero rara vez se incorpora en actividades didácticas. ¿Qué información dialectal debería enseñarse y cómo debe considerarse el nivel de competencia del aprendiz?

5. El uso de formas pronominales refleja valores culturales en diferentes variedades del español. *Usted* puede denotar respeto en México y España, pero en partes de Centroamérica y Colombia puede expresar intimidad. Prepare un cuestionario para entrevistar hablantes de español sobre la variación pragmática de los pronombres *tú* y *usted*. Repase la información que incluyen los capítulos de la primera parte.

6. Localice algunos vídeos de *youtubers*, según sus gustos y preferencias, de diferentes orígenes y variedades del español. Identifique elementos pragmáticos contrastivos que pudieran incluirse en materiales didácticos con un enfoque en la pragmática dialectal. De todos los elementos pragmáticos identificados, seleccione uno y esboce una lección para enseñar este valor contrastivo en una clase de español intermedio.

7. En un estudio sobre las conversaciones entre clientes y vendedores en tiendas en México, Argentina y España, Félix-Brasdefer y Yates (2020) encontraron variación pragmática dialectal en el uso de estrategias en el acto de petición. Examine las diferencias pragmáticas (cortesía, uso pronominal, formas de tratamiento, estilo directo/indirecto, atenuación, etc.) entre estos tres diálogos. ¿Cómo podrían incorporarse en una lección de español los resultados obtenidos? ¿Qué tipo de instrucción sería más beneficiosa en un nivel principiante? ¿Y en los niveles intermedio y avanzado?

A. Ciudad de México, México
Cliente: ¿No tiene Knor Suiza?
Vendedor: Sí, aquí está.

Cliente: Me da un paquetito, por favor.
Vendedor: (las manos en el producto).
Cliente: ¿No tiene así del paquetito bonito?
Vendedor: ¿Paquetito bonito?
Cliente: O deme unos 5, ¿cuánto es?
Vendedor: Treinta y ocho cincuenta.
Cliente: Por favor, cóbrese, gracias amigo.
Vendedor: ¡Ándele!

B. Buenos Aires, Argentina
Cliente: Hola. ¿Camel blanco tenés?
Vendedor: De 10.
Cliente: De 10.
Vendedor: Tres con setenta y cinco.
Cliente: Gracias.

C. Sevilla, España
Cliente: Y ahora me das dos chorizos más.
Vendedor: Ya no hay de ese.
Cliente: Dame ese trocito de ternera, bueno, échame ese trocito con el otro.
Vendedor: Ya está, hasta mañana (las manos en el producto).
Cliente: Adiós.

8. Todos los hablantes hemos experimentado un malentendido o una situación lingüística desafortunada debido a un fallo en la competencia pragmática. Recuerde alguno de ellos. ¿Qué falló y por qué? ¿Cómo supo que el fallo no era solamente un error gramatical o léxico?
9. Estudiar en el extranjero no garantiza un desarrollo pragmático significativo, ya que muchos aprendices no aprovechan estratégicamente esa experiencia. ¿Qué tipo de instrucción sería beneficiosa para desarrollar la competencia pragmática durante la inmersión? ¿Cómo y cuándo debería implementarse esta instrucción para maximizar el aprendizaje? ¿Es posible que la observación y reflexión guiada sean clave en este proceso?
10. Va a ofrecer instrucción explícita sobre la diferencia entre *tú* y *usted* en España. El estudio de Sanromán Vilas (2010) revela diferencias regionales entre Vigo y Madrid. En ambas ciudades, los jóvenes prefieren *tú* en relaciones familiares y laborales con personas de la misma edad o menores. Sin embargo, en Vigo se mantiene una tendencia conservadora hacia *usted*. Diseñe tres actividades de juego de roles donde los aprendices practiquen el uso de *tú* y *usted*, considerando las diferencias dialectales y los factores sociales mencionados.

Bibliografía

ACTFL. 2024. *ACTFL. Proficiency Guidelines*. https://www.actfl.org

Austin, J. L. 1962. *How to Do Things with Words*. Oxford: Clarendon Press.

Briz Gómez, A. y G. Uclés Ramada. 2023. "Dialectología, pragmática y análisis del discurso". En *Dialectología hispánica. The Routledge Handbook of Spanish Dialectology*, eds. F. Moreno-Fernández y R. Caravedo, 176–185. London y New York: Routledge.

Brown, P. y S. Levinson. 1987. *Politeness. Some Universals in Language Use*. Cambridge: Cambridge University Press.

Cestero Mancera, A. M. y M. Albelda Marco. 2020. "Estudio de variación en el uso de atenuación I: Hacia una descripción de patrones dialectales y sociolectales de la atenuación en español". *Revista Signos. Estudios de lingüística* 53: 935–961.

COLA. *Corpus oral de lenguaje adolescente*. https://vlo.clarin.eu

De los Heros, S. 2001. Discurso, identidad y género en el castellano peruano. Lima: Pontificia Universidad Católica del Perú.

De Pablos-Ortega, C. 2011. "The Pragmatics of Thanking Reflected in the Textbooks for Teaching Spanish as a Foreign Language". *Journal of Pragmatics* 43 (9): 2411–2433.

Fant, L. 1996. "Regulación conversacional en la negociación: una comparación entre pautas mexicanas y peninsulares". En El español hablado y la cultura oral en España e Hispanoamérica, eds. T. Kotschi, W. Oesterreicher y K. Zimmerman, 147–183. Madrid y Frankfurt: Iberoamericana/Vervuert.

Félix-Brasdefer, J. C. 2007. "Pragmatic Development in the Spanish as a FL Classroom: A Cross-Sectional Study of Learner Requests". *Intercultural Pragmatics* 4 (2): 253–286.

Félix-Brasdefer, J. C. 2008. "Teaching Spanish Pragmatics in the Classroom: Explicit Instruction of Mitigation". *Hispania* 91: 477–492.

Félix-Brasdefer, J. C. y A. B. Yates. 2020. "Regional Pragmatic Variation in Small Shops in México City, Buenos Aires, and Seville, Spain". En *Pragmatic Variation in Service Encounter Interactions across the Spanish-Speaking World*, eds. J. C. Félix-Brasdefer y M. E. Placencia, 15–34. London y New York: Routledge.

García, C. y M. E. Placencia. 2011. *Estudios de variación pragmática en español*. Buenos Aires: Dunken.

Grice, H. P. 1975. "Logic and Conversation". En *Syntax and Semantics, Vol. 3, Speech Acts*, eds. P. Cole y J. L. Morgan, 41–58. New York: Academic Press.

Lakoff, R. 1973. "The Logic of Politeness: or, Minding Your P's and Q's". *Proceedings from the Annual Meeting of the Chicago Linguistic Society* 9 (1): 292–305.

Lyster, R. y L. Ranta. 1997. "Corrective Feedback and Learner Uptake". *Studies in Second Language Acquisition* 19 (1): 37–66.

Maranhão de Castedo, T., R. Marques de Lucena, C. Gomes da Silva, M. L. Rubens. 2022. "Vos: ¿joven, pobre y vulgar en el oriente boliviano? Un estudio de corpus sobre el voseo en conversaciones de WhatsApp". *Íkala* 27 (2): 393–410.

Márquez Reiter, R. y M. E. Placencia. 2005. *Spanish Pragmatics*. Basingstoke: Palgrave Macmillan.

Martínez-Flor, A. y Usó-Juan, E. 2006. "A Comprehensive Pedagogical Framework to Develop Pragmatics in the Foreign Language Classroom: The 6Rs Approach". *Applied Language Learning* 16: 39–64.

Mir, M. 2001. "Un modelo didáctico para la enseñanza de la pragmática". *Hispania* 84 (3): 542–549.

Mir, M. 2018. "Teaching Practices in Learning Spanish L2 Pragmatics: What Research Says, what Textbooks Offer, what Teachers Must do". En *L2 Spanish Pragmatics: From Research to Teaching*, eds. D. Dumitrescu y P. L. Andueza, 33–52. London y New York: Routledge.

Mir, M. y J. M. Cots. 2017. "Beyond Saying Thanks: Compliment Responses in American English and Peninsular Spanish". *Languages in Contrast* 17 (1): 128–150.

Pinto, D. y C. de Pablo-Ortega. 2014. *Seamos Pragmáticos: Introducción a la pragmática española*. New Haven: Yale University Press.

Placencia, M. E. y C. García. 2020. " 'No gracias amigo': Refusals of Bargaining Offers in e-Service Encounters in Mercado Libre Ecuador and Mercado Libre Venezuela". En *Pragmatic Variation in Service Encounter Interactions across the Spanish Speaking World*, eds. J. C. Félix-Brasdefer y M. E. Placencia, 55–75. London y New York: Routledge.

Sanmartín Sáez, J. 2017. "La intervención reactiva de hoteles españoles y chilenos (o cómo minimizar una opinión)". *Lingüística Española Actual* 39 (2): 269–288.

Searle, J. R. 1969. *Speech Acts: An Essay in the Philosophy of Language*. Cambridge: Cambridge University Press.

Shively, R. L. 2010. "From the Virtual World to the Real World: A Model of Pragmatics Instruction for Study Abroad". *Foreign Language Annals* 43: 105–137.

Santomán Vilas, B. 2010. "Sociolingüística de los pronombres de segunda persona: estudio contrastivo entre dos ciudades españolas". *Neuphilologische Mitteilungen* 111 (40): 479–502.

Sperber, D. y D. Wilson. 1995. *Relevance: Communication and Cognition*. Oxford: Wiley-Blackwell.

PARTE 3

Relaciones con otras disciplinas

14

LA DIALECTOLOGÍA Y LA LINGÜÍSTICA FORMAL

María Mare

Resumen

Este capítulo recorre las características y objetivos principales de la Gramática Generativa, el principal referente de los estudios formales del lenguaje, en relación con el tratamiento de los datos que ofrece la dialectología. En la búsqueda por conocer los procesos combinatorios que generan las expresiones lingüísticas, el acercamiento a las variedades de una lengua permite revisar aspectos teóricos que puedan dar cuenta de la variación bajo la hipótesis de que el lenguaje es parte del acervo biológico de la especie humana y, por tanto, deberían subyacer aspectos comunes a todas las opciones lingüísticas que reconocemos en las lenguas/variedades. La dialectología nutre la discusión con fenómenos en los que se identifican opciones dentro de sistemas lingüísticos que tienen mucho en común. El diálogo entre el abordaje teórico y el descriptivo de los datos es permanente y juntos contribuyen al objetivo de alcanzar mejores explicaciones para el conocimiento del lenguaje.

Palabras clave

Gramática Generativa, facultad del lenguaje, variación lingüística, explicaciones formales

Abstract

This chapter reviews the essential characteristics and aims of Generative Grammar, the main reference in formal language studies, in relation to the treatment of the data offered by dialectology. In the search for understanding the combinatorial processes that generate linguistic expressions, the approach

DOI: 10.4324/9781003474722-18

to the varieties of a language allows us to examine theoretical aspects that can account for variation under the hypothesis that language is part of the biological heritage of the human species and, therefore, common aspects should underlie all the linguistic options we recognise in languages/varieties. Dialectology nourishes the discussion of phenomena in which options are identified within linguistic systems that have much in common. The dialogue between the theoretical and the descriptive approaches to data is ongoing, and together, they contribute to the goal of achieving better explanations of language knowledge.

Keywords

Generative Grammar, faculty of language, linguistic variation, formal explanations

1. Introducción

La **lingüística formal** se pregunta por las características del lenguaje humano en el marco de una observación fundamental: existen numerosas diferencias entre lo que llamamos lenguas y, sin embargo, cualquier miembro de la especie humana (y solo humana) puede adquirir la lengua de su entorno sin necesidad de instrucción explícita. A diferencia de las perspectivas funcionales, que se aproximan al lenguaje y a la variación lingüística atendiendo a funciones comunicativas (Ghio y Fernández 2008), el abordaje formal trata de explicar cómo los hablantes combinan unidades simples para formar estructuras complejas como frases, oraciones, etc. El programa de investigación más representativo de la lingüística formal es la **Gramática Generativa** (Chomsky 1957, 1995).

La premisa central del generativismo es que el lenguaje es parte del acervo biológico de la especie humana, más precisamente, de la **cognición humana**. Desde esta perspectiva, el estudio de las lenguas particulares sirve para comprender el conocimiento general del lenguaje humano, cuyas propiedades no resultan accesibles de manera directa, sino a través de la diversidad lingüística desplegada por los hablantes. La dialectología como estudio de la variación lingüística es, por tanto, central para la lingüística formal. En este capítulo, abordamos esta relación, mostramos su aplicación a fenómenos concretos y ofrecemos algunas preguntas para ampliar la discusión.

2. La relación entre la dialectología y la lingüística formal

Como decíamos en la introducción, un enfoque científico que busque indagar en las propiedades del lenguaje humano tendrá como objeto de análisis sus diferentes manifestaciones, y la dialectología ofrece mucha información al respecto. El abordaje formal de la Gramática Generativa (GG) se aproxima a los datos dialectales con preguntas que giran en torno a los elementos que se combinan para conformar estructuras posibles e imposibles, a las operaciones que parecen tener lugar y a los factores que motivan tales operaciones, entre otras cuestiones. Al mismo tiempo, esa evidencia empírica nutre la discusión teórica y ha llevado a repensar distintos aspectos del modelo teórico a lo largo de los años (Boeckx y Hornstein 2010). En concreto, los estudios en este marco buscan alcanzar explicaciones sobre las opciones que surgen de la variación, sin perder de vista la hipótesis generativista fundamental: existe un sistema computacional del lenguaje directamente ligado al pensamiento. En adelante, nos detenemos en algunos **conceptos centrales** de la GG para comprender el diálogo necesario con la dialectología.

2.1. La Facultad del lenguaje

Para entender qué mira la GG es necesario explicar que este enfoque parte de la hipótesis de que lo que conocemos como lenguaje humano presenta un factor de carácter biológico específico, denominado **Facultad del lenguaje** (primer factor), que predispone al desarrollo de una lengua/variedad a partir de la experiencia lingüística a la que estamos expuestos desde el nacimiento (segundo factor). Habría, además, principios no específicos de la Facultad del lenguaje, como el procesamiento de datos, la memoria, la eficiencia computacional, etc. (tercer factor). Como puede intuirse, de estos tres factores hay uno que puede variar y que es externo al individuo (la experiencia) y dos que estarían presentes en cualquier miembro de la especie humana y, por tanto, tendrían un carácter universal (Chomsky 2005). Así, a partir de la evidencia empírica, la GG busca determinar las propiedades del lenguaje que están sujetas a **opciones de variación**. Esas opciones se denominan *parámetros* (Eguren 2014; Demonte 2015).

2.2. La pobreza del estímulo y la evidencia negativa

Una pregunta fundamental para la GG es la que se conoce como *Problema de Platón* y dice: ¿cómo es posible que cualquier criatura humana adquiera la gramática de la lengua de su entorno en un período tan corto de tiempo, sin instrucción explícita y con evidencia lingüística en apariencia insuficiente (*Pobreza del estímulo*)? Si bien hay mucho en lo que profundizar (Benítez Burraco 2008; Brandani 2022), esta observación permite a la GG delinear sus objetivos y definir la manera en la que se abordan los datos para intentar determinar las **propiedades universales** del lenguaje humano (relacionadas con los factores 1 y 3) a partir de las expresiones particulares (lo que llamamos lenguas/variedades lingüísticas).

Desde esa perspectiva, los datos lingüísticos no solo ofrecen opciones combinatorias existentes, sino que también permiten identificar qué combinaciones son posibles en unas variedades, pero no lo son en otras, y cuáles serían hipotéticamente imposibles, tanto a nivel particular como universal. Así, además de los datos reales, hay una construcción de **datos negativos** (en principio, inexistentes) que serían fundamentales para determinar los mecanismos subyacentes a la formación de un patrón específico. Estos datos se marcan, por convención, con un asterisco (*) y resultan informativos tanto para delimitar opciones imposibles en general (por ejemplo, *casa la* es una secuencia imposible en cualquier variedad del español), como para indicar contraste entre variedades (por ejemplo, *la su casa* es una secuencia posible en algunas variedades, pero no en otras).

2.3. La arquitectura de la gramática

Como cualquier enfoque teórico, la GG formula una hipótesis sobre los distintos componentes que se pondrían en juego para la generación de expresiones lingüísticas. Esto se conoce como *arquitectura de la gramática*. Para determinar los componentes, se parte de observaciones generales. Así, sabemos que las construcciones lingüísticas se expresan por medio de sonidos en las lenguas orales (y de señas, en el caso de las lenguas de señas), dado lo cual se postula un componente relacionado con esa tarea de **externalización** (Componente articulatorio-perceptual/Forma Fonológica). Además, las construcciones reciben una interpretación y se vinculan con un contenido conceptual que permite recuperar información sobre el mundo extralingüístico, por lo que se propone un componente específico para ello (Componente conceptual-intencional/Forma Lógica). El tercer componente que formula la GG busca dar cuenta de dos conclusiones centrales que se extraen de la observación empírica: la recursividad y la estructura jerárquica. Ambas nociones, como veremos a continuación en el apartado 2.4., refieren a la combinación de unidades menores para *generar* unidades mayores. Ese proceso se denomina *ensamble* y el componente generativo es la Sintaxis. La

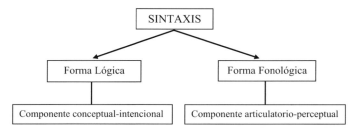

FIGURA 14.1 Arquitectura de la gramática básica

Figura 14.1 representa la arquitectura de la gramática básica en los modelos generativistas actuales y es relevante para nuestra discusión, porque las explicaciones ofrecidas para la variación dialectal se pueden ubicar en distintos componentes.

2.4. La recursividad y la estructura jerárquica

En cualquier lengua/variedad, los hablantes pueden extender la producción lingüística que construyen de manera infinita, con la memoria y la capacidad de procesamiento como únicos límites. Un ejemplo es el relato "La manzana", del escritor argentino Juan José Saer, que busca un efecto estético a partir de la aplicación extrema de este recurso: el texto combina 269 palabras en una única oración. Esta propiedad del lenguaje se denomina *recursividad* y presenta algunas particularidades. Por ejemplo, en el fragmento del mencionado cuento que recuperamos en (1), podemos identificar algunas relaciones más estrechas que otras entre los elementos involucrados. Si bien la secuencia *Derecho Público* está justo antes de *saliese a San Martín*, esta última predicación refiere a *Nula*, mientras que *Derecho Público* está incrustado en una estructura que, a su vez, es parte de otras que extienden la información relacionada a *Nula*. Los corchetes agregados procuran captar estas relaciones:

(1)   …justo en el momento en que [**Nula,** [que [[acababa de terminar su café] [y [se había demorado unos segundos con un tipo [que lo llamó desde su mesa [para [pedirle una información sobre un manual de **Derecho Público**]]]]]]]], **saliese a San Martín** y alzase la vista en su dirección, descubriéndola, vestida de rojo, entre el gentío de la calle soleada.

Como vemos, si bien es posible ensamblar objetos lingüísticos una y otra vez, este procedimiento recursivo no sigue un patrón lineal, sino jerárquico, dado que podemos reconocer elementos que tienen mayor relación entre sí que otros, a pesar de que estén lejos en un orden lineal (como sucede entre *Nula…* y *…saliese a San Martín*). La posibilidad de ir agrupando esta información en bloques que se incrustan unos dentro de otros es lo que permite la formulación de que los ensambles realizados por la Sintaxis siguen una **jerarquía estructural** (Brucart y Hernanz 2015). Distintos tipos de evidencia

FIGURA 14.2   Estructura jerárquica de ensamble binario

llevan a postular que esa estructura jerárquica se forma a partir de ensambles binarios, como muestra la Figura 14.2.

2.5. Modelos lexicalistas y sintactistas

Si bien la arquitectura de la gramática que presentamos en la Figura 14.1 es aceptada por quienes enmarcan su investigación en la GG, han surgido distintos modelos que se diferencian con respecto a dos cuestiones: qué tipos de objetos lingüísticos manipula la Sintaxis y en qué instancia de la derivación se unen (Fábregas 2015). Algunas perspectivas formales asumen que la Sintaxis ensambla palabras. Esto implica que previo a la Sintaxis habría un componente denominado *Léxico* en el que se formarían esas palabras con las que luego opera la Sintaxis para construir unidades mayores como frases (constituyentes) y oraciones. Una de las consecuencias de este enfoque es que, dado que el Léxico formaría unidades específicas de una lengua o variedad, la Sintaxis operaría con unidades diferentes según la lengua/variedad. Habría en la Sintaxis al menos una operación universal (el ensamble), pero la gramática de cada lengua o variedad ensamblaría unidades distintas que se formaron previamente en el Léxico. Los modelos que asumen esto se denominan *lexicalistas*.

Otras perspectivas procuran llevar lo más lejos posible la idea de la universalidad de la **Sintaxis** y reducir al mínimo necesario los componentes postulados. Por un lado, profundizan en la idea de que el mecanismo involucrado en la formación de palabras y oraciones es el mismo (ensamble) y, por tanto, solo es necesario un componente generativo (la Sintaxis). De ahí que se denominen *modelos sintactistas*. Por otro lado, argumentan que, en la búsqueda de lo universal a partir de la evidencia que arroja lo particular, hay aspectos que están estrictamente ligados a la variación, por lo que no deberían ser parte de lo que manipula la Sintaxis. Además, plantean que no es deseable en términos teóricos que el componente sintáctico opere con unidades tan distintas como rasgos gramaticales (por ejemplo, [+PLURAL]) e información fonológica (por ejemplo, /s/).

Este razonamiento lleva a postular la hipótesis de que la Sintaxis combina unidades sin información fonológica. De este modo, el contenido fonológico, que es particular a cada lengua/variedad, se agrega en el Componente articulatorio-perceptual una vez que la Sintaxis envía las estructuras que formó. Así, para derivar un pronombre como *ellas*, la Sintaxis manipularía rasgos como [TERCERA PERSONA], [+PLURAL], y quizá [FEMENINO], independientemente de cómo se pronuncie esa combinación, ya que de eso se ocuparía el Componente articulatorio-perceptual, mientras que el Componente conceptual-intencional no necesita acceder a los sonidos para interpretar lo que formó la Sintaxis. Así, esta combinación de rasgos arroja resultados diferentes según las lenguas o variedades: *ellas* (español), *they* (inglés), *sie* (alemán), *fey engün* (mapuzugun), etc. Sin embargo, dado que la Sintaxis combinaría las mismas unidades y rasgos en todos los casos, esa diferencia sería superficial. Los enfoques que adoptan esta hipótesis se denominan ***modelos de inserción tardía*** (Mare 2023). Como puede intuirse de esta breve exposición, los datos de variación son centrales para revisar el aparato teórico con el que se intenta describir y explicar el lenguaje humano.

2.6. El lugar de la dialectología

Esta búsqueda de aspectos generales a partir de la información que nos ofrecen las manifestaciones lingüísticas es común a otros marcos teóricos. La diferencia de los enfoques formales radica en que las causas que se buscan no tienen tanto que ver con finalidades comunicativas o de procesamiento cognitivo, como en otras posturas teóricas, sino con los **mecanismos de combinación** posibles. Las preguntas que surgen de la observación de datos van a apelar, por tanto, a cuestiones relativas al funcionamiento del proceso combinatorio que permite formar unidades mayores a partir de unidades menores, según cuáles sean los supuestos teóricos que enmarcan la explicación.

El estudio de la variación, como ya mencionamos, es central para avanzar en el conocimiento del lenguaje humano como facultad de la especie (Chomsky 1981). Las producciones lingüísticas de los hablantes constituyen el *input* para intentar captar generalizaciones, por lo que todas y cada una de las similitudes y diferencias que hallemos resultarán reveladoras. Así, las **opciones lingüísticas** –como puede ser la posibilidad/imposibilidad de omitir el sujeto en oraciones flexionadas– tienen un lugar central en la investigación y, como vimos, llevan el nombre de ***parámetros***. La investigación sobre la *variación paramétrica* puede partir de comparaciones entre lenguas tipológicamente distintas (véase el capítulo 13), entre lenguas de una misma familia o, incluso, entre variedades de una misma lengua. Este último tipo de acercamiento comparte su objeto de análisis con la dialectología.

En este sentido, las opciones lingüísticas que ofrece todo aquello que etiquetamos como *español*, nos permite identificar aspectos vinculados con la arquitectura de la gramática sujetos a **variación**: el vocabulario o léxico y lo relativo a la pronunciación (sonidos, patrones prosódicos, etc.). También resultan reveladores otros fenómenos gramaticales que podrían vincularse a la manera en la que se materializa lo que produce la Sintaxis. La lingüística formal tiene el desafío de abordar tales **diferencias**, sin perder de vista la búsqueda de lo universal, y los avances en este programa de investigación procuran mejorar las explicaciones a partir del análisis detallado de los contrastes que se observan.

Un fenómeno que ejemplifica esto es el contraste entre *Se acordó de nosotros* y *Se acordó nuestro*, que si bien presentan el mismo tipo de información (predicación relativa a una primera persona del plural), no se trata de opciones presentes en todas las variedades del español (Bertolotti 2014). En muchas, de hecho, la opción *Se acordó nuestro* es imposible (es agramatical, en términos técnicos), mientras que en otras el sistema lingüístico habilita esa formulación y los hablantes la producen (es gramatical). Puede suceder que ambas opciones convivan en un mismo grupo de hablantes y esto, por supuesto, abre nuevos interrogantes y búsquedas. Lo relevante es que el desencadenante de la explicación formal es precisamente la observación de un **contraste** entre variedades. En suma, dado que la dialectología es intrínsecamente contrastiva, es evidente que ofrece información crucial para poner a prueba y avanzar en las formulaciones formales sobre los sistemas lingüísticos en estudio, como veremos con más detalle en la próxima sección.

3. Aplicación e integración

Con todo este panorama en mente, veamos ahora cómo es el tipo de acercamiento que se hace desde la lingüística formal a algunos fenómenos de variación que han sido recogidos en los estudios dialectológicos del español (Kany 1970, entre otros).

3.1. *Distribución de la información de persona*

La expresión de la información de persona por medio de elementos pronominales, más específicamente clíticos (*me*, *te*, *se*, *nos*, *los*, etc.), es uno de los aspectos sujetos a variación. Si nos enfocamos en construcciones en las que el clítico replica la información **de número y persona** del sujeto (por ejemplo, yo_{1SG} me_{1SG} $senté_{1SG}$), hallamos al menos cuatro posibilidades en las personas del plural: (1) variedades que presentan formas distintas para cada persona ($\underline{nos}_{1PL}$ $fuimos_{1PL}$ vs. $\underline{os}_{2PL}$ $fuisteis_{2PL}$ vs. $\underline{se}_{3PL}$ $fueron_{3PL}$); (2) variedades que tienen una forma para la primera persona, pero la segunda y la tercera son iguales ($\underline{nos}_{1PL}$ $fuimos_{1PL}$ vs. $\underline{se}_{2/3PL}$ $fueron_{2/3PL}$); (3) variedades que marcan la misma distinción que (2), pero la primera persona del plural se expresa por medio de un clítico de tercera persona ($\underline{los}_{1PL}$ $fuimos_{1PL}$ vs. $se_{2/3PL}$ $fueron_{2/3PL}$); y (4) variedades que presentan siempre la forma con *se* ($\underline{se}_{1/2/3PL}$ $fuimos_{1PL}$ / $fuisteis_{2PL}/fueron_{3PL}$). Evidentemente, en todas estas variedades la referencia a la persona es clara y cualquier posible ambigüedad se salva en el contexto comunicativo o explicitando el pronombre sujeto (*nosotros*, *vosotros*, *ellos*, *ustedes*). En lo que sigue veremos cómo analiza la GG estos datos.

Identificación del fenómeno: Las variedades del español manifiestan la información de persona del plural de distintas maneras y, dado que siempre se alcanza la interpretación adecuada (1PL-2PL-3PL), no parece que haya rasgos que estén presentes en la Sintaxis en una variedad, pero no en las otras. Es decir, si la Sintaxis manipula rasgos para combinarlos y la hipótesis de acuerdo con la Figura 14.1 es que lo que se construye en la Sintaxis se transfiere después para su interpretación y pronunciación, en las cuatro opciones descritas deberían estar en juego los mismos rasgos.

Aproximación formal: Si asumimos que la Sintaxis es el componente con carácter universal, podríamos explorar una propuesta en la que las diferencias que observamos en las cuatro variedades sean el resultado de propiedades más superficiales, como puede ser la expresión fonológica de esa información. Fenómenos de esta índole han tenido un impacto teórico determinante a la hora de ofrecer posibles explicaciones y revisar qué rasgos tienen un alcance descriptivo más profundo. Para este fenómeno en concreto, es evidente que el rasgo de número plural [+PL] es fundamental.

En cuanto a los rasgos de persona, la hipótesis de la formación de estructura de manera binaria (recuérdese la Figura 14.2) ha favorecido propuestas que combinan rasgos de manera también binaria y dan lugar a las lecturas pertinentes (Halle 1997). Así, un rasgo como [+AUTOR DEL ACTO DE HABLA (+AAH)] combinado con [+PARTICIPANTE DEL ACTO DE HABLA (+PAH)] implica que el número va a ser [+PL], pues hay dos personas, y se interpreta como la primera persona inclusiva (*yo* + segunda persona). Si, en cambio, combinamos [+AAH] con [-PAH], también tendremos plural y la lectura será excluyente (*yo* + tercera persona). La segunda persona del plural puede ser el resultado de [+PAH]/[+PL] (segunda persona inclusiva) o de [+PAH]/[-PAH] (segunda persona exclusiva), que, al recuperar referentes discursivos distintos, obliga la presencia del rasgo [+PL]. A diferencia de pensar la información como 1PL, 2PL y 3PL donde lo único en común que hallamos es el rasgo [+PL], esta combinación de rasgos que propone Halle (1997) permite encontrar más elementos en común –por ejemplo, [PAH], sea positivo o negativo, aparece en muchas combinaciones– y así, explorar un análisis que dé cuenta, además, de por qué el exponente fonológico que puede materializar más opciones es el que asociamos a la tercera persona (Mare 2021).

3.2. Distribución de determinantes

En lingüística, se utiliza el término **determinante** para referirse a aquellas palabras que materializan información relacionada con la definitud (lo identificable) y que en español aparecen en el margen izquierdo de las expresiones nominales, es decir delante del nombre. El representante prototípico de los determinantes en las variedades del español es el artículo definido en todas sus formas (*el, la, los, las*), pero también pueden funcionar como determinantes los demostrativos (*esta hija*) y los llamados posesivos (*nuestra hija*). Vamos a detenernos en estos últimos.

Los posesivos pueden aparecer a la izquierda del nombre (*mi hija*) y en esa posición se interpretan como definidos. Sin embargo, los datos dialectales muestran que la combinación de determinantes está sujeta a variación y podemos identificar, al menos, dos posibilidades si nos detenemos solo en constituyentes nominales definidos: (1) variedades en las que el posesivo a la izquierda materializa también la información de definitud (*mi hija*); y (2) variedades en las que el posesivo va precedido por el artículo definido (*la mi hija*).

Identificación del fenómeno: Las variedades del español presentan diferencias en cuanto a la distribución del artículo definido y el posesivo prenominal. Las variedades de (2) admiten también la opción representada en las variedades de (1). Es decir, si es posible la construcción "artículo definido + posesivo + nombre" (*la mi hija*), también es posible "posesivo + nombre" (*mi hija*).

Aproximación formal: Un análisis en términos formales de este fenómeno obliga a considerar, por un lado, la estructura del constituyente involucrado (el Sintagma Determinante en términos técnicos) y los rasgos presentes y, por el otro, el posesivo, que tiene un carácter referencial propio. Dado que el posesivo puede aparecer a la derecha del nombre (*la decisión nuestra*) y combinado con un artículo indefinido (*una decisión nuestra*), no parece deseable postular estructuras sintácticas diferenciadas para las variedades (1) y (2), o características de los posesivos totalmente distintas. Es decir, no sería descriptivamente adecuado postular que en la variedad (1) el posesivo tiene en sí mismo un rasgo de definitud, ya que sería imposible explicar casos como *una decisión nuestra*, en el que hallamos el posesivo combinado con el artículo indefinido *una*.

Lo que parece suceder es que en la variedad (1), el rasgo [+DEFINIDO] atrae al objeto sintáctico que se materializa como posesivo (*mi*) a una posición cercana en la estructura jerárquica (recuérdese la Figura 14.2) y todo ese bloque informativo es materializado por un único exponente (*[mi [hija]]*). En la variedad (2), esta atracción también se da, pero cada bloque de información conserva su independencia para la **materialización**: el rasgo [+DEFINIDO] se manifiesta a través del artículo y los rasgos de persona a través del posesivo (*[la [mi [hija]]]*).

Un aspecto del que también intentará dar cuenta la explicación formal es si en la variedad (2) existe alguna diferencia formalizable entre "artículo + posesivo + nombre" y "posesivo + nombre", ya que hay convivencia de estructuras. Este es el punto en el que el trabajo con los datos en contexto se vuelve fundamental, pues las diferencias pueden ser de tipo discursivas (por ejemplo, una forma es más enfática que otra), de **registro** (una forma es más adecuada que otra en un contexto social específico), triviales (ambas opciones están disponibles con el mismo valor) o **idiolectales** (conviven ambas formas en una misma comunidad, pero no en un mismo individuo). Por supuesto, esto es solo un esbozo de cómo pueden empezar a analizarse estos datos, ya que el fenómeno involucra diversas variables (Gutiérrez-Rodríguez 2020, entre otros).

4. Preguntas de ampliación y reflexión

1. Observe la variación dialectal que existe entre _había_ dos _personas_ y _habían_ dos _personas_. ¿Cómo sería una aproximación formal a estos datos?
2. Desde un enfoque formal, ¿cómo se podría analizar el uso del artículo con nombre propio (_Llegó la Karen_) que se documenta en algunas variedades del español?
3. ¿Cómo podría formalizarse la distinción entre el pretérito perfecto compuesto (_he cantado_) y el pretérito perfecto simple (_canté_)? ¿Qué sucede en aquellas variedades en las que solo se usa una de estas formas?
4. Algunos hablantes, en todos los países de habla hispana, emplean expresiones como _váyansen, anótenlon_. ¿Cómo describiría desde una mirada formal este patrón?
5. ¿Qué aportaría al fenómeno anterior (_váyansen, anótenlon_) el dato negativo *_anotémoslomos_?
6. Si las palabras se forman en la Sintaxis, ¿cómo se obtendrían las clases de palabras (nombres, verbos, adverbios, etc.)?
7. ¿La hipótesis de la estructura jerárquica permite explicar la interpretación de argumentos de un verbo como agentes o temas? Recuerde la Figura 14.2.
8. ¿Qué papel tendría el contacto lingüístico en la variación dialectal desde un abordaje formal?
9. Cuando un hablante utiliza opciones lingüísticas de otros dialectos, ¿en qué parte de su conocimiento gramatical se encuentra esa opcionalidad?
10. ¿Los datos que no aparecen documentados en una variedad son siempre opciones agramaticales?

Referencias

Benítez Burraco, A. 2008. "La cuestión de lo innato en la adquisición del lenguaje". _Revista de la Sociedad Española de Lingüística_ 38(1): 33–66.

Bertolotti, V. 2014. "Pronombres posesivos en el español rioplatense: tres casos de reanálisis". _Traslaciones. Revista Latinoamericana de Lectura y Escritura_ 1 (1): 56–74.

Boeckx, C. y N. Hornstein. 2010. "The Varying Aims of Linguistic Theory". En _Chomsky's Notebook_, eds. J. Bricmont y J. Franck, 115–141. New York: Columbia University Press.

Brandani, L. 2022. "El proceso de adquisición de una lengua desde una perspectiva formal: las categorías funcionales en la gramática infantil temprana y la incidencia del estímulo lingüístico". _Quintú Quimün. Revista de lingüística_ 6: 1–22.

Brucart, J. M. y M. L. Hernanz. 2015. "Las posiciones sintácticas". En _Perspectivas de Sintaxis Formal_, ed. Á. Gallego, 33–110. Madrid: AKAL.

Chomsky, N. 1957. _Syntactic Structures_. The Hague: Mouton.

Chomsky, N. 1965. _Aspects of the Theory of Syntax_. Cambridge: MIT Press.

Chomsky, N. 1981. _Lectures on Government and Binding_. Dordrecht: Foris.

Chomsky, N. 1995. _The Minimalist Program_. Cambridge: MIT Press.

Chomsky, N. 2005. "Three Factors in Language Design". *Linguistic Inquiry* 36: 1–22.

Demonte, V. 2015. "Parámetros y variación en la interfaz léxico-sintaxis". En *Perspectivas de Sintaxis Formal*, ed. Á. Gallego, 391–430. Madrid: AKAL

Eguren, L. 2014. "La Gramática Universal en el Programa Minimista". *Revista de Lingüística Teórica y Aplicada* 52 (1): 35–58.

Fábregas, A. 2015. "Límites entre sintaxis y morfología". En *Perspectivas de Sintaxis Formal*, ed. Á. Gallego, 605–649. Madrid: AKAL.

Ghio, E. y D. Fernández. 2008. *Lingüística sistémico funcional. Aplicaciones a la lengua española*. Santa Fe: Waldhuter.

Gutiérrez Rodríguez, E. 2020. "La construcción de 'artículo indefinido + posesivo + sustantivo' en el español de Guatemala". *Moderna Språk* 3: 103–140.

Halle, M. 1997. "Distributed Morphology: Impoverishment and Fission". *MIT Working Papers in Linguistics* 30: 425–449.

Kany, C. 1970. *Sintaxis hispanoamericana*. Madrid: Gredos.

Mare, M. 2021. "Syncretism of Plural Forms in Spanish Dialects". *The Linguistic Review* 38(2): 289–314.

Mare, M. 2023. "Morfología Distribuida desde el sur del Sur". *Quintú Quimün. Revista de lingüística* 7(2): 1–22.

15

LA DIALECTOLOGÍA Y LA TIPOLOGÍA LINGÜÍSTICA

Carlota de Benito Moreno

Resumen

El capítulo trata las relaciones entre la dialectología y la tipología lingüística, comenzando por una breve descripción de esta última y de los puntos de conexión entre ambas disciplinas. Explicamos cómo la tipología puede beneficiarse de la inclusión de dialectos en sus muestras y cómo la dialectología puede recurrir a herramientas teóricas y resultados empíricos de la tipología para enriquecer sus planteamientos. Para ilustrar la interconexión entre ambas disciplinas, se ofrecen cuatro ejemplos concretos que parten de la dialectología del español y que muestran cómo los datos dialectales pueden reflejar mejor las tendencias tipológicas que las lenguas estándar; cómo la tipología puede ayudar en el diseño de estudios dialectales; cómo los datos dialectales pueden ser empleados para refinar generalizaciones tipológicas, y cómo los dialectos pueden ilustrar sistemas de transición, menos frecuentemente documentados en lenguas estándar.

Palabrasclave

dialectología, tipología, jerarquías implicativas, sistemas de transición, muestreo tipológico

Abstract

This chapter addresses the relationship between dialectology and linguistic typology, starting with a brief description of the latter and the points of connection between the two disciplines. It then focuses on how typology can benefit from the inclusion of dialects in its samples and how dialectology

DOI: 10.4324/9781003474722-19

can draw on theoretical tools and empirical results from typology to enrich its analysis. Four concrete examples from Spanish dialectology are given to show how dialect data have the potential to better reflect typological trends than standard languages; how typology can be helpful in the design of dialect studies; how dialect data can be used to refine typological generalisations, and how dialects can illustrate transition systems, which are less frequently documented in standard languages.

Keywords

dialectology, typology, implicational hierarchies, transition systems, typological sampling

1. Introducción

A pesar de centrarse en la comparación entre lenguas, generalmente distantes entre sí, la **tipología lingüística** comparte con la dialectología el interés por la variación lingüística y sus límites. En las últimas dos décadas se han puesto de relieve los intereses conjuntos de ambas disciplinas y se ha buscado una mayor integración de ambas, tanto desde presupuestos teóricos, para obtener una mejor comprensión del funcionamiento de las lenguas, como empíricos, para ampliar y refinar las fuentes de datos de ambas disciplinas.

Este capítulo presenta las relaciones más relevantes entre la dialectología y la tipología lingüística, con ejemplos que partirán desde la dialectología, mostrando cómo esta puede refinarse gracias a la tipología o cómo puede contribuir a esta disciplina. Después se ofrece una aplicación e integración del contenido previo y, por último, unas preguntas de ampliación y reflexión.

2. Relaciones entre la dialectología y la tipología lingüística

El objetivo general de la tipología es encontrar los límites de la variación lingüística, así como hallar, a partir de observaciones empíricas, tendencias universales en las lenguas del mundo. Para conseguirlo, se distinguen tres objetivos específicos, que, como observa Croft (2003), se corresponden con las fases del análisis científico, pues parten de la descripción, para seguir por la extracción de conclusiones y acabar con la propuesta de explicaciones. A continuación, se resumen estos objetivos.

2.1. Objetivos generales de la tipología

El primer paso es la definición de **tipos estructurales**, es decir, de patrones configuracionales que aparecen en las lenguas del mundo. El hecho fundamental de que se estén comparando lenguas y, por tanto, patrones potencialmente diferentes entre sí, plantea la primera dificultad: ¿cómo han de definirse los tipos para que puedan ser comparables? En la mayoría de los casos, debe partirse de una categoría semántica o pragmática (por ejemplo, la expresión del plural), que permita encontrar los distintos mecanismos, morfológicos o sintácticos, empleados en las lenguas del mundo para codificar esos significados. Así, el *World Atlas of Language Structures online* (*WALS*) enumera los siguientes tipos para la expresión del plural en los sustantivos: prefijos, sufijos, cambio de raíz, uso del tono, la reduplicación, el uso de una palabra o un clítico con significado plural o la ausencia de marcación. El caso de la fonética es distinto y la creación de tipos tiene que ver con la presencia de rasgos, tipos de fonemas o con la configuración del sistema de sonidos de cada lengua. De este modo, la base de datos *PHOIBLE* incluye las listas de fonemas de más de 2000 lenguas, pero además permite consultar la distribución de distintos sonidos concretos (como la bilabial nasal) en las lenguas del mundo. La definición de tipos puede emplearse también para clasificar lenguas según hagan uso de ellos: una de las tipologías más conocidas es la que agrupa a las lenguas según el orden relativo del sujeto (S), el verbo (V) y el objeto (O) en las oraciones transitivas declarativas, que da lugar a los siguientes tipos posibles: SOV, SVO, VSO, VOS, OVS y OSV, además de lenguas sin un orden dominante (Dryer 2013a).

Una vez definidos los tipos y contando con una muestra suficiente y representativa de lenguas (más abajo veremos la cuestión del muestreo), pueden extraerse **generalizaciones** acerca de qué tipos existen y las diferencias de frecuencia entre ellos. Por ejemplo, en la muestra de 1376 lenguas de Dryer (2013a, 2013b) se observa una preferencia por los órdenes en los que el sujeto aparece en primera posición (SOV, 564/1376; SVO, 488/1376), así como un claro rechazo a los órdenes en los que es el objeto el que ocupa dicho lugar (OVS, 11/1376; OSV, 4/1376). Los datos muestran, por tanto, que todos los órdenes lógicos son posibles en las lenguas del mundo, pero que algunos de ellos son mucho más frecuentes que otros. En general, los estudios tipológicos han demostrado que existen pocos **universales absolutos**, es decir, aquellos en los que todas las lenguas del mundo pertenecen a uno solo de los tipos lógicamente posibles. Un ejemplo de universal absoluto es que todas las lenguas orales del mundo (es decir, excluyendo las lenguas de signos) tienen vocales orales (esto es, no nasales). Es más frecuente, sin embargo, observar **universales implicativos**, en los que la pertenencia de una lengua a un tipo en una categoría concreta determina su tipo en otra categoría distinta. Veamos un ejemplo: Greenberg (1966), en su universal 3, observó que las lenguas con orden de palabras VSO no tienen posposiciones (sino preposiciones), mientras que las lenguas SOV solo tienen posposiciones (y no preposiciones): parece haber una correlación universal entre estos posibles órdenes. Sin embargo, debe notarse que las generalizaciones tipológicas universales suelen ser **tendencias estadísticas**, es decir, conocen excepciones. Dryer (2013a), investigando el universal 3 de Greenberg con una muestra más amplia de lenguas, ha mostrado que las preposiciones son muy poco frecuentes en las lenguas en las que el objeto precede al verbo, pero no imposibles.

Por último, la tipología se ocupa también de buscar explicaciones de corte funcional a las generalizaciones observadas. Así, la tendencia ya mencionada a que los sujetos precedan al verbo en las lenguas del mundo ha tratado de explicarse por el hecho de que los sujetos son frecuentemente tópicos conversacionales; sin embargo, no está claro que haya una tendencia universal según la cual los tópicos antecedan al verbo, por lo que esta explicación no es totalmente convincente (Dryer 2013b).

2.2. Lenguas, dialectos y la confección de muestras

Si la tipología lingüística se centra en la **comparación** entre lenguas distintas, ¿cuál es su relación con la dialectología, que se ocupa de una única lengua? El punto clave que conecta ambas disciplinas es su interés por la variación lingüística, a lo que hay que sumar el hecho de que la diferencia entre *lengua* y *dialecto* es difusa y está basada en hechos de carácter social, no lingüístico (Bisang 2004). El primer punto es de ida y vuelta: a la tipología le interesan los datos y hallazgos de la dialectología, igual que a la dialectología le interesan los de la tipología. El segundo afecta sobre todo a la tipología, que debe considerar la existencia de dialectos (no solo lenguas) a la hora de realizar sus comparaciones. A pesar de la importancia de estas conexiones, las relaciones entre ambas disciplinas no comenzaron a ponerse de relieve (al menos de forma sistemática) hasta el trabajo de Kortmann (2004), pero ya podemos observar los efectos de estos trabajos, comparando las dos bases de datos tipológicas más importantes: *WALS* y *Grambank*. La primera, publicada en 2005 y actualizada en 2013, compara únicamente lenguas, mientras que la segunda, publicada en 2023, incluye tanto lenguas como dialectos.

Los **métodos de muestreo** han recibido mucha atención en tipología, pues para lograr generalizaciones estadísticamente robustas en la comparación entre lenguas es fundamental asegurarse de la independencia de los datos en estudio. Es decir, es esencial tratar de eliminar de la muestra el riesgo de contabilizar múltiples veces lo que en realidad es un único resultado, como ocurriría si se incluyeran en la muestra dos lenguas que presentan el mismo tipo de estructura debido a que la heredaron de un antepasado común o a que una la tomó prestada de la otra. Por ello, las muestras de lenguas de los estudios tipológicos suelen buscar un equilibrio en lo que se refiere a la diversidad geográfica y filogenética, lo que con frecuencia implica fijarse en niveles altos del árbol genealógico de las lenguas. Además de tratar de paliar los posibles efectos de la falta de independencia de los datos, a este procedimiento le acompaña la idea de que las lenguas emparentadas entre sí tenderán a presentar tipos similares. Puesto que los dialectos se hallan en los niveles más bajos del árbol genealógico, podríamos pensar que su inclusión podría perjudicar el equilibrio de la muestra. Si esto puede ser así en las llamadas **muestras de probabilidad**, que intentan averiguar las frecuencias de cada tipo estructural, no lo es en las **muestras de variedad**, que buscan identificar todas las posibilidades de variación (Croft 2003): como en los dialectos puede haber estructuras novedosas, o poco frecuentes, su inclusión puede ser fundamental. Por otro lado, la dialectología muestra que puede haber diferencias tipológicas entre dialectos y lenguas cercanas entre sí, lo que es de evidente interés para la tipología (Bisang 2004).

2.3. El aporte de la dialectología y su repercusión

Kortmann (2004) lista algunas de las ventajas de emplear datos dialectales en los estudios tipológicos. Algunas tienen que ver con la naturaleza de los dialectos en contraposición con las lenguas estándar: estas, por ser **variedades codificadas** (y generalmente escritas) pueden presentar comportamientos menos naturales en términos tipológicos, debidos a cuestiones históricas y presiones prescriptivas, mientras que las tendencias tipológicas se reflejan con más facilidad en **variedades orales no codificadas**. En el mismo sentido, las variedades estándar aceptan los cambios con lentitud, por lo que en ellas es infrecuente documentar **estados de transición** entre un tipo y otro, que, en cambio, aparecen con frecuencia en los dialectos. Por otra parte, las variedades estándar rechazan en múltiples ocasiones fenómenos dialectales, lo que implica que no contemplar datos de este tipo puede reducir el rango de variación observado.

Otras ventajas que presentan los datos dialectales tienen que ver con el grado de detalle con el que se analizan en la dialectología. Por su propia naturaleza, la comparación entre lenguas distintas exige un grado de abstracción muy alto; en cambio, la comparación entre variedades cercanas permite observar diferencias entre contextos muy próximos entre sí. Además, la dialectología puede beneficiarse de las generalizaciones tipológicas, tanto para ponerlas a prueba como para emplearlas en sus explicaciones. Algunos de los conceptos tomados de la tipología que son provechosos para la dialectología son los de **jerarquía implicativa**, la **marca tipológica** y las **explicaciones de corte funcional** (Kortmann 2004). Veamos estos conceptos:

- El concepto de jerarquía implicativa deriva del de universal implicativo mencionado más arriba, pues los universales implicativos entre categorías binarias pueden encadenarse entre sí dando lugar a jerarquías. Un ejemplo es el del orden de constituyentes nominales (Hawkins 1983; Croft 2003, 122), que en las lenguas preposicionales siguen la jerarquía N + numeral > N + demostrativo > N + adjetivo > N + genitivo > N + oración relativa. Esta debe entenderse así: en una lengua con preposiciones, la existencia de uno de los órdenes de la jerarquía implica la existencia de cualquiera de los órdenes a su derecha.

• La marca tipológica es un desarrollo de la teoría de marca, originada en el círculo de Praga, donde se aplicó a la fonología y la semántica, según la cual puede distinguirse entre formas marcadas (especificadas para un rasgo concreto) y no marcadas (no especificadas), que son las que aparecen en contextos de neutralización. Greenberg (1966) mostró que los contrastes entre categorías marcadas y no marcadas no eran individuales, sino que podían encontrarse tendencias universales, en tanto en cuanto hay ciertas propiedades generales (ausencia de marcación morfológica, mayor frecuencia textual, mayor número de distinciones, etc.) que correlacionan con el término no marcado de una oposición, sea esta cual sea, en todas las lenguas del mundo (Haspelmath 2005). Aunque el término de *marca* ha sido discutido, especialmente debido a su polisemia (equivale a *complejidad*, *dificultad* y *rareza*, Haspelmath 2006), sigue siendo utilizado de forma muy productiva.

• Las explicaciones de corte funcional se basan en el principio de que la estructura lingüística está moldeada por su función (Croft 2003) y se oponen a las explicaciones formalistas, en las que la explicación se basa en la adecuación a un sistema de axiomas preestablecido (Itkonen 2013). El funcionalismo pone el foco en el uso de la lengua, partiendo de la idea de que es en este en el que surgen las estructuras lingüísticas (confróntese el capítulo 14). Para ello, maneja conceptos como *iconicidad*, *complejidad* o *naturalidad*, y da importancia a los desarrollos diacrónicos, últimos responsables de las estructuras sincrónicas.

3. Aplicación e integración

3.1. Tendencias tipológicas en la variación dialectal

Como se dijo en el apartado anterior, las lenguas estándar a veces presentan comportamientos que no se acomodan a las tendencias universales (que hemos definido como preferencias estadísticas y no leyes absolutas sin excepciones), que se observan más fácilmente en las variedades dialectales. Este es el caso de la forma del pronombre átono de 2ª persona del plural, que en español estándar es *os*, pero que en las variedades rurales peninsulares muestra una gran variación, documentando las formas *vos* (variante etimológica y, por tanto, sin necesidad de explicación añadida), *los* y *sos* (*los vais a caer*, *sos vais a caer*). Enrique-Arias (2021) ha estudiado el comportamiento de estas variantes y lo ha justificado con explicaciones funcionales que hacen referencia a tendencias universales. Así, las formas *los* y *sos* recuperan el esquema silábico CV, que no solo es el presentado por todos los otros pronombres átonos del español, sino que es el esquema preferido por las lenguas del mundo. Además, estas formas eliminan la irregularidad formal del clítico de 2ª plural (el no comenzar por consonante), irregularidad no esperada en una forma de baja frecuencia como esta. Por otro lado, el autor indica que los sonidos iniciales presentados por estas formas novedosas (/l/, /s/) son sonidos coronales, menos marcados tipológicamente que el labial /b/, aunque las diferencias de frecuencia no son muy altas según los datos de *PHOIBLE*: /l/ y /s/ se encuentran en el 68 % y 67 % de la muestra, frente al 63 % de /b/.

Por último, un subconjunto de las variedades que tienen *los* como pronombre de 2ª plural también presentan esta forma como pronombre de 1ª plural, revelando así un sincretismo de todas las formas del plural (aunque la 3ª muestra flexión de caso en *les* y género en *las*). Como observa el mismo autor, esto se condice con la tendencia tipológica a que las categorías semánticas más marcadas (en este caso, el plural) muestren menos distinciones morfológicas (aquí, las asociadas a la persona) que las menos marcadas: estas variedades sí mantienen las distinciones de persona en los clíticos del singular (*me*, *te*).

3.2. Ampliación del rango de variación

Como se mencionó más arriba, la tipología también puede contribuir a los estudios dialectales ofreciendo un abanico de tipos que puedan servir para el acercamiento a la variación. Esta contribución tiene que ver con el problema de estudiar lo que no se sabe que existe, problema maximizado por el acceso actual a los datos a partir de corpus digitales, lo que casi siempre exige una búsqueda desde la forma, que debe ser, por tanto, conocida de antemano (Enrique-Arias 2016). El conocimiento previo de los tipos documentados en las lenguas del mundo para un fenómeno concreto puede ayudar en el diseño del estudio dialectal, aportando tipos potenciales (¿todavía?) no documentados, y en la interpretación de los datos posteriores, al ponerlos en un contexto tipológico mayor.

Por ejemplo, de Benito Moreno (2015a) diseñó un cuestionario audiovisual para la documentación de distintas construcciones reflexivas en las variedades rurales del español. Dicho cuestionario contenía contextos no documentados previamente en la bibliografía sobre estas construcciones, pero que toman el marcador reflexivo en otras lenguas en las que dicho marcador muestra una amplitud de funciones similar a la del español, como *vivirse* o *nacerse*. Aunque estas formas no se documentaron en el cuestionario, sí se documentaron en el corpus empleado en el estudio. Asimismo, la literatura tipológica sobre las construcciones reflexivas permitió contextualizar otros usos no documentados previamente en español, pero que tienen paralelos en otras lenguas del mundo, como es el caso de los usos absolutos del marcador reflexivo, en los que este aparece marcando la eliminación total del complemento directo en verbos transitivos, como vemos en (1). En este ejemplo puede detectarse una lectura de propiedad de *verse*, algo que ocurre con los verbos absolutos marcados con el marcador reflexivo en algunas lenguas eslavas y bálticas, como el ruso (Kulikov 2011), el letón y el lituano (Geniušiené 1987).

(1) Pero ahora entre que no **me veo** bien y to, pues no leo.

3.3. Refinamiento de generalizaciones tipológicas

Por su parte, la gramática dialectal permite el refinamiento de las generalizaciones tipológicas. Así lo muestran los trabajos de Fernández-Ordóñez (2007, 2009) sobre el neutro de materia en asturiano y las variedades rurales del español. El neutro de materia es el nombre con el que se conoce a la concordancia semántica que se establece con nombres de masa masculinos o femeninos y que se expresa con los morfemas del neutro. Esta concordancia no se da nunca en los elementos internos al sintagma nominal y situados a la izquierda del sustantivo. En español el neutro de materia se detecta más claramente en los sustantivos femeninos, en los que presenta un patrón como el siguiente: *La buena leche <u>fresco</u> se toma <u>templado</u>. Tóma<u>lo</u>* (Fernández-Ordóñez 2009, 45).

A partir del análisis sintáctico y las frecuencias extraídas de datos de corpus dialectales, la autora refina la jerarquía de la concordancia propuesta por Corbett (1979, entre otros), presentada en (2). Esta jerarquía determina la ocurrencia de la concordancia sintáctica y la semántica, que son más probables cuanto más a la izquierda o a la derecha, respectivamente, de la jerarquía se esté. Los datos de las variedades iberorrománicas, basados en las diferentes frecuencias de la concordancia de materia en los adjetivos según su posición sintáctica (modificador posnominal, atributo en oración copulativa o predicado secundario) y su interpretación semántica (predicados de individuo o de estadio) permiten proponer el patrón de (3).

(2) adjetivos atributivos > predicado > pronombre relativo > pronombre personal.
(3) adjetivos atributivos > predicados de individuo > predicados de estadio > pronombres relativos > pronombre.

3.4. Sistemas de transición y jerarquías específicas

El estudio de la variación dialectal también permite la documentación de sistemas de transición, que frecuentemente están menos representados en las muestras tipológicas. Faltz (1985) parte de una muestra de lenguas del mundo para estudiar los paradigmas reflexivos y llega a la conclusión de que, desde el punto de vista formal, estos pueden clasificarse en dos tipos principales: los paradigmas de diseño funcional y los de diseño estratégico. Los primeros siguen el sistema del español estándar, a saber, solo existe un pronombre reflexivo específico, de tercera persona (*me vi* vs. *se vio*), mientras que los segundos emplean un pronombre específicamente reflexivo para todas las personas, que puede ser el mismo (así lo hace el ruso: *ja vižu sebja* 'me vi' vs. *on/ona/ono videt sebja* 'se vio'). Faltz (1985) documenta pocas excepciones a estos tipos, pero se basa en ellas para proponer que el reflexivo se extiende de la 3ª persona a la 2ª y de esta, a la 1ª.

Por su parte, Puddu (2010) se centra en las lenguas con sistemas intermedios (con pronombres reflexivos específicos en más personas que la 3ª, pero no en todas) y nota que la jerarquía de Faltz no se sostiene, pero observa que la extensión del reflexivo se da primero en el plural. El estudio detallado de la variación dialectal en las lenguas románicas (Benincà y Poletto 2005; de Benito Moreno 2015b) ha mostrado, por un lado, que los sistemas de transición son más frecuentes de lo que parece, encontrándose en, por lo menos, todas las lenguas románicas occidentales. Por ejemplo, en español del interior de la Comunidad Valenciana y de Murcia se documentan formas como *se vais* y *se vamos*. Además, los datos románicos confirman la generalización de Puddu (2010) de que el sincretismo reflexivo comienza en el plural, lo cual se corresponde con la tendencia universal, ya mencionada, de que haya menos distinciones morfológicas en las categorías más marcadas, pero además demuestran que el avance del sincretismo a través de la persona no sigue tendencias universales, sino que dependen de características concretas de cada variedad (que pueden ser de tipo semántico, fonético, morfológico, etc.). Esto va en la línea de las observaciones de Chambers (2004), según las cuales hay aspectos de la variación que son más susceptibles de verse afectados por tendencias universales que otros.

4. Preguntas de ampliación y reflexión

1. ¿Qué diferencias cree que hay en cómo integran los factores extralingüísticos la tipología y la dialectología?
2. La tipología ha considerado tradicionalmente lenguas (y no dialectos) en sus muestras. A partir de las reflexiones de Kloss (1967), ¿qué problemas enfrenta la tipología para decidir qué es una lengua y qué es un dialecto?
3. A partir del trabajo de Kloss (1967) y de los conceptos de *elaboración* (*Ausbau*), *lengua de cultura* (*Kultursprache*) y *planificación lingüística*, reflexione sobre los problemas de comparabilidad que puede presentar una muestra representativa de las lenguas del mundo.
4. Actualmente se calcula que hay unas 7000 lenguas en el mundo. Si un trabajo de tipología incluyera datos de todas ellas, ¿podríamos decir que ese trabajo considera toda la variación lingüística posible?

5. ¿Qué diferencias y similitudes encuentra en las fuentes de datos de la dialectología y la tipología lingüística?

6. En español hablado no es infrecuente escuchar las formas masculinas de los pronombres *nosotros* y *vosotros* con referencia exclusivamente femenina: *[Iban] Mi herman̲a̲ y much̲a̲s̲ que había, much̲a̲s̲ muchach̲a̲s̲. Mi madre no llegó a ir nunca con nosotros al baile* (COSER-0404). Relacione este uso con las tendencias tipológicas observadas en el capítulo 44 del *WALS* (Siewierska 2013) y los rasgos GB196 (*"Is there a male/female distinction in 2nd person independent pronouns?"*) y GB197 (*"Is there a male/female distinction in 1st person independent pronouns?"*) de *Grambank*.

7. Es muy frecuente encontrar ejemplos de *veintiún*, en masculino, ante sustantivos femeninos, como ocurre en el siguiente ejemplo, tomado del *CORPES: Tres son los grandes temas, que la institución que nos auspicia con la sobrada solvencia que le dan veintiún asambleas generales y 52 años de existencia al servicio de la arquitectura.* Sin embargo, no es habitual encontrar *un* seguido de sustantivos femeninos (salvo cuando se trata de nombres que comienzan por *a-* tónica, que es un caso especial); lo curioso es que *veintiún* está formado a partir de *un*. Con los conocimientos que tiene sobre la teoría de la marca, ¿cree que esta diferencia en la expresión de género es tipológicamente esperable?

8. El español estándar dispone de un sistema de demostrativos ternario, es decir, de tres grados: *este, ese, aquel; aquí, ahí, allí.* Sin embargo, en algunas variedades, este sistema tiende a reducirse a un sistema binario, con alguno de los elementos relegado a funciones marcadas y residuales (RAE y ASALE 2009; Di Tullio 2013). A partir del rasgo GB035 (*"Are there three or more distance contrasts in demonstratives?"*) de *Grambank* (Skirgård *et al.* 2023), ¿cree que este cambio es coherente con las tendencias tipológicas?

9. Como se ha mencionado, el concepto de *marca* es muy complejo. Entre otras cosas, se ha relacionado con la frecuencia textual: las formas menos marcadas tienden a ser las más frecuentes en el discurso. Los corpus lingüísticos pueden ayudar a corroborar esta relación. Observe la frecuencia textual en el *CORPES* de los sustantivos y de los pronombres de sujeto de 1ª y 3ª personas según su número (singular y plural) y género (masculino y femenino) y contextualice los resultados de acuerdo con sus estatus de elementos más o menos marcados. Tenga en cuenta que el *CORPES* está anotado y permite buscar por categoría gramatical. Además, su motor de búsqueda permite el uso de tildes (necesario para buscar *él*).

10. Existen dos diferencias fonético-fonológicas fundamentales que permiten diferenciar variedades en español. Por un lado, la presencia o ausencia del fonema interdental /θ/, que agrupa a todas las variedades americanas

con la canaria y parte de la andaluza (que carecen de este fonema y emplean solo la *s*: seseo), frente a la mayoría de las variedades peninsulares (que sí disponen de él y son distinguidoras entre *s* y *z*). Por otro lado, la presencia o ausencia del fonema lateral palatal /ʎ/, que permite distinguir entre variedades yeístas y no yeístas (conservan la *ll*), pero que no presenta una distribución geográfica tan uniforme como la anterior. A partir de la base de datos *PHOIBLE*, ¿qué opina de que sean precisamente estos dos fonemas los que están sometidos a variación?

Bibliografía

Benincà, P. y C. Poletto. 2005. "The Third Dimension of Person Features". En *Syntax and Variation. Reconciling the Biological and the Social*, eds. L. Cornips y K. P. Corrigan, 265–299. Amsterdam: John Benjamins.

Bisang, W. 2004. "Dialectology and Typology. An Integrative Perspective". En *Dialectology Meets Typology. Dialect Grammar from a Cross-Linguistic Perspective*, ed. B. Kortmann, 11–45. Berlin: De Gruyter.

Chambers, J. K. 2004. "Dynamic Typology and Vernacular Universals". En *Dialectology Meets Typology. Dialect Grammar from a Cross-Linguistic Perspective*, ed. B. Kortmann, 127–145. Berlin: De Gruyter.

Corbett, G. G. 1979. "The Agreement Hierarchy". *Journal of Linguistics* 15 (2): 203–224.

CORPES. Corpus del Español del Siglo XXI. Real Academia Española. www.rae.es

Croft, W. 2003. *Typology and Universals*. Cambridge: Cambridge University Press.

De Benito Moreno, C. 2015a. "Las construcciones con *se* desde una perspectiva variacionista y dialectal". PhD. diss., Universidad Autónoma de Madrid.

De Benito Moreno, C. 2015b. "*Pero se escondíamos como las ratas*: Syncretism in the Reflexive Paradigm in Spanish and Catalan". *Isogloss* 1: 95–127.

Di Tullio, Á. 2013. "*Ahí y por ahí* en el español de la Argentina". *Anuario de Letras, Lingüística y Filología* 1 (2): 327–356.

Dryer, M. S. 2013a. "Order of Subject, Object and Verb". En *WALS Online*, eds. M. S. Dryer y M. Haspelmath. http://wals.info/chapter/81.

Dryer, M. S. 2013b. "Order of Subject and Verb". En *WALS Online*, eds. M. S. Dryer y M. Haspelmath. http://wals.info/chapter/82.

Dryer, M. S. y M. Haspelmath, eds. 2013. *WALS Online*. https://wals.info

Enrique-Arias, A. 2016. "Sobre la noción de perspectiva en lingüística de corpus: algunas ventajas de los corpus paralelos". En *Lingüística de Corpus y Lingüística Histórica Iberorrománica*, ed. J. Kabatek, 21–39. Berlin: De Gruyter.

Enrique-Arias, A. 2021. "Los clíticos de primera y segunda persona del plural en las variedades rurales del español y romances vecinos". *Revue de Linguistique Romane* 83: 23–75.

Fernández-Ordóñez, I. 2007. "El neutro de materia en Asturias y Cantabria. Análisis gramatical y nuevos datos". En *Ex Admiratione et Amicitia. Homenaje a Ramón Santiago*, eds. A. Puigvert Ocal e I. Delgado Cobos, 395–434. Madrid: Ed. del Orto.

Fernández-Ordóñez, I. 2009. "Dialect Grammar of Spanish from the Perspective of the *Audible Corpus of Spoken Rural Spanish*". *Dialectologia* 3: 23–51.

Fernández-Ordóñez, I. dir. *COSER. Corpus Oral y Sonoro del Español Rural.* Universidad Autónoma de Madrid. https://corpusrural.fe.uam.es

Faltz, L. M. 1985. *Reflexivization: A Study in Universal Syntax. Outstanding Dissertations in Linguistics.* New York: Garland.

Geniušiené, E. 1987. *The Typology of Reflexives.* Berlin: De Gruyter.

Greenberg, J. H. 1966. "Some Universals of Grammar with Particular Reference to the Order of Meaningful Elements". En *Universals of Grammar*, ed. J. H. Greenberg, 73–113. Cambridge MA: MIT Press.

Greenberg, J. H. 2005. *Language Universals. With Special Reference to Feature Hierarchies.* Berlin: De Gruyter.

Haspelmath, M. 2005. "Preface to the Reprinted Edition". En *Language Universals. With Special Reference to Feature Hierarchies*, ed. J. H. Greenberg, vii–xvii. Berlin: De Gruyter.

Haspelmath, M. 2006. "Against Markedness (and What to Replace it with)". *Journal of Linguistics* 42 (1): 25–70.

Hawkins, J. A. 1983. *Word Order Universals.* New York: Academic Press.

Itkonen, E. 2013. "On Explanation in Linguistics". *Energeia* V: 10–40.

Kloss, H. 1967. "'Abstand Languages' and 'Ausbau Languages'". *Anthropological Linguistics* 9 (7): 29–41.

Kortmann, B. 2004. "Introduction". En *Dialectology Meets Typology. Dialect Grammar from a Cross-Linguistic Perspective*, ed. B. Kortmann, 1–10. Berlin: De Gruyter.

Kulikov, L. 2011. "Voice Typology". En *The Oxford Handbook of Linguistic Typology*, ed. J. J. Song, 368–398. Oxford: Oxford University Press.

Moran, S. y D. McCloy, eds. 2019. *PHOIBLE 2.0.* Jena: Max Planck Institute. http://phoible.org

Real Academia Española y Asociación de Academias de la Lengua Española. 2009. *Nueva gramática de la lengua española.* Madrid: Espasa.

Puddu, N. 2010. "Person in Reflexive Marking from an Integrated Typological-Historical Perspective". Comunicación presentada en *Workshop Variation and Change in Argument Realization.* Napoli-Capri, 27-30 de mayo de 2010.

Siewierska, A. 2013. "Gender Distinctions in Independent Personal Pronouns". En *WALS Online*, eds. M. S. Dryer y M. Haspelmath. http://wals.info/chapter/44.

Skirgård, H., H. J. Haynie, D. E. Blasi, H. Hammarström, J. Collins, J. J. Latarche, J. Lesage, T. Weber, A. Witzlack-Makarevich y R. D. Gray. 2023. "Grambank Reveals the Importance of Genealogical Constraints on Linguistic Diversity and Highlights the Impact of Language Loss". *Science Advances* 9 (16): 1–15.

16

LA DIALECTOLOGÍA Y LA LINGÜÍSTICA FORENSE

Elena Garayzábal Heinze

Resumen

¿Hasta qué punto puede decirse que los rasgos lingüísticos caracterizan áreas geográficas concretas? ¿Es la variación geolectal independiente de la variación sociolectal? ¿Qué implicaciones tiene esto para poder caracterizar geolectalmente a los hablantes y autores de textos/comunicados elaborados con fines delictivos? ¿Con qué dificultades se encuentra el lingüista forense en una sociedad globalizada? Este capítulo se centrará en un campo específico de la dialectología aplicada donde el conocimiento acerca de la variación dialectal por parte del lingüista experto es de particular relevancia en el contexto de investigaciones policiales y judiciales, se trata de la dialectología forense. Tanto el acento del hablante, como el estilo del autor de un texto escrito serán analizados detalladamente por parte de los peritos lingüistas forenses, para poder contribuir desde su ámbito en una investigación de carácter delictivo.

Palabras clave

lingüística forense, dialectología aplicada, dialectología forense, comunicación oral y escrita, perfil lingüístico

Abstract

To what extent can linguistic features characterise specific geographical areas? Is geolectal variation independent of sociolectal variation? What are the implications for the geolectal characterisation of speakers and authors of criminal communications? What difficulties do forensic linguists encounter in a globalised society? This chapter focuses on forensic dialectology, a field

DOI: 10.4324/9781003474722-20

of applied dialectology where the linguist's expertise in dialectal variation is particularly relevant in police and judicial investigations. Forensic linguists analyse both the speaker's accent and the author's writing style in detail to aid criminal investigation within its scope of competence.

Keywords

forensic linguistics, applied dialectology, forensic dialectology, oral and written communications, linguistic profiling

1. Introducción

La **Lingüística Forense** (LF) es una rama aplicada de la lingüística que busca resolver problemas lingüísticos surgidos en la sociedad asociados al **ámbito legal**. En este contexto, el análisis de textos, ya sean escritos o hablados, requiere un enfoque transdisciplinario. El papel del lingüista puede resultar relevante en las investigaciones policiales o judiciales donde las **evidencias lingüísticas** forman parte de las pruebas. La LF, por tanto, se convierte en una herramienta valiosa en el mundo forense.

Este capítulo presenta las relaciones más importantes entre la dialectología y la LF, por lo que se centra en los aspectos que tienen que ver con el carácter investigativo o probatorio de esta disciplina, tanto en su manifestación oral como escrita. Se ofrece también la aplicación e integración del contenido previo a partir de casos reales y, por último, se plantean unas preguntas de ampliación y reflexión.

2. Relaciones entre la dialectología y la lingüística forense

La LF es una aplicación de la lingüística que analiza las relaciones que mantiene la lengua con el **ámbito judicial y legal**. Gibbons y Turell (2008) centran el estudio forense del lenguaje en tres ámbitos: análisis del lenguaje en textos legales y legislación en general (**lenguaje jurídico**), análisis del discurso y argumentación en tribunales e interrogatorios policiales (**lenguaje judicial**), y análisis de pruebas lingüísticas en una investigación policial-judicial (**lenguaje probatorio**).

Tres hitos importantes marcan el desarrollo de esta aplicación:

1. Svartvik (1968) acuñó el **término** *lingüística forense* para referirse al empleo de los métodos cuantitativos y analíticos de la lingüística, consecuencia del análisis realizado de las cuatro declaraciones de Timothy Evans, acusado del asesinato de su esposa e hija y condenado a muerte. Svartvik estudió el estilo de lenguaje, la elección de palabras y las estructuras gramaticales presentes en dichas declaraciones, que revelaban

diferencias e inconsistencias lingüísticas significativas que lo llevaron a cuestionar la atribución de autoría a Evans. Concluyó que estas obedecían a la ampliación creativa de los agentes policiales.

2. La implantación de las normas de Frye (1923) y Daubert (1993) para la regulación de la **admisibilidad de la prueba pericial** que conceden solidez y validez metodológica, asegurando que la evidencia se fundamenta en principios científicos robustos. También refuerza la necesidad del sistema judicial de contar con expertos de confianza y reconocimiento.

3. La creación por parte de Malcolm Coulthard en 1993 de una asociación de expertos lingüistas y profesionales del derecho para el estudio, la investigación y el trabajo con la lengua en un contexto jurídico o utilizada como prueba en una investigación criminal: la *International Association for Forensic and Legal Linguistics* (IAFLL).

El desarrollo de la LF ha sido constante, aunque existen diferencias marcadas entre los distintos países. La disciplina ha experimentado una consolidación gradual hasta la llegada de la evidencia digital o prueba electrónica. Actualmente se analizan comunicaciones en soportes digitales, como cuentas de Instagram, chats de WhatsApp y otras redes sociales, permitiendo ampliar el alcance de la investigación lingüística forense al ámbito del cibercrimen (Queralt 2023), es decir, acoso, estafas, suplantación de identidad, discurso de odio; también se enfrenta a los desafíos de la inteligencia artificial (IA) en la generación de textos y audios con fines delictivos.

La LF combina **técnicas lingüísticas y herramientas computacionales** para analizar textos y audios en contextos legales, algunas de estas incluyen:

*   La **estilometría**. Consiste en el análisis cuantitativo de patrones lingüísticos, como elección de palabras y estructura de oraciones, para identificar la autoría de textos mediante el uso de métodos estadísticos y computacionales (Koppel, Schler y Argamon 2009; Omar y Deraan 2019; Peñarrubia 2021).

*   La **estilística**. Permite aproximar un perfil lingüístico a partir de la identificación, descripción y medición del estilo individual (idiolecto) de un autor o hablante, pues presenta rasgos, en principio, singulares e identificativos (Chaski 1997; McMenamin 2002). Para una mejor comprensión de la estilometría y la estilística véase MacLeod y Wright (2020).

*   El análisis de **frecuencia de palabras**. Examina la aparición de términos para revelar y determinar temas y patrones en el uso del vocabulario, que ayuda a entender el mensaje y propósito del texto (Wright 2021; Sergidou *et al.* 2023). Es un método cuantitativo y precisa de recursos computacionales.

*   El análisis de **cohesión y coherencia**. Se centra en la conexión entre oraciones y párrafos; los errores o la falta de estos elementos discursivos que

pueden señalar manipulación textual o problemas en transcripciones orales (Coulthard 1992; Shuy 2001).

• La fonética **acústica forense**. Analiza características vocales como ritmo, acentuación y entonación, además de otros rasgos lingüísticos, en la comparación de voces, identificación de hablantes y creación de pasaportes vocales (Garayzábal, Queralt y Reigosa 2019; Hidalgo y Garayzábal 2023).

2.1. La dialectología en la lingüística forense

La dialectología estudia las variaciones fonéticas, léxicas y gramaticales de la lengua y tiene una aplicación particularmente relevante en el contexto forense, puesto que la identificación de rasgos dialectales puede servir como evidencia lingüística para determinar la procedencia del autor de un comunicado delictivo y contribuir a encaminar la búsqueda del sospechoso e, incluso, ayudar a la resolución de delitos.

Los dialectos pueden identificarse en diversos estratos, desde el nivel más global o nacional hasta un nivel muy local o vecinal, cada uno con patrones de variación lingüística distintivos. La **variación dialectal** puede individualizarse y cada persona, con su origen social e identidad única, tiende a desarrollar un **dialecto personal** (Blommaert 2010; Grieve 2023) reflejado tanto en su habla como en su escritura.

2.2. Aplicaciones en el ámbito dialectológico

El **perfilado sociolingüístico** y el **pasaporte vocal** permiten inferir las características sociolectales de autores/locutores desconocidos, y ayudan a reducir la lista de sospechosos en investigaciones policiales/judiciales (Sousa 2023). Los indicios extralingüísticos como sexo, edad, procedencia geográfica, nivel sociocultural, etnia, religión, nivel educativo o profesión posibilitan la adscripción del sospechoso a un grupo social concreto y pueden determinar sus características geolectales.

La **detección de la influencia de la lengua materna** (*Native Language Influence Detection*, NLID) para la identificación de la procedencia lingüística de un autor anónimo (Grant 2007) es otro campo de aplicación de la dialectología al ámbito forense. Se centra en identificar la lengua materna por su influencia en otro idioma y analiza computacionalmente patrones lingüísticos en el habla o escritura de una persona que sugieren que una lengua diferente a la que está utilizando ha influido en su manera de comunicarse a partir de elementos como n-gramas de palabras o de caracteres, palabras funcionales, rasgos de dependencia, rasgos ortográficos, puntuación, tipos de adjetivos, etc. (Koppel, Schler y Zigdon 2005; Kredens, Perkins y Grant 2019; Mojedano, Abrams y Pęzik 2022).

La **identificación dialectal** (*Language Analysis for the Determination of Origin*, LADO) constituye otro acercamiento que sienta sus bases en la dialectología. Trata de identificar características lingüísticas que pueden revelar información sobre el origen geográfico, étnico o cultural de una persona (Eades *et al.* 2003; Wilson y Foulkes 2014; Patrick 2019). Está orientada especialmente a las **peticiones de asilo**; cuando sus solicitantes carecen de pruebas documentales que verifiquen su procedencia, el análisis de su lengua materna o su base articulatoria pueden servir para determinar si su perfil lingüístico concuerda con el origen que afirman tener.

El análisis dialectológico en el ámbito forense se realiza mediante un proceso meticuloso que implica la recolección y comparación de muestras lingüísticas (orales o escritas), la identificación de rasgos distintivos, la creación de perfiles dialectales, la interpretación de los datos en el contexto de la investigación y la redacción de informes donde se presentan los resultados y conclusiones del análisis para su consideración y defensa judicial. Dicho proceso requiere un conocimiento lingüístico profundo y la capacidad de aplicar métodos científicos rigurosos para obtener resultados precisos y fiables que puedan sostenerse en un entorno legal.

Este conocimiento descansa, por un lado, en la competencia del lingüista para la identificación y delimitación de variedades dialectales, tarea compleja en la actualidad debido a la globalización y movimientos migratorios, pues los hablantes asimilan rasgos lingüísticos y culturales de otras comunidades lingüísticas. Aunque los dialectos suelen vincularse a áreas específicas, la variabilidad del lenguaje también responde a factores sociales y culturales, y no todas las características lingüísticas presentan una distribución geográfica homogénea, "los hablantes desarrollan su propia variedad del español y son usuarios creativos del español con sus posibles «desviaciones» de la norma estándar [...] y la proximidad geográfica no siempre significa similitud lingüística" (Pato 2023, 4, la traducción es nuestra). Por otro lado, la conciencia lingüística es crucial. Reconocer lo propio de nuestra variedad permite diferenciarla de otras.

Respecto al español, existen variaciones peninsulares e hispanoamericanas, cada una con sus particularidades que amplían las variables, especialmente cuando puede haber interferencias de otras lenguas. No se espera del lingüista que conozca todas las variaciones geolectales, por ello, resulta conveniente consultar y colaborar con otros expertos lingüistas cuando su conocimiento limita el alcance del análisis.

En la LF es importante diferenciar entre el **texto oral** y el escrito. Las características de informalidad, coloquialidad y espontaneidad permiten identificar de forma más directa las características acentuales del locutor;

los rasgos fónicos constituyen una huella distintiva de identidad. Es posible simular un acento diferente y asimilar prosodias distintas, pero cuánto tiempo puede hacerse esto: ¿se pueden simular todos los rasgos prosódicos y de calidad vocal que caracterizan una voz? Un ejemplo es el caso de Óscar Sánchez, vecino de Mongat (Barcelona). En 2011 fue condenado a 14 años en Nápoles (Italia) por tráfico de drogas debido a un informe de voz realizado por un renombrado lingüista italiano sin conocimiento de la lengua española. Fueron necesarios cuatro informes más de lingüistas españoles para determinar que la voz registrada en las escuchas policiales no era la misma que la del sospechoso. Ambos hablaban español, pero variedades diferentes, incluso perceptivamente (mientras Óscar hablaba un español peninsular con rasgos claramente identificables con el registro lingüístico del catalán, el otro hablante presentaba una base articulatoria de la variedad rioplatense). El narcotraficante presentaba mayor rapidez elocutiva, seseo, léxico seleccionado (*guacho* 'huérfano'), incluso utilizaba expresiones calcadas del italiano (*un coche a cero kilómetros*), rasgos lingüísticos que el acusado no mostró en ningún momento (Cicres 2017).

El **texto escrito** suele ser más reflexivo, se presupone más controlado en la selección de los elementos lingüísticos que van a ser empleados en la transmisión del mensaje. A pesar de ello, se producen con bastante frecuencia transferencias de la oralidad a la escritura, especialmente cuando la variedad dialectal es muy marcada, como en el siguiente caso de *grooming* (fuente: Fundación Anar). El conocimiento dialectológico nos permite descartar que el acosador sea un hablante de español peninsular. La escasez de datos no permite, sin embargo, realizar geolocalizaciones detalladas. Los ejemplos presentados no siguen las normas ortográficas, ya que se basan en rasgos de la oralidad.

LucySoto: Primero quítate eso negro q llevas arriba.
[…]
LucySoto: Con quien hablas.
Bea: Con nadie.
LucySoto: Entonses?
Bea: Tengo miedo.
Bea: Xfavor no me lo agas acer.
[…]
LucySoto: Solo has lo q te pido y me piro.
Bea: Es k no puedo.
LucySoto: Entonses lo siento.
LucySoto: Me voy.
Bea: Donde vas?
LucySoto: A tu msnnnnnnnnnnnn.

3. Aplicación e integración

3.1. Aplicación de la dialectología en el contexto forense

Cuatro son las aproximaciones al análisis dialectológico de textos probatorios o evidenciales (en Queralt 2020a pueden verse referencias a casos reales y públicos):

1. *Comparación de voz.* Se trabaja con muestras **dubitadas** (no se conoce el autor) e **indubitadas** (se conoce el autor) considerando múltiples variables; aquellas características poco frecuentes en la población de referencia y muy frecuentes en el hablante resultan de alto valor identificativo (Hidalgo y Garayzábal 2023). Para la comparación de voces se recurre a la metodología combinada, el **método clásico** (fonoarticulatorio, perceptivo y acústico) y el **método automático**; para este último no constituyen criterios relevantes cuestiones como la entonación y variedad dialectal, ni tan siquiera el léxico, lo que posiblemente pueda cambiar con el desarrollo de la IA. La aproximación perceptiva permite determinar la variedad de español que se está utilizando. El análisis del léxico, las estructuras y sonidos específicos conducen a determinar la variedad dialectológica concreta. El análisis detallado del conjunto de textos orales permite determinar si se trata del mismo locutor o no.

2. *Análisis de autoría.* Se trabaja con documentos dubitados e indubitados. Parte del hecho constatado de que cada persona expresa una misma idea de forma diferente (Bailey 1973). El desafío consiste en identificar y demostrar cómo la variación en el uso de la lengua entre autores es mayor que la variación dentro de un autor concreto y se centra en la presencia o ausencia de estos **rasgos distintivos** (Solan 2013). En el siguiente ejemplo se pretende atribuir la autoría de un escrito anónimo (dubitado) cotejándolo con un conjunto de muestras indubitadas.

Dubitado	*Indubitado*
Hola amor! Acabo de terminar mi jornada y no quería cerrar mi día sin enviarte un **besito**. Te quiero con toda mi alma. Ya sabes que soy tuya hasta el fin de nuestros días. Ya queda poco para el **magosto** y me derrito ya pensando en tus arrumacos y caricias.	Buenos días amor! Espero que hayas tenido un **minutín** para leer mi **mensajín**. Eres lo más bonito del mundo. Estoy deseando que podamos estar juntos. Solo quiero estar con el hombre que ilumina mi vida. No creas en esas **trangalladas,** son todos unos **cuzos**. Solo tú eres mío y yo tuya. **Besines** por todas partes.

Existe una alta probabilidad de que la autoría de ambos textos sea diferente. En el dubitado el uso del diminutivo *-ito* contrasta con los casos de *-ín* del texto indubitado; este diminutivo es marcado y está asociado a una zona geográfica concreta (León, Asturias). Con este hecho se podría descartar la misma autoría. Pero hay más información, específicamente léxica. En el texto dubitado la palabra *magosto* (LLA, DLE 'fiesta en la que se celebra la recolección de castañas y se asan') llama la atención. Esta palabra se utiliza en la zona norte y noroeste de España (Galicia, Asturias, León, Cantabria, Salamanca, las Hurdes, incluso en Portugal). En el texto indubitado, son las palabras *trangalladas* (LLA 'noticias falsas o de escasa fiabilidad, mentiras', especialmente en el Bierzo) y *cuzos* (DLE, LLA 'cotilla, fisgón', en Asturias, Galicia y León, en la zona del Bierzo) las que resaltan sobre el léxico estándar. Estas palabras vuelven a ubicarse en las áreas descritas para el lexema *magosto*. Todo parece conducir a que el autor de ambos textos es el mismo; sin embargo, la característica morfológica del diminutivo no permite esta atribución, dado que los cambios estructurales son más resistentes que el léxico y son aspectos que desde la infancia quedan marcados en la gramática de los hablantes. Nuevamente, la escasez de datos no posibilita una atribución clara, ni realizar geolocalizaciones detalladas.

3. *Pasaporte vocal.* Se trabaja con muestras dubitadas para realizar un perfil del hablante a partir de su voz y de su habla del que se extraerá la máxima información y se intentará identificar rasgos distintivos, entre ellos la procedencia o posible contacto con otras lenguas, pues los rasgos diatópicos, palabras y estructuras gramaticales ayudan a geolocalizarlo (Hidalgo y Garayzábal 2023). Veamos el ejemplo de audio de WhatsApp de un estafador a su víctima, transcrito ortográficamente según criterios ILFE (Garayzábal *et al.* 2019), salvo el sonido aspirado [ʰ]:

Hola amor, tengo raaaato buscando fooootos, mirando fotos, podría [ʰ] aser un álbum. Hoy que estás allá por Madrid que la pases muy bien, que no esté [ʰ]asiendo tanto frííto como **acá** con este **seresere** tempranero, que disfrutes con tus amigas por **allá**. Pronto nos vemos para echarnos unos **palos** y papear **cotufas** aunque caiga una **garuita**. **Acá** te espero en mi soledad. Te mando un abraso y un besaso grandote.

La aproximación perceptiva a la grabación permite determinar si el acento del hablante es o no peninsular, pero la transcripción verbatim aporta más datos. Desde el punto de vista fónico, la aspiración de la [ʰ] y el seseo indican que el hablante utiliza la variedad andaluza, canaria o hispanoamericana. Léxicamente se podría acotar la localización a Canarias por la palabra *cotufas* (de *corn to fry*), sin embargo, hay motivos suficientes para determinar que el español de este locutor es hispanoamericano. Desde el punto de vista léxico, sobresale la propia palabra *cotufas* (DA, DLE 'grano de maíz tostado y reventado', Caribe continental), *seresere* (DA, DLE, *cerecere* 'bruma que se crea al amanecer en el campo', en Venezuela) y *garúa/garuíta* (DA, DLE 'lluvia fina' en la zona andina). Desde el punto de vista morfosintáctico destaca el uso de *tengo rato* ('hace tiempo'), *echarse unos palos* (DA, DLE 'ir de vinos, de copas o cervezas'), *papear* (DA, DLE 'comer'), *caer una garuíta* ('lloviznar') y los adverbios demostrativos *allá* y *acá* más utilizados en Hispanoamérica, frente a *allí* y *aquí* en España. Si se juntan todos los datos (fónicos, léxicos y morfosintácticos), el perfil final nos lleva a pensar en un hablante hispanoamericano, probablemente venezolano caraqueño de zona rural.

4. *Perfiles sociolingüísticos.* Se trabaja con documentos dubitados. Un rasgo que puede inferirse de los escritos anónimos es el origen geográfico del autor, si está o ha estado en contacto con otras lenguas, si la lengua usada es su primera lengua, si maneja dos códigos diferentes con idéntico nivel de conocimiento, si procede de un país o región con otra lengua o variedad diferente, e incluso se podría precisar la zona dentro de un territorio de procedencia. El siguiente ejemplo muestra un escrito de WhatsApp:

Hola, salí recién del primer tratamiento que se atrasó en una semana, el tumor es **sensitivo** a las hormonas. En casa me está esperando un **Kaffee** y un **Kuchen** [...] En abril me voy por 3-4 semanas a una **Rehaklinik** [...] Me alegro de que se concretice el viaje de ustedes, ahora tienen unos días **lindos** por delante [...]. Pancho se fue hasta fines de marzo con su **polola**. Hizo bien el viaje y está feliz con su mamá y sus **cabros**. **Altiro** retornan.

Se trata de un escrito redactado por una persona que domina una variedad hispanoamericana. El autor está familiarizado con la lengua española, más concretamente con la variedad chilena, pues utiliza léxico propio como *polola* (DA, DLE 'novia'), *cabros* (DA, DLE 'niños pequeños'), *al tiro* (DA, DLE 'muy pronto, inmediatamente'). También utiliza varias palabras del alemán (*Kaffee, Kuchen, Rehaklinik*) correctamente escritas (como sustantivos que son, se escriben en mayúsculas); de hecho, la palabra *Kuchen* es un germanismo muy utilizado en Chile (DA 'pastel'). Además, se observa el uso de estructuras generales de las variedades americanas como *atrasarse en, días lindos, concretice* o *retornar.* El hecho de que se exprese perfectamente en la variedad chilena, pero se deslicen palabras en alemán correctamente escritas, hace pensar que la base lingüística es el alemán. La palabra *sensitivo*, calco del inglés y *falso amigo* (por *sensible*), confirma la idea de que la primera lengua del autor no es el español. Probablemente se trata de una persona que convive con chilenos o tiene un nivel avanzado de español.

3.2. *Recursos en lingüística forense*

El lingüista forense actúa como un detective de la lengua. Como tal, para investigar sobre la lengua, debe conocer y utilizar herramientas tanto académicas como no académicas que le permitan llevar a cabo cada uno de los análisis que deba afrontar (véase Queralt 2020b, para el uso de recursos tecnológicos en lingüística forense).

En los capítulos 1–9 se ha visto la importancia de los **atlas y mapas lingüísticos,** que recogen las variaciones de los rasgos del habla en una zona concreta y en los que se demarcan las isoglosas bajo las que un fenómeno lingüístico se produce o deja de producirse. También se ha visto la importancia de los **corpus lingüísticos** (CREA, CORPES). El abanico de fuentes que recogen información lingüística del español peninsular y americano es grande, pero ninguno está exento de problemas. Las lenguas cambian y el efecto de la globalización transforma algunas representaciones gráficas, que no son recogidas ni se actualizan con la misma rapidez. La validez de los corpus, en cuanto a su tamaño, generalidad, información lingüística y representatividad supone otra desventaja.

Igualmente, los **diccionarios** académicos (DA y DLE) constituyen una valiosa herramienta para poder acercarse al léxico desconocido, pero presentan dos claras limitaciones: la desactualización con respecto al lenguaje hablado y que, muchas veces, no aportan un contexto comunicativo preciso.

Más allá de lo académico, el uso de otros recursos puede resultar útil. El trabajo del lingüista forense no debe circunscribirse a la aplicación exclusiva de conceptos lingüísticos, sino contextuales, sociológicos, ideológicos, etc. que rodean al uso de la lengua. Debe convertirse en un investigador de la lengua, que sabrá dónde buscar para explicar las singularidades. Así, las **fuentes de información abiertas** constituyen una buena base informativa, aunque hay que saber hacer búsquedas restrictivas y contrastar la información obtenida. Un ejemplo sería remitirse a la Fundéu cuando el texto que analizamos contiene elementos o estructuras que no se ajustan al español estándar. También los estudios a través de las redes sociales aportan información interesante, que hay que verificar igualmente; los resultados que se pueden obtener de las consultas realizadas a los usuarios son eficaces y rápidos, y son un factor positivo en la investigación forense de los datos lingüísticos. Resultan también interesantes los estudios de campo a través de preguntas a nuestro entorno para recabar datos sobre el uso actual de la lengua, pues no existe registro de todo lo hablado. A este respecto, no es lo mismo el conocimiento normativo de la lengua estándar que el uso de la lengua oral, en continuo cambio, así como algunos aspectos sociolingüísticos, como el sexo o la distancia generacional, que pueden condicionar al investigador.

4. Preguntas de ampliación y reflexión

1. ¿Se puede determinar si la persona que escribe el siguiente mensaje es español o hispanoamericano? Justifique su respuesta. "Oye parse me dicen que te ries de mis zapatillas y de mi movil como sigas te caigo por tu barrio con 4 colegas".

2. Si se escucha a alguien decir: "te miré ayer cuando quitabas dinero del banco y no me oistes cuando te llamé" ¿se podría acotar su procedencia geográfica?

3. ¿Cuál sería la lengua dominante del hablante que emite las siguientes expresiones?

   a) Después del entreno, hicimos una vuelta.
   b) Hago un refresco, no copiéis más.
   c) Un caso en el que trabajemos, tampoco no prosperó.
   d) Esto es todo lo que analicemos.

4. ¿Podría determinarse la procedencia del autor de la siguiente muestra, que forma parte de un conjunto de comunicados que una periodista recibía de su acosador?: "[...] me entere que consumia con mi es pareja y las cosas empezaron a hir mal y al llegar tarde a casa y le dije que estaba a molestarme con eso y que fuera para junto de su madre [...]".

5. ¿Qué lugar ocupa el conocimiento lingüístico (y dialectológico) frente al avance de los sistemas automáticos en tareas como la identificación de locutores?

6. ¿A qué se debe que el LADO sea objeto de investigación y de debate a la vez?

7. ¿Qué relación puede haber entre el conocimiento geolectal y sociolingüístico con las patologías del lenguaje?

8. ¿Cómo cree que influyen las distintas variedades americanas en el español peninsular actual (según edad, nivel educativo o área geográfica) tanto a nivel léxico como morfosintáctico debido a los movimientos migratorios?

9. Reflexione, a partir del discurso de ingreso a la RAE de Asunción Gómez-Pérez, titulado *Inteligencia artificial y lengua española* (https://www.rae.es/academico/asuncion-gomez-perez), sobre si el volcado de grandes corpus lingüísticos beneficia la creación de textos con fines delictivos, de modo que un autor pueda generar textos que oculten su verdadera identidad.

10. ¿Cómo y por qué cambia la lengua de una persona y cuáles son las implicaciones forenses derivadas de ello?

Bibliografía

Asociación de Academias de la Lengua Española. *Diccionario de americanismos* (DA). www.asale.org

Bailey, C. J. 1973. *Variation and Linguistic Theory*. Arlington: Center for Applied Linguistics.

Blommaert, J. 2010. *The Sociolinguistics of Globalization*. New York: Cambridge University Press.

Cátedra de Estudios Leoneses. *Léxico del leonés actual* (LLA). lla.unileon.es

Chaski, C. 1997. "Who Wrote it? Steps toward a Science of Authorship Identification". *National Institute of Justice Journal* 233: 15–22.

Cicres, J. 2017. "The Role of Idiolectal Evidence in Speaker Identification". En *Forensic Communication in Theory and Practice: A Study of Discourse Analysis and Transcription*, eds. F. Orletti y L. Mariottini, 65–84. New Castle: Cambridge Scholars.

Coulthard, M. 1992. "Forensic Discourse Analysis". En *Advances in Spoken Discourse Analysis*, ed. M. Coulthard, 242–257. London and New York: Routledge.

Daubert v. Merrell Dow Pharmaceuticals, Inc., 509 U.S. 579, 1993.

Eades, D., H. Fraser, J. Siegel, T. McNamara, T. y B. Baker. 2003. "Linguistic Identification in the Determination of Nationality: A Preliminary Report". *Language Policy* 2: 179–199.

Frye v. United States, 293 F. 1013 (D.C. Cir.), 1923.

Garayzábal, E., M. Reigosa y S. Queralt. 2019. *Fundamentos de Lingüística Forense*. Madrid: Síntesis.

Garayzábal, E., S. Queralt, M. Reigosa y S. Ridao. 2019. "La transcripción de registros de audio en el ámbito policial y judicial español: una propuesta de criterios". *Logos: Revista de Lingüística, Filosofía y Literatura* 29 (1): 45–59.

Gibbons, J. y M. T. Turell. 2008. *Dimensions of Forensic Linguistics*. Amsterdam: John Benjamins.

Grant, T. 2007. "Quantifying Evidence in Forensic Authorship Analysis". *International Journal of Speech Language and the Law* 14 (1): 1–25.

Grieve, J. 2023. "Register Variation Explains Stylometric Authorship Analysis". *Corpus Linguistics and Linguistic Theory* 19 (1): 47–77.

Hidalgo, I. y E. Garayzábal. 2023. *Aplicación clínica y judicial de la fonética y la fonología*. Madrid: Arco/Libros.

Koppel, M., J. Schler y K. Zigdon. 2005. "Automatically Determining an Anonymous Author's Native Language". En *Intelligence and Security Informatics: IEEE International Conference on Intelligence and Security Informatics*, eds. P. Kantor, G. Muresan, F. Roberts, D. Zeng, F.-Y. Wang, H. Chen y R. Merkle, 209–217. Heidelberg: Springer.

Koppel, M., J. Schler y S. Argamon. 2009. "Computational Methods in Authorship Attribution". *Journal of the American Society for Information Science and Technology* 60 (1): 9–26.

Kredens, K., R. Perkins y T. Grant. 2019. "Developing a Framework for the Explanation of Interlingual Features for Native and Other Language Influence Detection". *Language and Law* 6 (2): 10–23.

MacLeod, N. y D. Wright. 2020. "Forensic Linguistics". En *The Routledge Handbook of English Language and the Digital Humanities*, eds. S. Adolphs y C. Knight, 360–377. London and New York: Routledge.

McMenamin, G. 2002. *Forensic Linguistics: Advances in Forensic Stylistics*. Boca Raton: CRC Press.

Mojedano, A., M. Abrams y P. Pęzik. 2022. "Native Dialect Influence Detection (NDID): Differentiating between Mexican and Peninsular L1 Spanish in L2 English". *Language and Law* 9 (1), 120–145.

Omar, A. y A. B. Deraan. 2019. "Towards a Linguistic Stylometric Model for the Authorship Detection in Cybercrime Investigations". *International Journal of English Linguistics* 9 (5): 182–192.

Pato, E. 2024. "New Approaches to Spanish Dialectal Grammar: Guest Editor's Introduction". *Languages* 9 (36): 1–9.

Patrick, P. 2019. "Language Analysis for the Determination of Origin (LADO): An Introduction". En *Language Analysis for the Determination of Origin. Current Perspectives and New Directions*, eds. P. Patrick; M. Schmid y K. Zwaan, 1–17. Berlin: Springer.

Peñarrubia, P. 2021. "Estilometría con fines geolingüísticos aplicada al corpus COSER". *Revista de Humanidades Digitales* 6: 22–42.

Queralt, S. 2020a. *Atrapados por la lengua. 50 casos resueltos por la lingüística forense.* Barcelona: Larousse.

Queralt, S. 2020b. "El uso de recursos tecnológicos en lingüística forense". *Pragmalingüística* 28: 212–237.

Queralt, S. 2023. "Los aportes de la lingüística forense contra el cibercrimen". *Del Español. Revista de Lengua* 1: 259–271.

Real Academia Española. *Diccionario de la lengua española* (DLE). dle.rae.es

Sergidou, E. K., N. Scheijen, J. Leegwater, T. Cambier-Langeveld y W. Bosma. 2023. "Frequent-words Analysis for Forensic Speaker Comparison". *Speech Communication* 150: 1–8.

Shuy, R. 2001. "Discourse Analysis in the Legal Context". En *The Handbook of Discourse Analysis*, eds. D. Schiffrin, D. Tannen y H. E. Hamilton, 437–452. Oxford: Blackwell.

Solan, L. M. 2013. "Intuition versus Algorithm: The Case of Forensic Authorship Attribution". *Brooklyn Journal of Law and Policy* 21: 551–576.

Sousa, R. 2023. "Forensic Linguistics: The Potential of Language for Law Enforcement in the Digital Age". *European Law Enforcement Research Bulletin* 6: 223–232.

Svartvik, J. 1968. *The Evans Statements: A Case for Forensic Linguistics.* Gotemburgo: University of Göteborg.

Wilson, K. y P. Foulkes. 2014. "Borders, Variation and Identity: Language Analysis for the Determination of Origin (LADO)". En *Language, Borders and Identity*, eds. D. Watt y C. Llamas, 218–229. Edimburgo: Edinburgh University Press.

Wright, D. 2021. "Corpus Approaches to Forensic Linguistics". En *The Routledge Handbook of Forensic Linguistics*, eds. M. Coulthard, A. May y R. Sousa-Silva, 611–627. London and New York: Routledge.

17

LA DIALECTOLOGÍA Y LA TRADUCCIÓN

Marimar Rufino Morales

Resumen

En numerosos ámbitos donde se practica la traducción se exige el uso de un español neutro. En nombre de este requisito lingüístico de interés comercial, los rasgos dialectales presentes en un texto original se ignoran en un texto meta redactado en la variedad estándar, en otro dialecto, en un registro coloquial o, incluso, con rasgos dialectales que no pertenecen a ningún dialecto existente en la cultura receptora. Este capítulo presenta las relaciones más relevantes entre la dialectología y la traducción con el objetivo de mostrar cómo la lingüística de corpus computarizados puede ayudar a la reflexión sobre la estructura de las lenguas y sobre los actos del habla y, en última instancia, a la resolución de problemas durante el proceso traductor. La información que proporcionan sobre los usos terminológicos y las unidades lingüísticas es fundamental en el ejercicio de la traducción. Después se ofrece una aplicación e integración del contenido previo abordando la metodología en el manejo de corpus y, por último, unas preguntas de ampliación y reflexión.

Palabras clave

traducción, localización, dialectología, variación, corpus

Abstract

The use of neutral Spanish is required in many fields of translation. According to this commercial linguistic requirement, dialectal features present in an original text are ignored in a target text written in the standard variety, in another dialect, in a colloquial register or even presenting dialectal features that do not belong to any dialect existing in the receiving culture. This chapter

DOI: 10.4324/9781003474722-21

presents the most relevant relationships between dialectology and translation and intends to show how computerized corpus linguistics can assist reflection on language structure and speech and, ultimately, resolve problems during the translation process. The information they provide on terminological usage and linguistic units is fundamental to the practice of translation. We will then apply and integrate the previous content by addressing the methodology of corpus management and, finally, we will raise some questions for development and reflection.

Keywords

translation, localization, dialectology, variation, corpus

1. Introducción

La **traducción** es esencial para la comunicación y el entendimiento entre personas; propicia la difusión de recursos, descubrimientos científicos, avances tecnológicos, noticias e información; puede salvar vidas en situaciones de emergencia; permite que las personas experimenten y aprecien el patrimonio literario y artístico de diferentes culturas y épocas; y es fundamental para el comercio y la expansión a mercados internacionales.

La traducción existe porque hablamos lenguas distintas (Steiner 1975), entendidas como sistemas que, por convención, se han agrupado según características identificables autónomas y comunes dentro del espacio y del tiempo, y que existen como modelo en la conciencia de cada individuo y de una determinada colectividad, como instrumento de quienes las usan, pero también gracias a las prácticas comunicativas o demarcativas de sus hablantes a través de los actos de habla (según su época, procedencia geográfica, edad, sexo, nivel económico, grupo social). Los jóvenes hispanohablantes *chatean*, lo cual ya no significa que estén bebiendo vino (de *chato* 'vaso de vino'), sino que se encuentran comunicándose de forma instantánea por mensajería móvil. En el siglo XVIII no necesitaron usar los anglicismos *chat* o *selfi*; tampoco vinculaban un *cayuco* a los migrantes subsaharianos, ni el *huachicol* a la gasolina. Por otra parte, durante la interacción comunicativa, una persona adaptará su forma de hablar a la situación en la que se encuentre; es decir, cambiará de registro dependiendo del contexto: el medio de comunicación (oral o escrito), el tema abordado, la intención comunicativa, los participantes (según el tipo de relación o grado de intimidad que sostenga con sus amistades, su entorno familiar o profesional). Estos factores externos –los que tienen que ver con la persona que utiliza la lengua y con el contexto– introducen variaciones al modelo de norma y se encuentran en el origen de la distinción social entre **lengua** y **dialecto**, si bien ambos tienen el mismo valor lingüístico (Coseriu 1986, 46). Para la dialectología, todos los hablantes desarrollan, de forma voluntaria o ajena y según sus posibilidades cognitivas, su propia variedad, así como las variaciones de la lengua estándar que el sistema gramatical les permite, y que no son otra cosa que rasgos dialectales. La variación lingüística se refiere a cómo materializan la información que quieren transmitir según una sintaxis generativa y un abanico abierto de elementos léxicos, algunos de los cuales desencadenan efectos sintácticos (Pato 2024).

En este capítulo veremos las relaciones más relevantes entre la dialectología y la traducción, con ejemplos concretos. Después se ofrece una aplicación e integración del contenido previo abordando la metodología del manejo de corpus y, por último, unas preguntas de ampliación y reflexión.

2. Relaciones entre la dialectología y la traducción

El objetivo de la traducción es reproducir el sentido y el valor comunicativo de un texto en otro gracias a un proceso intelectual de identificación y resolución de problemas complejos y abiertos, aplicación de estrategias y toma de decisiones (Hurtado Albir 2001, 375). La tarea se lleva a cabo en tres fases:

1. Comprensión e interpretación del **texto de origen** (TO), o secuencia con sentido completo y valor comunicativo que se encuentra codificada en un medio.
2. Desverbalización o decodificación del mensaje que contiene el TO.
3. Reexpresión de dicho mensaje en otro medio a través de un texto traducido o **texto meta** (TM), cuyas elecciones lingüísticas deben amoldarse tanto a la situación comunicativa, al público y a la cultura meta, como al encargo de traducción y a la función prevista (Seleskovitch y Lederer 1984; Hurtado Albir 1988).

Los **problemas de traducción** son problemas objetivos que toda persona que traduce tiene que resolver, independientemente de su nivel de competencia y de las condiciones técnicas del trabajo; pueden ocurrir en cualquier fase del proceso traductor, pueden afectar a una unidad de traducción o a todo el texto y pueden venir del propio encargo de traducción, de la función de los textos (de su uso en el contexto concreto de las especificidades situacionales), de sus características lingüísticas o de los perfiles de las personas receptoras (Nord 1991).

Los **culturemas** presentes en el TO, unidades lingüísticas con carga cultural y rasgos dialectales propios, constituyen un problema de traducción. En Estados Unidos, la tarjeta de residente permanente se conoce como *Green Card*, pero en países de Europa, Asia y África, la misma unidad fraseológica remite a la credencial internacional de seguro de un vehículo. Existen varios doblajes de la película americana *Green Card* (1990). En Francia se llamó

Green Card, mientras que en Quebec, donde los anglicismos poseen una connotación coloquial, se optó por *Carte verte* (traducción literal). En España, la película lleva por título *Matrimonio de conveniencia*, pero en otros países de habla hispana (México, Argentina, Uruguay) se prefirió *Matrimonio por conveniencia*. Los títulos de obras cinematográficas ilustran el peso de hechos históricos, sociales, políticos, culturales, lingüísticos o económicos en el proceso traductor. Cuando se dobló *The sound of music* (1965) se escogió una traducción para toda Hispanoamérica (*La novicia rebelde*) y otra para España (*Sonrisas y lágrimas*). Para trasladar la connotación del título de la película francesa *Gazon maudit* (1995), en español se optó por una adaptación: *La amante de mi mujer* (en Quebec, donde la alusión metafórica al vello púbico no es común, se llamó *French Twist*).

En la web y en las plataformas de entretenimiento, así como en los videojuegos, también es fácil encontrar distintas versiones de un mismo documento. La **localización** es una forma de adaptar productos y contenidos a parámetros regionales para alcanzar la eficiencia mercantil que requiere la globalización. Pero no siempre ocurre así. Arraigada igualmente en cuestiones ideológicas, políticas o económicas, la **deslocalización** tiende a neutralizar, simplificar o suprimir los rasgos dialectales de una lengua para hacerla aceptable por todos los usuarios rentabilizando el trabajo. Así, numerosas industrias lingüísticas (traducción audiovisual, publicidad, editoriales, medios de comunicación) llevan décadas requiriendo un **español neutro** (internacional o global), que no es más que un artificio lingüístico de interés comercial (Fólica y Villalba 2011; Gómez Font 2022).

En los textos traducidos donde no se han neutralizado los rasgos dialectales aparecen otras soluciones, tales como fijar un paralelismo con un dialecto que comparta, a juicio de quien traduce, características temporales, sociales, ideológicas o políticas con el dialecto original; o con elementos fonológicos, gramaticales o léxicos propios del registro coloquial; o incluso con rasgos que no pertenecen a ningún dialecto existente en la cultura receptora (Mayoral Asensio 1999; Tello Fons 2012). Resultan de una mediación durante la cual, atendiendo al objetivo comunicativo de la traducción, se busca plasmar la intención del autor ponderando entre equivalencia y aceptabilidad, confiriéndole prioridad a unos elementos en detrimento de otros según la función que cumplen los rasgos dialectales en el TO (conforme a una jerarquía de relevancia de dichos elementos y al valor connotativo de cada rasgo lingüístico). Pero cómo superar la carga interpretativa del propio acto de traducir cuando los prejuicios individuales comienzan con la necesidad de identificar la casualidad o intencionalidad de las marcas dialectales en un texto original. Como propone Ramos Pinto (2009, 296), el uso de rasgos estereotipados fácilmente reconocibles por la comunidad de destino probablemente se deba a una falta de conocimientos lingüísticos.

2.1. ¿Para qué sirve la dialectología en la traducción?

La práctica de la traducción, como actividad profesional (en sus distintas manifestaciones) o didáctica (cuando se usa, por ejemplo, en la enseñanza y aprendizaje de lenguas) implica una reflexión sobre la estructura de las lenguas –y sobre los actos del habla– que se sustenta en el conocimiento lingüístico (Milliaressi 2011). Las divisiones dialectales centradas en rasgos geográficos e históricos son, con sus sesgos homogeneizantes o centralizadores, el legado de los inicios de la dialectología que se distanció de la filología cartografiando, con los medios disponibles, principalmente rasgos léxicos y fonéticos divergentes del habla en los textos literarios. Gracias a los avances tecnológicos, la representatividad del habla real ha transformado la lingüística desplazando el foco de atención hacia las variedades en contacto y la observación de la morfosintaxis en la sincronía como motor del cambio lingüístico (Camus Bergareche 2023).

Las herramientas de investigación contemporáneas para el análisis de diferentes aspectos del habla y para profundizar en los conocimientos teóricos dialectales compilan extensos **corpus de habla** a partir de criterios rigurosos construidos con ejemplos reales orales y escritos, basados en las prácticas pluricéntricas de los hablantes (expuestos a una mayor democratización y mediatización del conocimiento y al multilingüismo) que se han codificado en bases de datos informatizadas.

Ningún texto está exento de la heterogeneidad de la comunidad de habla donde se produce ni de los rasgos personales, sociales y funcionales de quien lo produce; la selección de formas entre alternativas expresivas utilizadas involucra mensajes que son pragmáticamente no equivalentes. Montes Villar (2023) analiza la dificultad añadida que supone la traducción de un texto literario con **hibridaciones lingüísticas** (transferencias, calcos), especialmente cuando la lengua meta coincide con la lengua extranjera en el TO. Cada caso para traducir merece su propio estudio. Hay que identificar los rasgos lingüísticos, interpretar su significado comunicativo y su valor perceptivo o simbolismo y la correlación entre cada forma lingüística con quien la emite y el uso contextual (Villena Ponsoda 2016).Tener acceso a las opciones léxicas y gramaticales que no corresponden a los modelos normativos, con sus connotaciones pragmáticas, sociológicas y culturales, su extensión geográfica y de uso (oral, escrito, coloquial, formal) y su grado de aceptación, que no siempre coincide en los distintos dialectos o variedades, también disminuye el riesgo de juzgar ciertas formas de hablar como anómalas o incorrectas o de vincularlas a ideologías equivocadas (Bosque 2023).

El contenido de los corpus lingüísticos puede explotarse para resolver problemas de traducción: permite la selección de equivalencias idiomáticas basadas en la distribución diferencial y evita las distorsiones propias del exceso o de la falta de datos de otras herramientas. Por una parte, la gran cantidad de resultados procedentes de documentos originales obtenidos con un buscador web necesitará una limpieza experta. Por otra parte, la información léxica y lexicográfica, que también procede de corpus, de los diccionarios monolingües o multilingües, generales o especializados, ha sido preprocesada para ayudar al usuario a hacer una elección. Los ejemplos que proporcionan no codifican de forma sistemática las dimensiones caracterizadoras del registro, la información sobre las preferencias de uso de los hablantes, las variaciones geográficas de los términos y menos aún de las alternancias gramaticales (Corpas Pastor 2018). Por lo general, los recursos de traducción automática (TA) y demás herramientas de ayuda a la traducción asistida por computadora (*Computer Aided Translation*), como las memorias de traducción, donde la alineación de textos en varias lenguas procedentes de **corpus paralelos** (*bi-texts*) revela equivalencias interlingüísticas, no permiten la distinción entre el texto original y su traducción.

Los corpus monolingües de referencia pueden usarse a modo de **corpus comparables** (*paired texts*); incluyen muestras representativas de la lengua general procedentes de todo el ámbito lingüístico de una lengua (como el *Corpus de Referencia del Español Actual*, con más de ciento sesenta millones de formas). Son indispensables para determinar patrones y frecuencias de uso de léxico, idiomaticidad y colocaciones que, por complejas o novedosas (como el *CORPES*), no están presentes en los diccionarios de referencia (Martínez Belchí 2015). La información que nos proporcionan dependerá de cómo haya sido codificada (parámetros de configuración), de los criterios de búsqueda y de las posibilidades combinatorias que nos permita la interfaz. Los resultados aparecerán por ocurrencias o por filtros lingüísticos de géneros textuales, periodos de tiempo o variedades. Saber manejarlos y conocer las cuestiones relacionadas con su uso y calidad es fundamental para sacarles provecho.

3. Aplicación e integración

En esta sección nos centraremos en cómo integrar el manejo de corpus lingüísticos monolingües en el proceso traslativo y en reflexionar sobre las herramientas disponibles (Rufino Morales 2022). Los estudiantes son conscientes de que hablamos de manera diferente, pero no siempre resulta fácil identificar la variación; de forma que el proceso de adquisición de la competencia traductora se debe combinar con actividades de sensibilización a la dimensión pluricéntrica del español, y de su lengua materna, mediante el planteamiento de problemas lingüísticos, textuales, pragmáticos y extralingüísticos en los TO, y de encargos de traducción que exigen adaptar el contenido de los TM a distintos públicos y finalidades.

Luego de una introducción teórica para definir y clasificar los corpus que existen, qué tipo de información proporcionan, cómo se configuran y cómo se han codificado, los estudiantes pueden realizar un trabajo de investigación a partir de unidades de traducción seleccionadas por ellos mismos en textos que ya han traducido. Las unidades deben ser, según su criterio, representativas de la variedad del español del TO y haber planteado un problema de traducción. Primero deben reexaminar su traducción usando corpus paralelos que tengan en cuenta las variedades del TO y del TM. Si seleccionan TradooIT y Linguee podrán comprobar, como explica Bowker (2021), que los ejemplos que contienen *stationnement* o *pieuvre* proceden de sitios web francocanadienses, mientras que *parking* y *poulpe* se han extraído de sitios europeos. Después, deben utilizar corpus monolingües pertinentes para observar el uso de la unidad de traducción del TO y su equivalencia en el TM. Por ejemplo, según las variantes en juego y aplicando los criterios de búsqueda pertinentes, en el repositorio *El Corpus del Español, Frantext* (frantext.fr) o el *Corpus of Contemporary American English* (english-corpora.org/coca).

La evaluación del aprendizaje concluye con una reflexión escrita individual donde hay que reconsiderar o confirmar la propuesta de traducción inicial con corpus, incluyendo la descripción y justificación de cada corpus, conforme a su tipología y las informaciones que contiene. Los ejemplos que se ofrecen a continuación son una muestra real de todo ello.

3.1. *Los subtítulos en* Les amours imaginaires

En un primer momento se puede tener un debate sobre las equivalencias propuestas en dos versiones subtituladas en español de la película francocanadiense *Les amours imaginaires* (2010), de Xavier Dolan. Con la ayuda de los corpus del *Fonds de données linguistiques du Québec* (fdlq.recherche. usherbrooke.ca) se trabaja sobre:

1. El lenguaje soez (*ostie, calvaire, tabarnak, criss, conne, colasse, fuck; Mange de la marde; Maudite marde; Qu'il mange la marde; J'étais dans la marde; Je vaux pas de la marde; Je me fais chier; On se fait chier; C'est quoi ton ostie de problème; Tu devais être poche en ostie quand t'étais petit*).
2. Los marcadores de la oralidad (*fait que, voyons donc, oh boy, ouache*).
3. El léxico de contacto, especialmente en giros idiomáticos (*Il est sweet; C'est cute; C'est tellement le fun; Tu sais-tu le feeling que ça fait; Je checke; C'est cool; Un auteur bright; Partager le bill; Donner un lift; Aller en char; Quand il est là, watch out*).
4. Las connotaciones socioculturales asociadas a lugares (ir de tiendas al centro comercial de *Terrebonne*; pasear por la calle *Sainte-Catherine*; vivir cerca del metro *Henri-Bourassa*; ser oriundo de la zona de *Les Laurentides, Saint-Donat*; poseer un chalet *au bord du fleuve*).
5. Las expresiones populares y el léxico vernáculo (*Qui m'aime me suive; Se tirer une balle dans la tête; La peau de la face lui tombe à terre; Un*

moment donné ça va faire; *Pas le temps pour laisser mûrir les bananes*; *Dormir en cuillère*; *On est pogné avec*; *Puis, on se tanne itou*; *Ça fait un boutte qu'on s'est vus*; *Il y a comme un malaise*).

6. La función simbólica de la variación diafásica en los personajes que interpretan, respectivamente, Anne-Élisabeth Bossé (*Pour pas qu'il sache que je chus une stalkeuse*; *Ferme-la, ta yeule*; *Chus écoeurée*; *Je suis à la bonne place*) y Anne Dorval (*C'était le fun en maudit*; *Beau bonhomme*; *Belle place icitte*; *Maudit beau palace*; *L'épicerie, les niaiseries, les cochonneries*; *Crisser ça dans la récup*; *Donne un bec*).

3.2. Traducción del guion de la película Roma

Para la comprensión del TO durante la traducción del guion de *Roma* (deadline.com), escrito por Alfonso Cuarón y ambientado en la ciudad de México en la década de los 70 –con una recreación histórica de la ciudad y sus gentes, incluida su forma de hablar (chilango)– se puede seleccionar el *Diccionario del español de México* (dem.colmex.mx), el *Corpus del Español Mexicano Contemporáneo II* (cemcii.colmex.mx) y el *Corpus Diacrónico del Español* (corpus.rae.es/cordenet.html), aplicando los filtros geográficos y cronológicos correspondientes.

De este modo, se comprueban usos de términos para deducir acepciones que no se recogen, por ejemplo, en el *Diccionario de americanismos*, como *güey* (hoy en día puede usarse como sinónimo de 'amigo inseparable', pero en aquel entonces era una palabrota), el significado de las *tortas cubanas*, o el valor pragmático del adjetivo *pinche* (*El cabrón le mandaba la misma carta a todas las pinches chamacas*), que el mismo diccionario define como 'insignificante, despreciable', pero también como 'querida, estimada'.

Asimismo, se validan frecuencias de uso y significados de construcciones que no se corresponden con la variante del español de los estudiantes, nativos o no: *De a peso le valen los chicles*; *Se saludan de beso*; *Y ahí, entre mis primos que me madreaban, y que las malas compañías, y que le entré al trago, y que llegué al chemo, me estaba muriendo*.

3.3. Subtitular la serie Paquita Salas

Uno de los mayores desafíos del subtitulado interlingüístico es poder trasladar el **humor** de los diálogos. Para traducir la primera temporada de la serie *Paquita Salas* (70teclas.es), escrita por Javier Calvo y Javier Ambrossi, se emplea el *Corpus de referencia del español actual* (corpus.rae.es/creanet. html) para encontrar patrones de uso representativos del **habla coloquial** madrileña del momento en que está ambientada la serie (el año 2016):

1. Marcas de la oralidad (*oye*, *mire*, *oiga*, *claro*, *bueno*, *uy*, *vale*, *pues*).
2. Formas abreviadas (*festi*, *repre*; *Nos ha hecho un simpa*).

3. Léxico (*maja, mona, tía, bonita, hija mía, choni, putón, flipar*).
4. Expresiones idiomáticas (*picar algo, ser como un reloj, ponerse las pilas*; *Estoy un poco agobiada*; *Ese es mi rollo*; *Me río yo de los cortos*; *Con la que tengo encima*).
5. Lenguaje soez (*Me estoy cagando viva*; *No me jodas*; *A mí qué coño me importa*; *Me voy a mi puta casa*; *No tienes ni puta idea*; *Póntelo ya de una puta vez*; *Está a tomar por culo*; *Cómete una mierda*).
6. Lenguaje irreverente a través de las numerosas referencias a la homosexualidad (*Hay que tener mucho cuidado con hacer de gay, la verdad*; *A nosotros nos encantan los gays, pero*; *Si eres gay, es complicado, porque a veces te encasillan*; *Les gusta mucho David, pero se les sube de pluma. Que se les sube mucho de pluma, dicen. ¿Qué hago, le bajo la pluma?*; *Ha habido maricones toda la historia de la humanidad. ¡Toda la historia! ¿No puede haber un maricón en 'Puente Viejo'?*).

3.4. La accesibilidad y la inclusión en la traducción

El último aspecto que abordamos es la responsabilidad de la persona que traduce y las repercusiones de las elecciones lingüísticas a través de la **accesibilidad** y la **inclusión**. Las preocupaciones y reivindicaciones divergentes según el trasfondo social, político e histórico de cada comunidad lingüística participan en la construcción de la lengua y pueden ocasionar confusiones terminológicas que, exacerbadas por la variación, perpetúan desigualdades en materia de inclusión y barreras sistémicas que oprimen a grupos tradicionalmente marginados.

Las plataformas de difusión, que marcan el tono en traducción audiovisual, no ofrecen **subtitulado interlingüístico universal**. Tomemos el ejemplo de una persona francófona con discapacidad auditiva. Si desea ver la película *Roma* subtitulada en francés o en inglés, no tiene acceso a los **subtítulos descriptivos** en su idioma, que son aquellos que proporcionan información sobre ruidos de fondo, bandas sonoras o paralenguaje. Tampoco puede saber que cuando el personaje de Fermín (Jorge Antonio Guerrero), en primer plano, tras una demostración de sus habilidades con palo de kendo improvisado con una barra de ducha, está hablando, lo hace en japonés, simplemente porque no hay subtítulos en esa escena.

Otro ejemplo es el uso de variantes femeninas o epicenas, que puede variar considerablemente en la francofonía. Los corpus son una forma de medir las tendencias de utilización de estas marcas en el espacio y en el tiempo. En el documento *Dahomey* (2024), de Mati Diop, se emplean subtítulos en francés con la distinción abreviada de las marcas de femenino y plural mediante separación con punto medio (*Déraciné·e·s* 'desarraigado.a.s').

En algunas comunidades lingüísticas que consideran el género gramatical asexuado (a diferencia del género sociocultural y el sexo biológico), la **escritura inclusiva** se asocia a la igualdad representativa entre hombres y mujeres.

En otras, como el Canadá francófono, para escribir de forma inclusiva hay que evitar palabras sexistas al referirse a las personas, usar un lenguaje neutro desde el punto de vista del género (sustantivos colectivos o expresiones epicenas), pero sin recurrir a neologismos. A este respecto, la adopción de la *Charte de la Langue Française*, o Ley 101 (1977), con la contribución de lexicógrafos y lingüistas como Corbeil (1980, 2007), se esfuerza por convertir el francés en la lengua normal y habitual en el trabajo, la educación, las comunicaciones, el comercio y los negocios, institucionalizando la norma quebequense y creando numerosos recursos, como el banco de datos *TERMIUM Plus* (btb.termiumplus.gc.ca), el diccionario *Usito* (usito.usherbrooke.ca) y las herramientas del *Office québécois de la langue française*, principalmente la *Vitrine linguistique*, plataforma de búsqueda que combina el *Grand dictionnaire terminologique* y la *Banque de dépannage linguistique*.

4. Preguntas de ampliación y reflexión

1. Según @RAEinforma, "el español que evita los localismos o expresiones propias solo de un área hispanohablante se denomina español neutro". Teniendo en cuenta que el español es heterogéneo y que la variación ocurre en todos los niveles del lenguaje (léxico-semántico, pragmático, morfosintáctico, fonético-fonológico), ¿cree que podría producir una traducción en español neutro, oral o escrito, por ejemplo, para doblaje y el subtitulado respectivamente?

2. Cuando se estrenó la película *Roma* en los cines de España, contenía subtítulos del chilango "traducidos" al español peninsular, decisión controvertida y cuestionada por el propio Cuarón. Señale algunas consecuencias de esta práctica a través de ejemplos que conozca. ¿Cree que necesita la adaptación a su propia norma para entender un texto producido en otra variante del español? Justifique su respuesta.

3. En los subtítulos de la misma película en inglés, la palabra *torta* se sustituye por *taco*. La *domesticación* de una traducción consiste en sustituir aquellos elementos del texto original que pueden resultar extraños en la cultura meta por otros que les resulten más familiares a los lectores de llegada, y remite a la invisibilidad de la persona que traduce, por oposición a la *traducción extranjerizante*, que mantiene los aspectos culturales del TO en el TM. ¿Puede identificar las ventajas e inconvenientes de cada método? ¿Cree que ambos pueden aplicarse indistintamente sea cual sea el ámbito para el que se traduce?

4. La *adaptación* es un recurso genuino para resolver un problema de traducción. ¿Podría encontrar tres ejemplos de adaptación de títulos de obras literarias o de productos audiovisuales sin relación léxica literal con el título original, y justificarlos?

5. ¿Cuáles son, en su opinión, las similitudes y las diferencias entre la *adaptación* y la *localización*?

6. Busque algunos casos concretos de adopciones léxicas del español que encontramos en las redes sociales. Seguidamente, reflexione sobre la posibilidad de una planificación conjunta entre la dialectología y la traducción para reducir el riesgo de distorsiones en las herramientas digitales por la incorporación masiva de léxico y expresiones sin ningún filtro lingüístico.

7. Es necesario seguir describiendo el sistema lingüístico del habla y asegurar una mayor representatividad, plasmando más modos de hablar y más hechos del lenguaje, más contacto con otras lenguas y más transformaciones. ¿Cómo cree que esto sería posible? Justifique su respuesta.

8. Muchas personas creen que con el avance de las IA la traducción humana desaparecerá. Sin embargo, otras nuevas formas de colaboración multimodal e interactiva humano-computadora se están desarrollando. ¿Conoce algunas?

9. El subtitulado universal reclama subtítulos basados en la diversidad, equidad e inclusión, que representen todo el componente sonoro esencial a la comprensión de una emisión –incluyendo los diálogos, efectos sonoros y otras informaciones no verbales, como la identificación de la persona que habla y el tono de la réplica–, ya sea en el mismo idioma o en otra lengua, para que puedan leerlo tanto personas con discapacidad o pérdida auditiva como quienes están en situación de aprendizaje o de alfabetización de alguna de las lenguas implicadas. Si para ver una película en versión original subtitulada en español solo dispusiera de subtítulos universales, ¿consumiría más o menos productos subtitulados? Justifique su respuesta.

10. ¿Cómo pone usted en práctica las orientaciones de las Naciones Unidas para el empleo de un lenguaje inclusivo en cuanto al género en español? ¿Le parecen representativas de los principios de diversidad, equidad e inclusión? Justifique su respuesta.

Bibliografía

Bosque, I. 2023. "Aspectos didácticos de la variación gramatical". *Asterisco: Revista de lingüística española* 1: 7–29.

Bowker, L. 2021. *Vous traduisez pour le Canada?* Ottawa: Université d'Ottawa.

Camus Bergareche, B. 2023. "Non-Standard Grammatical Features in Castile-La Mancha". *Languages* 8 (4): 1–23.

Corbeil, J.-C. 1980. *L'aménagement linguistique du Québec*. Montréal: Guérin.

Corbeil, J.-C. 2007. "Le rôle de la terminologie en aménagement linguistique: genèse et description de l'approche québécoise". *Langages* 4: 92–105.

Corpas Pastor, G. 2018. "Laughing One's Head off in Spanish Subtitles: A Corpus-Based Study on Diatopic Variation and its Consequences for Translation". En *Fraseología, Diatopía y Traducción / Phraseology, Diatopic Variation and Translation*, eds. P. Mogorrón Huerta y A. Albaladejo-Martínez, 32–71. Amsterdam: John Benjamins.

Coseriu, E. 1986. *Introducción a la lingüística*. Madrid: Gredos.

Fólica, L. y G. Villalba. 2011. "Español rioplatense y representaciones sobre la traducción en la globalización editorial". En *Traductores y traducciones en la historia cultural de América Latina*, eds. A. Pagni, G. Payás y P. Wilson, 251–266. Ciudad de México: Universidad Nacional Autónoma de México.

Gómez Font, A. 2022. "Español neutro y variedades del español". En *Dialectología hispánica. The Routledge Handbook of Spanish Dialectology*, eds. F. Moreno Fernández y R. Caravedo, 596–606. London y New York: Routledge.

Hurtado Albir, A. 1988. "Hacia un enfoque comunicativo de la traducción". En *Actas de las II Jornadas de Didáctica del Español como Lengua Extranjera*, 53–79. Madrid: Ministerio de Cultura.

Hurtado Albir, A. 2001. *Traducción y traductología: introducción a la traductología*. Madrid: Cátedra.

Martínez Belchí, E. 2015. "Recursos en línea sobre corpus y su utilidad para la traducción de unidades fraseológicas". En *Enfoques actuales para la traducción fraseológica y paremiológica: ámbitos, recursos y modalidades*, eds. G. Conde Tarrío, P. Mogorrón Huerta, M. Martí Sánchez y D. Prieto García-Seco, 85–96. Madrid: Centro Virtual Cervantes.

Mayoral Asensio, R. 1999. *La traducción de la variación lingüística*. Soria: Diputación Provincial de Soria y Ediciones Universidad de Valladolid.

Milliaressi, T. 2011. "De la traductologie à la linguistique, il n'y a qu'un pas". En *De la linguistique à la traductologie. Interpréter, traduire*, ed. T. Milliaressi, 9–24. Villeneuve-d'Ascq: Presses universitaires du Septentrion.

Montes Villar, L. 2023. "Making Minorities Visible through the Literary Recreation of their Way of Speaking". En *Translating Minorities and Conflict in Literature*, eds. M. L. Rodríguez Muñoz y P. Gentile, 267–300. Berlin: Frank & Timme.

Nord, C. 1991. *Text Analysis in Translation: Theory, Methodology, and Didactic Application of a Model for Translation-Oriented Text Analysis*. Amsterdam: Rodopi.

Pato, E. 2024. "New Approaches to Spanish Dialectal Grammar: Guest Editor's Introduction". *Languages* 9 (2): 1–9.

Ramos Pinto, S. 2009. "How Important is the Way you Say it?: A Discussion on the Translation of Linguistic Varieties". *Target. International Journal of Translation Studies* 21 (2): 289–307.

Rufino Morales, M. 2022. "Propuesta para desarrollar la competencia intercultural en la clase de traducción". En *Estudios dedicados al profesor Juan C. Godenzzi*, ed. E. Pato, 513–529. Ottawa: Alter.

Seleskovitch, D. y L. Marianne. 1984. *Interpréter pour traduire*. Paris: Didier.

Steiner, G. 1975. *After Babel. Aspects of Language and Translation*. Oxford: Oxford University Press.

Tello Fons, I. 2012. "Traducción de la variación lingüística: una visión diacrónica". *Hikma, Revista de traducción* 11: 133–159.

Villena Ponsoda, J. A. 2016. "Variación lingüística y traducción. Por qué el traductor necesita del variacionista". En *Variación lingüística, traducción y cultura: de la conceptualización a la práctica profesional*, eds. G. Caprara, E. Ortega Arjonilla y J. A. Villena Ponsoda, 15–117. Bern: Peter Lang.

18

LA DIALECTOLOGÍA Y LA LITERATURA

Francisco M. Carriscondo-Esquivel

Resumen

En este capítulo se traza un programa general de la relación existente entre la dialectología y la literatura, referida a la lengua española. Tras una breve introducción, se señalan los puntos de contacto claves entre ambas, con la variedad estándar como eje fundamental. Se muestran además los principales ámbitos de aprovechamiento de la literatura por parte de la dialectología, ya que la dirección contraria no presenta datos relevantes, así como su grado de utilidad, en un *continuum* que va desde el absoluto al relativo. Lo extraíble abarca desde los fenómenos propios de los niveles tradicionales del lenguaje hasta otras dimensiones. Se ofrecen finalmente muestras representativas, procedentes de distintas regiones, épocas, movimientos y géneros.

Palabras clave

dialectología, literatura, variedad estándar, diatopía, diafasía

Abstract

This chapter outlines a general program of the relationship between dialectology and literature, mainly concerning the Spanish language. After a brief introduction, the key points of contact between the two are highlighted, with the standard variety as the fundamental axis. The main areas in which dialectology can benefit from literature are also presented, as the opposite direction does not offer significant data, as well as the degree of usefulness, ranging from absolute to relative. The extractable elements range from phenomena typical of the traditional levels of language to other dimensions. A few representative samples from different regions, eras, movements and genres are provided.

DOI: 10.4324/9781003474722-22

Keywords

Dialectology, literature, standard variety, diatopic variety, diaphasic variety

1. Introducción

La relación entre la dialectología y la literatura es poliédrica. Aquí se va a tratar esencialmente el posible aprovechamiento de la segunda como fuente de datos para la primera, con lo cual el análisis opera en un único sentido. Varios son los enfoques posibles: fundamentalmente, el aprovechamiento desde la lingüística sincrónica actual o desde la histórica, concretado en varias disciplinas además de la dialectología (la etimología, la sociolingüística o el análisis del discurso); así como el nivel considerado (fónico, gramatical, léxico, pragmático y discursivo). Antes de emprender la exposición conviene señalar, en el otro sentido posible, la existencia de obras literarias que dejan entrever un aprovechamiento de los hallazgos dialectológicos, que pueden haber sido obtenidos incluso por el mismo autor, aunque permanezcan velados los aspectos compositivos y, por consiguiente, no conozcamos explícitamente las técnicas de obtención de datos o las fuentes consultadas.

Desde una perspectiva integradora, piénsese, por ejemplo, en cómo el habla de una ciudad como Madrid ha pasado por distintas representaciones, en un arco en el que pueden distinguirse dos polos en cierto modo opuestos: por un lado, el impresionista de autores como Carlos Arniches (Seco 1970) y, por el otro, el empírico practicado por novelistas de la segunda mitad del siglo XX como Rafael Sánchez Ferlosio en *El Jarama* (1956). En este mismo polo se encontrarían también, para Hispanoamérica, *Tres tristes tigres* (1967) de Guillermo Cabrera Infante y sus muestras del habla de La Habana, o el subgénero de las novelas testimonio que se forja en aquel continente durante todo el siglo XX. Frente al subjetivismo de las descripciones, estos prosistas destacan por el aprovechamiento de técnicas de obtención de datos más objetivas, razón por la cual se suele denominar a sus producciones "novelas de magnetofón" o "auditivas". No obstante, como ya se ha señalado, aquí nos detendremos en la primera de las orientaciones planteadas.

2. Relaciones entre la dialectología y la literatura

2.1. Consideraciones preliminares

Toda literatura está escrita en una variedad, más o menos normalizada, de la lengua. A menor normalización, mayor es la dialectalización, según la concepción habitual del dialecto. Esta relación inversamente proporcional entre estándar y no estándar se halla tanto en el espacio como en el tiempo. Así, existe un tipo de literatura conocida como **regional** que trata de reproducir, con mayor o menor éxito, el habla de una zona (por eso se la conoce también como *dialectal*); y, aunque no lleve esa etiqueta, antes de que se fijara una variedad funcional estandarizadora, literaturas como la altomedieval están escritas en una modalidad dialectal. No obstante, hay que tener siempre presente el grado de diferenciación entre las variedades, menor en el español que en otras lenguas, lo que hace pensar, instalados en una perspectiva sincrónica (actual), que más que una literatura dialectal habría que hablar de una literatura con **dialectalismos** –incluso, más allá, con coloquialismos y, lo que es peor, con vulgarismos, como tendremos ocasión de ver– pero siempre con la variedad estándar como marco de referencia.

Por ello, son muchos los ejemplos del aprovechamiento que, para la investigación sobre las lenguas, brindan los datos arrojados por la literatura. El sustrato filológico que caracteriza la lingüística hispánica implica la extracción de datos provenientes de los textos literarios para, sobre todo, la reconstrucción de la historia de la lengua española (en cuya exposición de resultados conviven tanto la periodización en la evolución como los movimientos literarios que orbitan en cada periodo). Más difícil resulta la investigación de determinados rasgos de la oralidad raramente plasmados en el escrito literario, que deberían ser objeto de atención por parte de la dialectología. Me refiero a las redundancias, los titubeos o las faltas de concordancia gramatical. Ahora bien, existe un ***continuum*** en el grado de fiabilidad de los datos: en un extremo estarían aquellos cuyo aprovechamiento es absoluto y, en el otro, los que deberían ponerse en cuarentena antes de extraer conclusiones a partir de ellos. Veamos ambos en lo que concierne a lo dialectal.

2.2. *Aprovechamiento absoluto*

La literatura ha sido de extraordinario rendimiento para la detección de *pidgins*, criollos o interlectos. Así, en el caso del español, las piezas literarias bilbaínas –escritas en castellano, pero con fuerte influjo euskera, entre los siglos XIX y XX– sirvieron a Luis Michelena para deducir la existencia de una lengua criolla (Echenique 1997). La literatura de lo que se conoce como *spanglish* se encontraría en el mismo ámbito de estudio. También resulta muy provechosa en la detección de vocabulario patrimonial, sensible a la evolución del fonetismo latino, extraído de los textos de los orígenes de las lenguas romances. Prueba de ello es su inclusión en los corpus de datos para la investigación lingüística histórica. Por último, no extraña encontrar en las monografías dialectales de mediados del siglo XX extractos de literatura oral para su aprovechamiento dialectológico. Mucho antes, las colecciones de cantos populares, romanceros, refraneros, plegarias, adivinanzas y juegos infantiles están repletas de anotaciones lingüísticas que sirven para el mejor conocimiento de la lengua y la variedad consideradas.

Pero no solo eso. Se ha demostrado cómo el arte literario oral (que se manifiesta sobre todo en los géneros mencionados, sufridores del estigma de su menor prestigio) y su traslado al escrito sirven también para preservar y revitalizar lenguas por lo general ágrafas –y lógicamente, sus variedades– en peligro de extinción, gracias a la función estandarizadora que, junto a la gramática y al diccionario, desempeña la escritura y que, a la vez, sirve para reforzar la cohesión étnica entre sus hablantes. Sucede por ejemplo con las lenguas amerindias mexicanas, que gozaron de su máximo esplendor antes de la llegada de los españoles (Montemayor 1993). Se ha señalado cómo la literatura en estas lenguas sufre en la actualidad "el desdén generalizado por lo que se ha considerado inadecuadamente como manifestaciones de una subcategoría lingüística, es decir, por lo que se ha calificado como 'dialectos' indígenas" (Máynez 2003, 52). Conviene reparar, no obstante, en la función unificadora de la escritura, que hace *tabula rasa* de las variantes propias de la oralidad, objeto de análisis fundamental de la dialectología.

2.3. Aprovechamiento cuestionable

Como manifestación artística del uso de la lengua, la literatura ha perseguido –en géneros como la poesía, la narrativa o el teatro– la caracterización de los personajes por parte de sus autores. Es lo que, desde la retórica clásica, heredada de la tradición aristotélica, se conoce como *decoro*, que tiene su máxima expresión en el último de los géneros literarios mencionados (Pavis 1980; Elam 1977) y su mejor ejemplo en el *Arte nuevo de hacer comedias* (1609) de Lope de Vega (vv. 254–286). De este modo, la dialectología ha podido recabar un arsenal de datos para su análisis, aunque ha sido necesario interpretar estos con cautela. Al respecto, el trabajo de Weber de Kurlat (1981) puede considerarse pionero. Allí denomina *código* a las representaciones de las variedades geolectales que no responden a un deseo de fidelidad a la fuente, que atañen solo a las clases populares, culturalmente inferiores, mientras que las intervenciones del narrador se ciñen al español normativo, incluso cuando interactúa con sus personajes. Frago (1986) denomina *tópico lingüístico* a este proceder.

La emulación de una variedad dialectal puede implicar una estereotipación, bajo una determinada fórmula de subgénero literario. La caracterización lingüística sobre todo de los sayagueses, charros, vizcaínos, pícaros, baturros, negros, gauchos o andaluces en ciertas corrientes literarias cumple una función literaria, tendente a la creación de un estereotipo. Ahora bien, al tratarse de un estereotipo, se entiende que en mayor o menor medida existe una correspondencia con la realidad, por lo que no está de más acudir a estos textos. De hecho, dialectólogos como Alvar (1965) los han aprovechado para sus estudios. Si nos ocupamos estrictamente de lo lingüístico, conviene señalar que muchos de los fenómenos representados no suelen ser exclusivos de la variedad que se pretende representar, sino más bien propios del español vulgar, dentro de la confusión que suele producirse entre **dialectalismos y vulgarismos**. Por eso cobra sentido la llamada de atención de García de Diego (1959, 355), sobre los vulgarismos como prácticamente coincidentes "en las diversas regiones castellanas, no sólo de la Península, sino de los pueblos americanos".

Aún habría que apuntar una confusión más: **variación diatópica**, por un lado, y **variación diastrática y diafásica** por otro. La tradicional identificación de la dialectología con su método por excelencia, la geografía lingüística, ha propiciado la atención casi exclusiva a la caracterización horizontal del dialecto. El término se aplica tradicionalmente a las áreas léxicas (Rona 1976, 15; Coseriu 1981, 16; Montes 1995, 63), por mucho que se haya hablado, por ejemplo, de *dialectos verticales* (García de Diego 1959) o *dialectos sociales* (Coseriu 1981). La identificación provoca, en primer lugar, que los datos obtenidos por la geografía lingüística sean considerados como característicos del dialecto estudiado, y, a continuación, que exista un mayor interés por conocer la *existencia* y *límites* de un determinado fenómeno, más que su *valor* (Rona 1958, 14). A ello hay que sumar el menor avance en las investigaciones sobre la dimensión vertical del léxico en relación con la horizontal, motivada por una dificultad teórica y otra práctica (Lara 1997): la primera se deriva de la concepción estructural del sistema, que se aplica a su vez a cualquier sociedad; la segunda tiene que ver con cómo los hablantes ponderan normativamente las unidades léxicas.

Como muestra Carriscondo-Esquivel (2020, 26–35), por su asociación estereotípica a una determinada ambientación festiva (donde se manifiesta lo que en términos coloquiales se denomina *gracia*, *salero*, *desparpajo* en la forma de hablar) puede considerarse el andaluz como una variedad dialectal representativa de la mezcolanza entre diatopía y diafasía. La confusión entre dialecto y registro que se produce en el uso tiene su correlato lexicográfico. El *Vocabulario andaluz* (1951) de Alcalá Venceslada toma las representaciones literarias de la forma de hablar de los andaluces como fuentes fundamentales de extracción de la información, donde se encuentran los vulgarismos confundidos con los dialectalismos. La extrapolación de esta información a los diccionarios generales, junto con el uso de fuentes literarias procedentes de autores andaluces, sirven en bandeja la caracterización de los presuntos dialectalismos como coloquialismos. Se puede comprobar por medio de algunas locuciones consideradas propias del español general (al menos del peninsular), extraídas de este vocabulario y del *Diccionario del español actual* (Seco, Andrés y Ramos 2011), y autorizadas en ambas obras con textos literarios de autores andaluces que brindan bastante juego dialectal:

(1)   a. SUSTO [...] *dar* [alguien o algo] *un susto al miedo*. (*col*) Causar
gran impresión por su fealdad o por su aspecto amenazador. [...]
"Esa parte de la estación, con esas mujeres... viejas-viejas de darle
un susto al miedo" (F. Quiñones, *Las mil noches de Hortensia
Romero*, 1979).

b. EQUIPO. m. En la frase "Caerse con todo el equipo", fracasar
rotundamente, equivocarse rotundamente. "...Pero tampoco
me negarás tú que estos nenes matan bien los marrajos, por su
costumbre de torear marrajos en las capeas, y que luego, con un
animal boyante, *se caen con tó el equipo*" (J. López Pinillos, "Las
Águilas", Madrid, 1911).

c. ROPA. f. En la fr. "Haber ropa tendida", que se emplea para
renunciar a un relato escabroso ante personas que no deben
escucharlo. [...] "(Por don Diego, que los está mirando) Di que hay
ropa tendida. / –(A los dos) ¿Qué se murmura?" (A. y M. Machado
Ruiz, "La Lola se va a los puertos", Madrid, 1930).

d. SANTO. m. En la frase "Quedar para vestir santos", quedar
soltera una mujer. "MISERICORDIA. ... ¿Quién le ha contao a é
que le va a *dejá pa vestí zantos*, con eza cara y eze cuerpo y eza
gracia...?" (S. y J. Álvarez Quintero, "El patinillo", 1909).

Si la fraseología implicada pertenece al español coloquial, como así se
marca en los diccionarios de lengua, la variedad regional se expone a identificarse con el registro conocido. No es este el único peligro: también sobre
el andaluz se cierne el asociarse a otros ámbitos de escaso prestigio. A los
niveles comunicativos y a los sectores de población implicados se suma la
reproducción de la oralidad de la variedad en la escritura, práctica propia
del costumbrismo, que se erige no ya como movimiento literario, sino como
género, donde el andaluz se asocia a ambientes festivos (las corridas de toros)
y escenarios (la corrala, la taberna) con escenas repletas de chascarrillos. Es
decir, un registro puramente informal. Los actantes se caracterizan por su
baja cultura y bajo nivel social, cuando no al margen de la ley. En definitiva,
una descripción propicia para el estereotipo que habitualmente se cierne en
torno a lo andaluz, por lo que no es de extrañar que su forma de hablar sea
caracterizada de la manera aquí expuesta; como tampoco sorprende que,
si figura en un repertorio de esta variedad, la fraseología que se incluya sea
considerada andaluza o, al menos, usada por sus hablantes, aunque en dichas
unidades léxicas haya una parcela asociada a estilos informales no exclusiva
de la región.

3. Aplicación e integración

Tras lo presentado puede decirse que la literatura se erige en fuente de documentación inagotable para la dialectología. Los textos literarios proporcionan ejemplos de rasgos dialectales y de patrones lingüísticos. Es ingente la cantidad de datos que ofrece la literatura, no solo la popular, también la culta. De ahí que los corpus que puedan elaborarse sobre este particular deban ser específicos: por géneros, regiones, autores, épocas, etc. Ejemplo sería el banco de datos sobre la visión del andaluz en la literatura del Grupo de Investigación "Estudios del siglo XVIII" (Universidad de Cádiz). En cualquier caso, para el aprovechamiento de la información conviene distinguir entre (1) los usos espontáneos, presentes sobre todo en la literatura oral; (2) los usos conscientes, por parte del autor, recreadores de la forma de hablar de los personajes de una región; y (3) las descripciones impresionistas de la variedad implicada (bajo el formato de comentarios en la literatura costumbrista, o en cualquier otra).

Los usos espontáneos pueden hallarse sobre todo en los textos del pasado, donde el estándar de la lengua aún no ha sido fijado, o en los testimonios dejados por la literatura oral. Veamos un ejemplo de ambos, procedentes de la poesía. En primer lugar, *Elena y María* o la *Disputa del clérigo y del caballero* (en la transcripción de Menéndez Pidal), compuesto en las últimas décadas del siglo XIII en territorio leonés. A continuación, la transcripción de un canto maragato de pastores (por Alonso Garrote). La filología desempeña aquí un papel fundamental en su misión de reconocer las variantes y fijar los textos a partir de las evidencias que el tiempo ha transmitido. Como actividad se propone detectar, clasificar y analizar los fenómenos transcritos que, como puede comprobarse, afectan al orden vocálico y consonántico; al sistema pronominal, la derivación apreciativa y la flexión verbal; y a algunas formas dignas de explicación léxica-semántica.

(2)   Elena con yra
luego dixo: "eſto es mentira.
Enel palaçio anda mi amigo,
mas non ha fanbre nin f[r]i[o]:
anda veſtido τ calçado
τ bien encau[al]gado;
a conpananlo caualleros
τ ſiruen lo eſcuderos;
dan le grandes ſoldadas
τ abaſta alas conpanas.
Quando al palaçio vien<e>,
apu[e]ſt[o] τ muy b[ie]n,
[co]n armas τ con cauallos,

¡Oh rapazas! ¡Oh muyieres!
¿Pur qué sodes perezousas?
Nun vedes qu'aquestas ñieves
Delantre estos asadores
que respetarun las fieras
nun temades en culgari
llardu, butiello y murciellas.
Preparí lus aguinaldus
mas que sean de regiellas,
y nusoutrus vus daremos
cagayas pa las mundiellas.
Las cabras y las ugüeyas
vus darán si lu faceis

ʃienpre trae açores
τ con falcones delos mejores.
(Menéndez Pidal 1914, 57).

muchus cabritus y años
que'han de ñacer todos reis.
(Alonso Garrote 1947, 108).

En cuanto a los ejemplos de (2), ya se ha visto antes alguna muestra de representación de una variedad dialectal, la andaluza, por parte de dos autores costumbristas como son los hermanos Álvarez Quintero, hasta el punto de que Schuchardt (1990, 101) llegó a decir en su monografía sobre los cantes flamencos que "el más rico de los caudales de habla popular andaluza es el que brota de las comedias y de los sainetes". Son muchísimas las representaciones de esta variedad en la literatura del costumbrismo que de movimiento pasa a ser género, aunque también en autores universales, incluso de otras latitudes, como la caracterización del habla madrileña de Fortunata en la obra de Pérez Galdós, o del habla montañesa en *Sotileza* (1885) de Pereda. Es asimismo amplio el espectro temporal. No hay más que ver los ejemplos extraídos del teatro y la lírica áureos. Pongamos en contraste una representación y un testimonio, tomados de una misma variedad:

(3)   –Ezo no ez rasón– Déjalo, no vez que ez un cursi? Colegiala... ooo... eu... maldita zea... rec... –De eztoz malaz zombras no hay na que ezperá. –Qué jasemoz, on José? –Que zazombra la beztia. –Jay chiquillo, que julepe te está ganando. –Zuelte el latigo. –Ezo ez palique. –Zeñorez que no noz entendemo. [...] (Zeñorito, arriba. –Niña, estrechesosté un poquito. –Alsá, bien, por los cuerpoz zalaos. –Encojasté eza pierna que va a tropesar este zol. –Arréé, luserá, eu... eu... adios cabayeroz... tris... tras... vamoz... vamoz.) (J. Giménez-Serrano, "Costumbres populares. De Jerez a Cádiz", en *Semanario Pintoresco Español*, 1843).

(4)   [El matón nace] en Ronda o en Sevilla, ¿quién sabe?... pero si no es andaluz, lo parece. *Flamenco* por inclinación, dice *jigo* y *jiguera*, empleando constantemente la *z* en lugar de la *c* y la *s*, y adoptando un aire *macareno... que da el opio* (A. Ruigómez e Ibarbia, "El matón", *Los españoles de ogaño*, Madrid, 1872).

Se trata, por tanto, de contrastar los datos para conocer su verdadero valor dialectológico. Podrían verse las incoherencias en la representación grafemática de los fenómenos fonéticos y fonotácticos; la dificultad a la hora de transcribir determinados rasgos, como la aspiración; la fluctuación en la escritura de una palabra, forma canónica del vocablo; la extensión, según los testimonios y la procedencia de los personajes según la caracterización del autor, de los rasgos implicados. Hasta se podría sugerir la revisión de la representación para que fuera posible la inteligibilidad de la lectura por parte del lector profano. En definitiva, no queda solo en lo profesional el aprovechamiento dialectológico de la literatura, también lo es su rendimiento para cuestiones didácticas relacionadas con asuntos geolectales, a fin de obtener datos fiables a partir de evocaciones o estilizaciones, algunas basadas en el estereotipo o en la falsedad.

4. Preguntas de ampliación y reflexión

1. ¿En qué medida los autores literarios podrían beneficiarse de la investigación lingüística para la caracterización verbal de sus personajes? Justifique su respuesta.
2. ¿Conoce ejemplos de otras literaturas (no hispánicas) donde se reproduzca la variación lingüística?
3. Las bondades que ofrecen las nuevas tecnologías, ¿vendrán a desbancar el aprovechamiento de la literatura por parte de la dialectología o más bien a complementarlo?
4. ¿Qué otros efectos, además de los puramente descriptivos, puede aportar la representación literaria de las variedades del español, de cara a la caracterización de los personajes que intervienen con sus diálogos?
5. ¿Qué cuestiones (relacionadas con la fidelidad y la coherencia de la representación) podría comentar sobre el fonetismo andaluz visible en el siguiente extracto: "Semos jrailes japuchinos que vamos a japítulo" (S. Estébanez Calderón, *Escenas andaluzas*, 1846)?
6. ¿Considera necesaria la representación de los dialectos a través de la literatura como vía de conocimiento de la propia lengua?
7. A la luz de lo presentado, ¿cómo explicaría la siguiente aseveración de Manuel Alvar (1965, 14): "En español no hay escritores dialectales, sino escritores con dialectalismos"?
8. En una variedad determinada, ¿qué nivel lingüístico es más complejo para su representación literaria?
9. ¿Hasta qué punto es posible la reproducción exhaustiva de los fenómenos dialectales en la literatura? ¿O, por el contrario, es imposible dicha reproducción y, por tanto, hay que proceder mediante una selección? En este último caso, ¿qué fenómenos seleccionaría?
10. ¿Cree que la caracterización de los dialectos por parte de la literatura comporta necesariamente cierto estereotipo? Justifique su respuesta.

Bibliografía

Alcalá Venceslada, A. 1951. *Vocabulario andaluz*. Madrid: Real Academia Española.
Alonso Garrote, S. 1947. *El dialecto vulgar leonés hablado en Maragatería y tierra de Astorga*, 2ª ed. Madrid: Consejo Superior de Investigaciones Científicas.
Alvar, M., ed. 1965. *Poesía española dialectal*. Madrid: Alcalá.

Ariza, M. 1994. "Fonética andaluza en textos escritos. Su valoración lingüística y artificio". *Lingüística Española Actual* XVI (1): 59–78.

Carriscondo-Esquivel, F. M. 1999. *Literatura y dialectología: la obra de Antonio Alcalá Venceslada*. Córdoba: CajaSur.

Carriscondo-Esquivel, F. M. 2020. "La encrucijada del léxico entre la marcación diatópica y diafásica". En *Análisis del discurso y registros del habla*, eds. L. A. Hernando Cuadrado y M. A. Penas Ibáñez, 19–59. Madrid y Frankfurt: Iberoamericana/ Vervuert.

Coseriu, E. 1981. "Los conceptos de 'dialecto', 'nivel' y 'estilo de lengua' y el sentido propio de la dialectología". *Lingüística Española Actual* III (1): 1–32.

Echenique Elizondo, M. T. 1997. "Castellano y lengua vasca en contacto. ¿Hubo una lengua criolla a fines del siglo XIX en Bilbao?". *Analecta Malacitana* XX (1): 59–71.

Echenique Elizondo, M. T. 2005. "La lengua vasca en la historia lingüística hispánica". En *Historia de la lengua española*, ed. R. Cano Aguilar, 59–80. Barcelona: Ariel.

Elam, K. 1977. "Language in the Theatre". *Sub-Stance* 18-19: 139–161.

Frago Gracia, J. A. 1986. "Tópicos lingüísticos y tipos cómicos en el teatro y en la lírica de los siglos XVI-XVIII". *Philologia Hispalensis* I: 85–116.

García de Diego, V. 1959. *Manual de dialectología española*, 2ª ed. Madrid: Cultura Hispánica.

Lara, L. F. 1997. *Teoría del diccionario monolingüe*. México: El Colegio de México.

Legarda, A. 1953. *Lo vizcaíno en la literatura castellana*. San Sebastián: Biblioteca Vascongada de los Amigos del País.

Máynez, P. 2003. "La literatura en lenguas indígenas: tradición oral y escrita". En *Lenguas y literaturas indígenas en el México contemporáneo*, 51–65. México: Universidad Nacional Autónoma de México.

Menéndez Pidal, R. 1914. "*Elena y María (Disputa del clérigo y del caballero)*. Poesía leonesa inédita del siglo XIII". *Revista de Filología Española* 1: 52–96.

Montemayor, C., ed. 1993. *Situación actual y perspectivas de la literatura en lenguas indígenas*. México: Consejo Nacional para la Cultura y las Artes.

Montes Giraldo, J. J. 1995. *Dialectología general e hispanoamericana. Orientación teórica, metodológica y bibliográfica*, 3ª ed. Bogotá: Instituto Caro y Cuervo.

Pavis, P. 1980. *Dictionnaire du Théâtre. Termes et concepts de l'anlyse théâtrale*. Paris: Éditions Sociales.

Rona, J. P. 1958. *Algunos aspectos metodológicos de la dialectología hispanoamericana*. Montevideo: Universidad de la República.

Rona, J. P. 1963. "La reproducción del lenguaje hablado en la literatura gauchesca". *Revista Iberoamericana de Literatura* 4: 67–79.

Rona, J. P. 1976. "The Social Dimension of Dialectology". *Linguistics* 177: 7–22.

Seco, M. 1970. *Arniches y el habla de Madrid*. Madrid: Alfaguara.

Seco, M., O. Andrés y G. Ramos. 2011. *Diccionario del español actual*, 2ª ed. Madrid: Santillana.

Schuchardt, H. 1990. *Los cantes flamencos (Die Cantes flamencos, 1881)*, eds. G. Steingress, E. Feenstra y M. Wolf. Sevilla: Fundación Machado.

Weber de Kurlat, F. 1981. "Dialectología y literatura". En *I Simposio Internacional de Lengua Española*, ed. M. Alvar, 31–48. Las Palmas de Gran Canaria: Cabildo Insular.

19

LA DIALECTOLOGÍA Y LOS ESTUDIOS CULTURALES

Vanessa Casanova

Resumen

En este capítulo se estudian las relaciones entre los estudios culturales y la dialectología desde una perspectiva global e hispánica. Se presentan e ilustran los vínculos entre el proceso de construcción del sentido social –la cultura– y las prácticas lingüísticas que vehiculan la construcción y expresión de las identidades y las relaciones de poder. Seguidamente, se proponen algunos ejemplos de aplicación e integración, con la finalidad de mostrar cómo la dialectología social puede contribuir a la comprensión de los fenómenos culturales a partir de la consideración de la variación intra e interlingüística. El capítulo culmina con algunas preguntas de ampliación y reflexión.

Palabras clave

dialectología, estudios culturales, cultura, identidades, poder

Abstract

This chapter explores the relationship between cultural studies and dialectology from a global and Hispanic perspective. It presents and illustrates the link between the construction process of social meaning –that is, culture– and the language practices that convey the construction and expression of identities and power relations. Some examples of application and integration are then proposed, with the aim of showing how social dialectology can contribute to the understanding of cultural phenomena by considering intra- and interlinguistic variation. The chapter closes with some questions for further reflection.

DOI: 10.4324/9781003474722-23

Keywords

dialectology, cultural studies, culture, identities, power

1. Introducción

Los **estudios culturales** constituyen un campo interdisciplinario que se interroga críticamente por el papel de la cultura en la sociedad globalizada, y por la forma como se relaciona con aspectos como el poder, la identidad, la sexualidad, el género o la etnicidad, entre otros. Caracterizados por su apertura y eclecticismo, los estudios culturales combinan teorías textuales y sociales para comprender los mecanismos mediante los cuales se (re)producen los significados en artefactos, prácticas y medios como el cine, la publicidad, la música, los espacios públicos o las plataformas digitales.

Para comprender estos procesos culturales, resulta fundamental conocer la variedad y función de los repertorios lingüísticos empleados. Como veremos aquí, los estudios culturales comparten con la dialectología el interés por la lengua, entendiéndola como parte inherente de la cultura. En los apartados que siguen, presentamos las relaciones más relevantes entre la dialectología y los estudios culturales, con una atención particular a los temas abordados por hispanistas de ambos ámbitos. Seguidamente, se ofrece una aplicación e integración del contenido previo y, por último, unas preguntas de ampliación y reflexión.

2. Los estudios culturales: un campo de convergencias

El término *estudios culturales* engloba un conjunto de visiones teóricas y sociales que se interrogan por la cultura y su rol en las sociedades contemporáneas. Su análisis se centra en la relación que entabla la cultura con las instituciones, los modos de vida, la subjetividad y el poder (Bennett 1998; Sardar y van Loon 1999), al igual que los mecanismos culturales que legitiman las jerarquías y distinciones sociales. Se ocupa, asimismo, de cómo las prácticas culturales y sus diversas formas de expresión (el cine, la moda, la música, la literatura) comparten rasgos –formales o temáticos– en un contexto histórico dado.

Los estudios culturales son definidos a menudo como un **campo interdisciplinario** (Bennett 1998) o incluso transdisciplinario (Hammersley 2019) que indaga acerca de los artefactos, imaginarios y prácticas culturales en contextos y procesos sociales históricamente concretos. No adopta un enfoque único, por cuanto su elección teórico-metodológica depende de las preguntas que se plantea, y las preguntas, a su vez, dependen del contexto observado (Nelson, Treichler y Grossberg 1992). En otras palabras, echa mano de todo aquello que se juzgue necesario y relevante para acercarse a su objeto de estudio. Esta labor de 'alquimia' intelectual se nutre de múltiples corrientes de pensamiento, entre las cuales han dejado particular huella el marxismo, el posestructuralismo, el feminismo, el psicoanálisis y el posmodernismo.

Estos estudios surgen a partir de la década de 1960 con los trabajos pioneros de R. Hoggart, E. P. Thompson, S. Hall y R. Williams, quienes reflexionaron sobre la cultura y sociabilidad de las clases obreras y las subculturas de los jóvenes (*punks*, *mods*, *rockers*) en el Reino Unido. Esta perspectiva de análisis se extendió pronto a otras prácticas (medios de difusión y publicidad, formas de vestir, políticas culturales), grupos sociales (mujeres, inmigrantes, minorías étnicas y sexuales) y sociedades (Estados Unidos, Canadá, Australia, India, Francia y América Latina). En cada uno de estos contextos, se busca responder a la pregunta de cómo, a través de lo cultural, se ejercen las relaciones de dominio, exclusión y discriminación, examinando la **interrelación** de categorías como clase social, etnicidad, género y orientación sexual.

En cuanto a sus métodos, los estudios culturales se caracterizan por la apertura y adaptabilidad, un trabajo de 'bricolaje' (Nelson, Treichler y Grossberg 1992) que incluye el análisis textual, el análisis del discurso, la semiótica, la etnografía, la entrevista, el deconstructivismo, el análisis fonémico, el psicoanálisis, el análisis de contenido, las encuestas y el análisis de datos visuales. Todo lo anterior refleja el carácter pragmático y autorreflexivo de un campo de estudio reconocido por proponer nuevos modos de abordar lo cultural y por su compromiso con el cambio social.

2.1. *La relación lengua-cultura*

Desde la perspectiva de los estudios culturales, la *cultura* es entendida en sentido amplio, es decir, como *modo de vida*, al integrar ideas, actitudes, lenguajes, prácticas, instituciones y estructuras de poder, y también como *práctica* que se manifiesta de múltiples formas (arte, arquitectura, cánones, productos de consumo masivo), incluidos los textos y discursos (Fiske 1992).

Al igual que otras 'huellas' culturales, las lenguas son la expresión de los procesos de producción, circulación y consumo de los **significados sociales**, es decir, de la cultura (García Canclini 2006). Al mismo tiempo, sirven como herramienta para compartir y actualizar dichos significados en la interacción social. Ejemplo de esto lo encontramos en la conformación histórica de las variedades del español americano, donde los intensos contactos intra e interlingüísticos determinaron, desde temprano, una situación de **hibridación cultural** (Parodi y Luján 2014). Así, los significados de numerosas formas lingüísticas se actualizaron en función de los contextos de articulación y diálogo: según se estuviera en el Madrid o el México del siglo XVI, *pera* podía significar, a la vez, 'pera' y 'aguacate', *cereza* era 'cereza' o 'capulines', *vino* era 'vino' o 'pulque', y *tortilla* era equivalente a 'tlaxcalli', 'pan de yuca' o 'tortilla de huevos'.

2.2. El aporte de la dialectología a los estudios culturales

Una de las disciplinas que permiten analizar cómo los hablantes reconocen y emplean los sistemas de diferenciación cultural es la dialectología, particularmente la **dialectología social**, que se ocupa de los patrones de comportamiento lingüístico de las comunidades de habla en un determinado espacio de variación (Villena Ponsoda 2012).

Para cumplir este cometido, la dialectología analiza el conjunto de "variedades coexistentes jerarquizadas que se organizan con relación al prestigio social dominante de modos muy diferentes y de acuerdo con las condiciones sociohistóricas particulares de dicha comunidad" (Villena Ponsoda 2012, 166). En cada uno de estos **repertorios lingüísticos**, la estratificación social sirve de base para explicar y predecir la variación.

Las variedades o dialectos, por otra parte, no son unidimensionales: en su conformación intervienen aspectos sociales, estilísticos y geográficos. La dialectología comparte así con los estudios culturales el interés por comprender y describir la influencia de los factores extralingüísticos (clase social, etnicidad, género, edad, origen) en los procesos lingüístico-culturales. Brinda, asimismo, datos empíricos para estudiar y contrastar la variación, identificando y describiendo aquellos rasgos particulares que pueden ser reconocidos, a su vez, como **marcas de pertenencia, continuidad o diferencia cultural**. Por medio de un análisis lingüístico-textual tamizado, los investigadores de la cultura disponen de elementos para identificar las relaciones de indexicalidad entre la lengua, las identidades y los roles sociales.

Veamos algunas dimensiones de estudio que vinculan la variación lingüística con los procesos socioculturales.

2.2.1. Lengua, ideología y poder

La cultura moldea las relaciones sociales, incluyendo aquellas que dan lugar a tensiones y conflictos. En efecto, las creencias, normas, estatus, privilegios y hasta las formas de ocio son formados por y a través de la cultura.

En estos procesos, interviene el lenguaje como sistema de mediación cultural, dada su capacidad –o mejor dicho, poder– de crear maneras singulares de estar en el mundo y configurar la realidad social (Philips 2003).

Un aspecto que determina las relaciones intra y extragrupales son las **ideologías lingüísticas**, particularmente las raciolingüísticas (Rosa 2019), que equiparan lenguas con fenotipos raciales o étnicos. Este tipo de representaciones mentales conducen a juzgar que la gente *se escucha* tal como *se ve*, como cuando, por ejemplo, un hablante latino bilingüe recibe falsos cumplidos por sus competencias en inglés (*"Oh, you're so polished, professional", like they don't expect me to be*) o, por el contrario, cuando son criticados por hablar un español con pronunciación anglicizada o un inglés muy mexicano (Fallas-Escobar 2024, 42).

Al mismo tiempo, los hablantes pueden ejercer resistencia simbólica ante las prácticas que los marginan y los someten a **estereotipos** étnicos o sociales. Ejemplo de esto lo vemos en las estrategias heteroglósicas *("Es que I'm telling you I'm fragile")* de hablantes dominicanos de segunda generación en Nueva York (Bailey 2002, 89), o las estrategias discursivas (*"Yo soy ecuatoriano y no me quiero parecer a ellos"*) empleadas por inmigrantes ecuatorianos en Madrid (Ambadiang, Palacios y García Parejo 2009, 20). De esta manera, buscan revertir las asimetrías en las relaciones de poder, color, clase social y el prestigio de las lenguas o variedades dominantes.

2.2.2. Lengua e identidades

Las lenguas son, por otro lado, un poderoso instrumento de (auto)identificación colectiva (Edwards 2009). Esta función de la lengua va más allá de lo representacional: las **identidades** se actualizan en la práctica discursiva y se expresan en los diferentes niveles del repertorio lingüístico (Blas Arroyo 2009), a saber:

- En el plano de las lenguas, estas pueden servir para reforzar la identidad grupal, expresar o negociar distintos aspectos de sus identidades. Tenemos así el caso de Paraguay, donde la identidad nacional se asocia al **bilingüismo** español-guaraní, pese a la situación de diglosia por la asimetría de su estatus y valor funcional (Symeonidis 2019). Otro caso es el *fronterizo*, variedad de mezcla presente en la frontera uruguayo-brasileña, cuyo uso y vitalidad han contribuido a la conformación de las **identidades híbridas** de los hablantes en la zona (Ribeiro do Amaral 2023). De forma similar, en los Estados Unidos, el empleo estratégico del *codeswitching* permite a niños y hablantes de segunda generación invocar sus múltiples **afiliaciones culturales y étnicas** ('hispano', 'latino', 'americano', 'mexicano', etc.) en función del contexto discursivo (Fuller 2007). Lo anterior demuestra que los procesos de identificación son situacionales, estratégicos y múltiples, y que la variación lingüística cobra forma en la práctica discursiva (Mendoza-Denton 2002).
- En el plano intralingüístico, las variedades de una lengua permiten también configurar patrones de identificación y distanciamiento social, como ocurre con el español hablado en Montería, en la costa colombiana, donde términos despectivos como *coroncho* o *hablar goppiao* tienen un impacto en la configuración identitaria de los monterianos (Salazar Caro 2019). Lo mismo puede decirse de las variedades habladas en Andalucía, con menor prestigio lingüístico que las del centro-norte de España por sus rasgos diferenciadores y divergentes (Cestero Mancera y Paredes García 2015, 274). Esta **estigmatización** tiene impacto en la vitalidad y seguridad lingüísticas de sus hablantes, socialmente estereotipados como 'improductivos', 'incultos' y 'folclóricos' (Henriksen *et al.* 2023).

- En el plano de la microvariación, los hablantes pueden preferir el empleo de ciertas variantes particulares sobre otras (Blas Arroyo 2009). Esto se observa en los procesos de **acomodación dialectal** de inmigrantes de origen argentino en Málaga, en quienes se observa un continuo de variación alofónica de la pronunciación de la *ll* y de la *y* /ʝ/ que depende de factores como el género, el origen del interlocutor y la edad de llegada (von Essen 2016).

Por otra parte, las creencias y representaciones acerca de la lengua materna o heredada pueden moldear también el sentido de **pertenencia cultural**. Un factor particular que incide en este vínculo entre el hablante y su lengua de origen o de herencia son los sentimientos de (in)seguridad lingüística (Zentella 1997) frente al dialecto o lengua que goza de mayor prestigio o valor de uso (en su caso, el inglés). Esto se refleja, por ejemplo, en las creencias y actitudes de hablantes hispanos de segunda y tercera generación, quienes aseguran ser ridiculizados por no hablar español 'lo suficientemente bien' (Goble 2016; Blitvich 2019). En otros casos, las variedades vernáculas pueden ser objeto de evaluaciones negativas por parte de sus hablantes y gozar, al mismo tiempo, de **prestigio encubierto**, como el caso del español dominicano en Nueva York (Toribio 2000).

Las ideologías lingüísticas de los grupos pueden ser, por otro lado, diglósicas, como ocurre entre los hablantes del quechua en áreas de contacto (Falcón Ccenta 2022). Estos, en el plano afectivo, no exhiben una valoración muy alta hacia el castellano en relación con su lengua materna; pero en el plano cognoscitivo, la gran mayoría (95 %) prefiere valorativamente el castellano, ponderándola como lengua de mayor uso y funcionalidad en los diferentes actos comunicativos.

Los anteriores ejemplos permiten ilustrar la complejidad de los procesos de construcción identitaria en hablantes multilingües, para quienes la lengua no se experimenta como una totalidad, sino como un conjunto de modalidades de identificación, en el que distintas lenguas –orales, escritas, no verbales– interactúan con la conciencia acerca de sí mismo y del mundo (Wittmann 2000).

2.2.3. *Lengua y espacio humano*

Por último, la dialectología no se limita a describir la variación desde la perspectiva del especialista: también indaga acerca de lo que los no lingüistas creen acerca de la distribución geográfica de las lenguas, así como los factores socioculturales que subyacen a estas descripciones (Preston 1989). De esta manera, la **dialectología perceptiva** constituye uno de los puntos de imbricación entre la dialectología y los estudios culturales. Desde esta perspectiva, se ha analizado el vínculo entre el **espacio y el significado social**, al igual que las percepciones de los hablantes respecto a la división dialectal del español (Quesada Pacheco 2014), sus variedades normativas (Cestero Mancera y Paredes García 2015) y variación intradialectal (Ariño Bizarro y Bernard Castro 2022). Los aspectos analizados –creencias, ideologías, actitudes y filiación lingüística, percepción de fronteras lingüísticas–, arrojan pistas sobre las dinámicas sociales que impulsan el cambio lingüístico y, con ello, el cambio cultural.

3. Aplicación e integración

Veamos ahora cómo pueden integrarse las nociones y métodos de la dialectología social al estudio de las prácticas y productos culturales.

3.1. El lenguaje de los medios: del español 'internacional' al español 'con acento'

Una de las señales más claras de la transformación de los medios informativos en la era posdigital es la forma en que estos emplean la lengua y sus variedades. Así, en los Estados Unidos, cadenas televisivas como Univisión – la misma que impulsó en los años noventa el denominado español internacional o neutro– dan hoy cabida a variedades como el español puertorriqueño, dominicano, colombiano o rioplatense, en respuesta a los cambios demográficos y generacionales de sus audiencias (Retis y Cueva Chacón 2023).

Al mismo tiempo, la variación de registro, incluido el coloquial (Briz 1996), se ve potenciada por la concurrencia de las redes digitales. Un caso llamativo es Venezuela, donde los medios digitales independientes han emergido en respuesta a las restricciones a la prensa libre y la pérdida de los espacios mediáticos tradicionales (Bastidas 2017; Cañizález 2019). En estas nuevas plataformas, periodistas e infociudadanos se adaptan a su contexto sociopolítico, a la vez que ajustan sus repertorios lingüísticos a las nuevas audiencias globales, empleando, según la situación y las circunstancias comunicativas, formas vernáculas y coloquiales.

(1) Buenas tardes *pa* los que nos ven desde aquel *lado del charco*, del lado de Venezuela, y buenas noches *pa* los que están de este *lado del charco*, por Europa. *Eh, nada*, mi nombre es Javier Melero, soy cofundador de El Pitazo, *y, nada*, aquí estamos, en esta, en esta *conversa*. Es la segunda *conversa* que hacemos en torno al *guayabo* ['sentimiento de nostalgia por el país o los afectos']. (J. Melero, ElPitazoTV, 11/09/2021).

3.2. Bajo la panza de burro: la lengua como marca de clase-generación-género

En ocasiones, la lengua se convierte en el rasgo más saliente de los objetos culturales. Frente a la visión caricaturizada de las clases obreras y sus 'limitaciones' lingüísticas –piénsese, por ejemplo, en la joven florista de *My Fair Lady* (1956) que recibe clases de dicción para corregir su acento *cockney*–, surgen historias como *Panza de burro* (2020), de Andrea Abreu. La novela habla de la cotidianidad de dos niñas en un pueblo de Tenerife, quienes pasan las horas muertas solas o al cuidado de las mujeres ancianas:

(2)   Y ustedes no tienen hambre, *misniñas*? Quieren que les haga unas papas frititas con unos *güevos*? Mira que tengo unas papas bonitas *desas* chiquitas. *Pos* un fisquito sí me *comía* yo, dijo Isora.

En el relato, se combinan rasgos regionales, coloquiales y diastráticos de la variedad canaria (Lodi 2022), tales como aglutinaciones (*misniñas*; *patrás*) o metátesis (*embrasada* por 'embarazada') para plasmar los rasgos de la oralidad; alteraciones vocálicas (*tualla* por 'toalla') o consonánticas (*güertas* por 'huertas') y simplificaciones (*cintasiva* por 'cinta adhesiva') para reproducir los rasgos de las variedades diastráticas bajas de Tenerife. Otros usos reflejan rasgos regionales, tanto en el plano léxico (*fisco*, *gofio*, *brumasera*) como morfosintáctico (*a cas* + nombre; *ya yo* + verbo) o de la jerga infantil y juvenil (*barbis*; *guenboi*).

Por medio de estos y otros recursos lingüísticos, se entrelazan las cuestiones de género, generación y clase social desde una visión contrahegemónica: la de las hijas de las obreras (Briones Marrero 2024). Véase también el capítulo 18.

3.3. El 'habla negra' en el doblaje audiovisual: voces y estereotipos

En el ámbito de la traducción y el doblaje (véase el capítulo 17), son conocidos los desafíos en el tratamiento de la variación dialectal. Distintas estrategias de restitución dialectal se imponen, entre otras razones, para evitar que el texto meta –escrito o audiovisual– genere un efecto de 'exotización' no deseado (Choffat y Kargl 2022). Un ejemplo lo hallamos en el tratamiento de las culturas afrodiaspóricas en la telenovela brasileña *Xica da Silva* (1996). Pese a su éxito entre las audiencias, la telenovela –inspirada en la vida de Francisca da Silva, mujer esclavizada del Brasil del siglo XVIII– fue objeto de críticas por mostrar a Xica con atributos negativos e hipersexualizados, reproduciendo el estereotipo de *mulata* (Ramos da Silva 2018). Entretanto, en su doblaje al español, los personajes esclavos hablan un español que intenta mostrarse como 'africanizado', con rasgos de relajamiento articulatorio como el debilitamiento y elisión de /s/ intervocálica y final.

En realidad, nadie sabe cómo hablaba Francisca da Silva. Se cree que, por su condición de esclava de casas de señores y, posteriormente, pareja del comendador portugués João Fernandes de Oliveira, pudo haber adquirido un habla 'castiza' (Miranda 2016). Por otro lado, no existe en América del Sur una variedad de español que sea claramente identificable con las poblaciones negras (Lipski 1994). Sin embargo, con frecuencia se incurre en "the facile stereotype, the repetition of hackneyed transpositions and vulgary comical plays on words, typified by the omnipresent *cagayera* for *caballero*" (Lipski 2010, 204–205). De ahí la importancia de incorporar estrategias interculturales para trascodificar los textos desde una perspectiva poscolonial (Ramos da Silva 2018) que permita dejar atrás las ideologías y prácticas que equiparan fenotipos con ciertas variedades de la lengua.

3.4. #DialectChallenge: la lengua como recurso 'viral'

Por último, nos detenemos en el espacio transcultural por excelencia: las redes sociales. En ellas, los usuarios participan en prácticas de creatividad vernacular en un medio caracterizado por el desdibujamiento de las fronteras geolingüísticas (Retis y Cueva Chacón 2023). Entre estas prácticas se destacan los retos o desafíos en TikTok. Allí, se han hecho 'virales' retos como el #DialectChallenge, donde los *tiktokeros* traducen expresiones a su lengua o dialecto, o bien imitan el habla de una lengua o variedad distinta a la propia. Estas piezas textuales brindan la oportunidad de estudiar las percepciones e ideologías respecto a las variedades o el bilingüismo (Fallas-Escobar 2024), al igual que la reacción de los hablantes frente a la mirada del *otro*:

(3)   Cual es la necesidad de usar el *po* en el supuesto acento chileno, esta bueno el video pero usar el *'po'* en todo ya es una burla no crees? (@stronussan, TikTok, 14/05/2021).

Muchas de estas iniciativas son promovidas por empresas e *influencers* con el objetivo de generar fidelidad, como el *Gran Atlas Latinoamericano de Palabras*, de la agencia mexicana Pictoline. En estas infografías, se muestra un mapa con las respuestas de sus seguidores sobre qué vocablo emplearían en su región para términos como 'resaca', 'palomitas de maíz' o 'amigo'. Más allá del evidente objetivo de mercadotecnia, las infografías dieron espacio a los usuarios para reconocerse –o desconocerse– en su espacio de variación dialectal:

(4)   Acá en Argentina se dice *escabio* y *resaca*, nunca escuché a nadie decir '*fisura*' (@sophyelem, Instagram, 01/10/2018).

Finalmente, resulta interesante estudiar los usos lingüísticos de migrantes que, al interactuar con personas de su mismo lugar de origen, encuentran en las plataformas un asidero identitario:

(5)   Mano, pilla que tenía tres años que no veía un tuqueque ['lagartija'], güeón, en inglés se llama *you what what* (@elveronicaxd, Instagram, 02/07/2024).

4.   Preguntas de ampliación y reflexión

1. En la televisión, el cine, la música y hasta en el discurso político encontramos numerosos ejemplos de *Mock Spanish* ("Buenos nachos"; "Hasta la vista, baby"; "No problemo"). Investigue sobre este fenómeno y responda: ¿por qué para muchos representa una forma de racismo encubierto?
2. En Sevilla y alrededores, comienza a constatarse el avance de la distinción entre *s* y *z*. ¿Qué factores pueden haber contribuido a este cambio?
3. Un usuario de TikTok recrea, en clave de humor, la confusión que surge cuando se emplean términos como *sorbeto*, *popote*, *pitillo*, *calimete*, *absorbente*, *carrizo*, *cañita*, *bombilla* y *pajita* para designar el 'tubo para sorber líquidos' (*DLE*). Investigue a qué variedades pertenecen y por qué pueden dar pie a malentendidos culturales.
4. Estudios entre hablantes bilingües catalán/castellano han demostrado cómo estos tienden a seleccionar el castellano en la variedad funcional de la conversación. ¿A qué puede deberse esto? ¿Cómo impacta en la percepción de su lengua materna?
5. Piense en la variedad dialectal que habla. ¿Cómo se muestra en los medios y redes digitales? ¿Está de acuerdo con esas representaciones?
6. Comente el vínculo lengua-identidad a partir de esta frase: "Yo le diría que hablamos bien, que lo único que nosotros tenemos es que nos dicen que somos los *corronchos*".
7. Reflexione sobre el uso del lenguaje en la representación de las minorías (sexuales, étnicas, religiosas) en los medios de información y entretenimiento. ¿Qué términos se emplean en su país? ¿Ha cambiado el discurso con el paso del tiempo?
8. "No two dialects can (interlingually) carry the same set of social, ethnological, cultural-stereotypical associations" (Horton 2013, 418). ¿Qué implicaciones tiene esta frase en la traducción de productos audiovisuales y literarios?

9. Los dialectos del español venezolano y rioplatense se caracterizan por la realización debilitada de /s/ en posición intervocálica y final. Pese a ello, los locutores venezolanos tienden al mantenimiento de /s/ implosiva, en contraste con lo que ocurre en los medios rioplatenses. ¿A qué podría deberse esta diferencia?

10. En ocasiones, el lenguaje se emplea para recrear las relaciones y tensiones entre distintos grupos sociales. Piense en un ejemplo y analice qué papel tiene la lengua en el conflicto planteado.

Bibliografía

Ambadiang, T., A. Palacios e I. García Parejo. 2009. "Diferencias lingüísticas y diferencias simbólicas en el discurso de jóvenes ecuatorianos en Madrid". *Círculo de Lingüística Aplicada a la Comunicación* 40: 3–42.

Ariño Bizarro, A. y J. Bernad Castro. 2022. "Algunas creencias y actitudes lingüísticas de hablantes del español de España hacia las variedades hispánicas". *Lingüística y Literatura* 82: 160–195.

Bastidas, M. F. 2017. "Venciendo la censura: emprendimiento en medios informativos digitales en la Venezuela de hoy". *Comunicación. Estudios venezolanos de comunicación* 178: 88–97.

Bailey, B. H. 2002. *Language, Race, and Negotiation of Identity: A Study of Dominican Americans*. New York: LFB Scholarly.

Bennett, T. 1998. "Cultural Studies: A Reluctant Discipline". *Cultural Studies* 12 (4): 528–545.

Blas Arroyo, J. L. 2009. "Manifestaciones de la identidad lingüística en el mundo hispánico". En *Identidades sociales e identidades lingüísticas*, eds. J. J. de Bustos y S. Iglesias, 119–157. Madrid: Editorial Complutense.

Blitvich, P. G. 2019. " 'You Are Shamed for Speaking it or for Not Speaking it Good Enough': The Paradoxical Status of Spanish in the US Latino Community". En *The Routledge Handbook of Language in Conflict*, eds. M. Evans, L. Jeffries y J. O'Driscoll, 398–416. London y New York: Routledge.

Briones Marrero, A. 2024. "Identidades subversivas en el espacio rural canario: una lectura de *Panza de burro*". *Eikasía* 121: 171–184.

Briz, A. 1996. *El español coloquial: situación y uso*. Madrid: Arco/Libros.

Cañizález, A. 2019. "Poder y medios de comunicación: entre la democratización y el autoritarismo. La sinuosa historia venezolana". *Comunicación. Estudios venezolanos de comunicación* 187/188: 9–26.

Cestero Mancera, A. y F. Paredes García. 2015. "Creencias y actitudes hacia las variedades normativas del español actual: Primeros resultados del Proyecto PRECAVES-XXI". *Spanish in Context* 12 (2): 255–279.

Choffat, D. y E. Kargl. 2022. "Le dialect dans l'œuvre de Felix Mitterer. Enjeux de traduction". *Recherches germaniques* 52: 109–128.

Edwards, J. 2009. *Language and Identity*. Cambridge: Cambridge University Press.

Falcón Ccenta, P. M. 2022. "Identidades y actitudes lingüísticas de migrantes andinos en áreas sociodemográficas de lenguas en contacto". *Forma y función* 35 (1): 41–63.

Fallas-Escobar, C. 2024. "Raciolinguistic Metacommentary: Examining Latina/ o Bilingual Teacher Candidates' Everyday Experiences with Raciolinguistic Ideologies". *International Multilingual Research Journal* 18 (1): 34–49.

Fiske, J. 1992. "Cultural Studies and the Culture of Everyday Life". En *Cultural Studies*, eds. L. Grossberg, C. Nelson y P. Treichler, 154–173. London y New York: Routledge.

Fuller, J. M. 2007. "Language Choice as a Means of Shaping Identity". *Journal of Linguistic Anthropology* 17 (1): 105–129.

García Canclini, N. 2006. "Narratives on Culture: From Socio-Semiotics to Globalization». En *Redefining Culture. Perspectives Across the Disciplines*, eds. J. R. Baldwin, S. L. Faulkner, M. L. Hecht y S. L. Lindsley, 117–126. Mahwah: Lawrence Erlbaum.

Goble, R. 2016. "Linguistic Insecurity and Lack of Entitlement to Spanish among Third-Generation Mexican Americans in Narrative Accounts". *Heritage Language Journal* 13 (1): 29–54.

Hammersley, M. 2019. *The Concept of Culture. A History and Reappraisal.* Cham: Palgrave Macmillan.

Henriksen, N., I. García-Amaya, M. Fischer, J. Czapla, N. Dakki, A. Galvano, S. Khansa, E. G. Maly, Z. Philips, V. Premkumar, S. Topouzian y T. Wiaduck. 2023. "Perceptions of Regional Origin and Social Attributes of Phonetic Variants Used in Iberian Spanish". *Journal of Linguistic Geography* 2023: 119–143.

Horton, D. 2013. *Thomas Mann in English: A Study in Literary Translation.* New York: Bloomsbury Academic.

Lipski, J. 1994. *Latin American Spanish.* New York: Longman.

Lipski, J. 2010. *A History of Afro-Hispanic Language. Five Centuries, Five Continents.* Cambridge: Cambridge University Press.

Lodi, E. 2022. "Quasi lo stesso stile. Uno sguardo obliquo sulla traducibilità dei romanzi *Los asquerosos* di Santiago Lorenzo e *Panza de burro* di Andrea Abreu". *Il confronto letterario* 78 (2): 351–372.

Mendoza-Denton, N. 2002. "Language and Identity". En *The Handbook of Language Variation and Change*, eds. J. K. Chambers, P. Trudgill y N. Schilling-Estes, 475–499. Oxford: Blackwell.

Miranda, A. 2016. *Xica da Silva: a cinderela negra.* Río de Janeiro: Record.

Nelson, C., P. A. Treichler y L. Grossberg. 1992. "Cultural Studies: An Introduction". En *Cultural Studies*, eds. L. Grossberg, C. Nelson y P. Treichler, 1–22. London y New York: Routledge.

Parodi, C. y M. Luján. 2014. "El español de América a la luz de sus contactos con el mundo indígena y el europeo". *Lexis* 38 (2): 377–399.

Philips, S. U. 2003. "Power". En *Key Terms in Language and Culture*, ed. A. Duranti, 190–193. Oxford: Blackwell.

Preston, D. 1989. *Perceptual Dialectology.* Dordrecht: Foris.

Quesada Pacheco, M. Á. 2014. "División dialectal del español de América según los hablantes. Análisis dialectológico perceptual". *Boletín de Filología* 49 (2): 257–309.

Ramos da Silva, L. 2018. "Não me chame de mulata: uma reflexão sobre a tradução em literatura afrodescendente no Brasil no par de línguas espanhol-português". *Trabalhos em Linguística Aplicada* 57 (1): 71–88.

Retis, J. y L. M. Cueva Chacón. 2023. "Bilingual Strategies on News Media Production in the Post-Digital Age". En *Communicative Spaces in Bilingual Contexts, Discourses, Synergies and Counterflows in Spanish and English*, eds. A. Sánchez-Muñoz y J. Retis, 60–76. London y New York: Routledge.

Ribeiro do Amaral, T. 2023. "Code-Mixing as a Salient Marker of Identity on the Brazilian-Uruguayan Border". En *Mutual Influence in Situations of Spanish Language Contact in the Americas*, eds. M. Waltermine y K. Bove, 196–210. London y New York: Routledge.

Rosa, J. 2019. *Looking Like a Language, Sounding Like a Race. Raciolinguistic Ideologies and the Learning of Latinidad*. New York: Oxford University Press.

Salazar Caro, A. R. 2019. "Solamente porque uno habla 'goppiao' lo tratan de corroncho: Creencias de los monterianos acerca del español hablado en Montería". *Lingüística y Literatura* 40: 87–106.

Sardar, Z. y B. van Loon. 1999. *Introducing Cultural Studies*. Duxford: Icon Books.

Symeonidis, H. 2019. "Language Contact in Paraguay. Cultural Fusion in a Unique Sociolinguistic Situation". En *Biculturalism and Spanish in Contact. Sociolinguistic Case Studies*, ed. E. Núñez-Méndez, 197–216. London y New York: Routledge.

Toribio, A. J. 2000. "Language Variation and the Linguistic Enactment of Identity among Dominicans". *Linguistics* 38 (5): 1133–1159.

Villena Ponsoda, J. A. 2012. "La investigación sociolingüística de la comunidad de habla: el origen inconformista de la dialectología social". *Revista de Filología* 30: 155–176.

von Essen, M. C. 2016. "Variedades del español en contacto: acomodación sociolingüística de una comunidad de inmigrantes argentinos en la ciudad de Málaga. Análisis acústico de las variantes alofónicas de /ʝ/". *Lengua y migración* 8 (2): 7–43.

Wittmann, L. K. 2000. "Languages and Postmodern Ethnic Identities". *Ethnic Studies Review* 23 (1): 33–61.

Zentella, A. C. 1997. *Growing up Bilingual: Puerto Rican Children in New York*. Oxford: Blackwell.

ÍNDICE TEMÁTICO

Printed in the United States
by Baker & Taylor Publisher Services